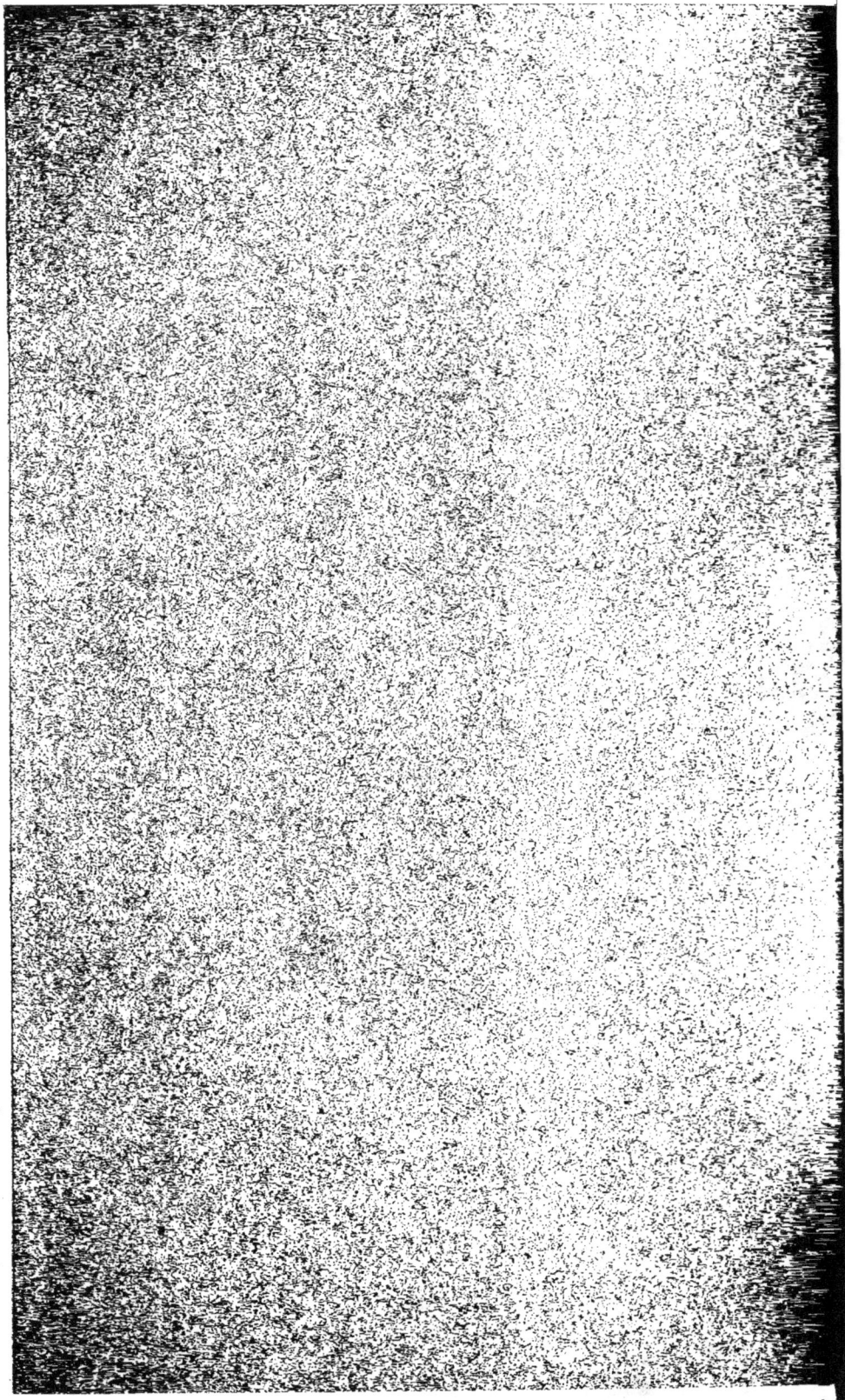

DROIT ROMAIN

# DE L'ÉDILITÉ

DROIT FRANÇAIS

# DES SUCCESSIONS ÉCHUES AUX ÉPOUX

## PENDANT LE MARIAGE

# THÈSE POUR LE DOCTORAT

*soutenue le 7 avril 1881*

PAR

Gustave REGELSPERGER

AVOCAT

BORDEAUX

Vᵉ CADORET, IMPRIMEUR DE L'ACADÉMIE ET DES FACULTÉS

12 — Rue du Temple — 12

1881

# FACULTÉ DE DROIT DE BORDEAUX

— —

---

## COMMISSION DE LA THÈSE

A LA MÉMOIRE DE MA MÈRE

A MON PÈRE

A MON FRÈRE

A MES PARENTS

A MES AMIS

# DROIT ROMAIN

## DE L'ÉDILITÉ

> Sunto ædiles cœratores urbis, annonæ, lu-
> dorumque solemnium ; ollisque ad honoris
> amplioris gradum is primus adscensus esto.
>
> Cic., *De leg.*, III, 3.

# BIBLIOGRAPHIE

ACCARIAS. Précis de droit romain. — 1874-78, 2 vol.

ADAM. Antiquités romaines. — Londres, 1791-92 (Trad. franç., Paris, 1826, 2 vol.).

BEAUFORT (de). La République romaine. — 1766. T. I, l. IV, ch. VI.

BONJEAN. Traité des actions. — 2e édit., 1845, 2 vol.

BOUCHAUD. Recherches historiques sur les édits des magistrats romains. Des édits des édiles (*Mém. Acad. des Inscr. et Belles-Lettres*, 1786, XLII. p. 149).

BOUCHAUD. Recherches historiques sur la police des Romains. — Paris, an VIII.

DAREMBERG et SAGLIO. Dictionnaire des antiquités grecques et romaines, publié sous la direction de MM. Daremberg et Saglio. — Nombreux articles, notamment de G. Humbert, vis *Ædiles, Ædiles coloniarum et municipiorum, Annona*.

DEZOBRY. Rome au siècle d'Auguste. — 4e édit., 1875, 4 vol.

DONEAU. Hugonis Donelli opera omnia. — 1832. T. X, 1293-1328.

DUREAU DE LA MALLE. Économie politique des Romains. — 1840, 2 vol.

FAURE. Histoire de la préture. — Thèse de doct., Bordeaux, 1878.

GIRAUD. Les Tables de Salpensa et de Malaga. — Paris, 1856.

*Id.* Les nouveaux bronzes d'Osuna. — Paris, 1877.

HOUDOY. De la condition et de l'administration des villes chez les Romains. — Thèse de doct., Paris, 1875.

HÜBNER et MOMMSEN. Lex coloniæ Juliæ Genetivæ Urbanorum (*Ephemeris epigraphica*, II, p. 105-151).

HUSCHKE. Die multa und die sacramentum in ihren verschiedenen anwendungen. — Leipzig, 1874.

IHERING. L'esprit du droit romain. — Trad. par de Meulenaere. — 1877-78, 4 vol.

KELLER (de). De la procédure civile et des actions chez les Romains. — Trad. par Capmas, 1870.

LABATUT. Les édiles et la censure du théâtre à Rome (*Rev. hist. de droit fr. et étr.*, 1868, XIV, p. 34).

LABATUT. Les funérailles chez les Romains, l'édit et les lois somptuaires. — Paris, 1878 (*Extrait des Mémoires de la Commission des antiquités de la ville de Castres et du département du Tarn*).

LABATUT. L'édit des édiles et la constitution du droit de vente (*Rev. gén. du droit*, 1879, p. 5, 242, 349).

LABOULAYE. Essai sur les lois criminelles des Romains concernant la responsabilité des magistrats. — 1845.

MARQUARDT et MOMMSEN. Handbuch der römischen alterthümer von Joachim Marquardt und Theodor Mommsen.

    Römisches staatsrecht von Theodor Mommsen. — Zweite auflage, Leipzig, 1876-77. — 2 tomes. *Passim*, et notamment, II, p. 462-510.

    Römische staatsverwaltung von Joachim Marquardt. — Leipzig, 1873-78. — 3 tomes.

MAYNZ. Cours de droit romain. — 4e édit., 1876-77, 3 vol.

MOLITOR. Les obligations en droit romain. — 1866.

NAUDET. Des secours publics chez les Romains (*Mém. Acad. des Insc. et Belles-Lettres*, 1838, XIII, p. 1.)

NAUDET. Mémoire sur la police chez les Romains (*Mém. de l'Acad. des sciences mor. et pol.*, 1844, t. IV, p. 794; 1850, t. VI, p. 763).

NIEBUHR. Histoire romaine. — Trad. par de Golbéry, 1830-40, 7 vol.

POTHIER. Pandectæ justinianeæ. — 1782. T. I, p. 587-603.

RUDORFF. Edicti perpetui quæ reliqua sunt. — 1869.

VAN WETTER. Cours élémentaire de droit romain. — 1871, 2 vol.

WALLON. Histoire de l'esclavage dans l'antiquité. — 1847. T. II, p. 57 et s.

WALTER. Histoire de la procédure civile chez les Romains. — Trad. par Ed. Laboulaye, 1841.

WILLEMS. Le droit public romain. — 4e édit., 1880.

*Id.*     Le Sénat de la République romaine. — 1878. Tome I, La composition du Sénat.

ZIMMERN. Traité des actions ou théorie de la procédure privée chez les Romains. Trad. par Etienne, 1843.

*Nota.* — Cette bibliographie ne comprend que les ouvrages où nous avons trouvé, sur le sujet de cette thèse, des documents importants, soit par leur nature, soit par leur étendue. Ceux que nous n'avons consultés que sur des points spéciaux et secondaires, seront cités au fur et à mesure, sous forme de notes.

# INTRODUCTION

Nous nous proposons, dans cette étude, de retracer l'histoire d'une des grandes magistratures romaines, de l'édilité. Si elle n'a pas occupé dans l'ordre des dignités une des places les plus élevées, son rang la mettait cependant assez en relief pour qu'elle fût recherchée par les citoyens les plus éminents, auxquels elle fournissait un moyen de parvenir aux honneurs suprêmes. Son origine et les causes de son développement se rattachent aux événements les plus mémorables de la période de la République romaine. Les pouvoirs mis aux mains des édiles leur permettaient d'exercer leurs fonctions avec autorité et indépendance ; les attributions qui leur étaient départies leur assignaient un rôle considérable dans l'ensemble de l'administration romaine. Enfin leur influence sur le droit civil, bien que bornée à des points spéciaux, a été remarquable et suffirait à elle seule à les protéger contre l'oubli.

L'étude d'une magistrature nous a paru particulièrement intéressante et féconde, parce qu'elle nous amènera à examiner les principales règles du droit public romain, et que la connaissance de cette science jette sur les faits historiques la plus vive lumière ; en second lieu, parce que les témoignages contemporains des littérateurs et des historiens anciens, et ceux gravés sur la pierre ou le bronze, viendront prêter leur précieux concours aux œuvres purement juridiques, pour résoudre la plupart des questions qui se présenteront à nous ; enfin, parce que cette étude nous permettra de pénétrer dans cette société romaine, aussi célèbre par ses vertus que par ses vices et dont les institutions et les mœurs offrent l'occasion de tant de curieuses et inépuisables recherches.

L'intérêt même qui nous semble s'attacher à l'étude de ces questions nous fait craindre de rester au-dessous de notre tâche. Il faudrait une main plus habile et plus autorisée pour fouiller ces monuments si divers que nous a légués l'antiquité, et pour former avec des documents épars un ensemble coordonné. Puissions-nous par nos efforts suppléer à nôtre inexpérience !

# CHAPITRE I<sup>er</sup>

## De l'origine de l'édilité.

L'origine des différentes catégories de magistrats désignés sous le nom générique d'édiles ne remonte point à une même époque ; mais elles furent successivement instituées sous l'influence de certaines situations politiques et pour répondre à des besoins nouveaux. Deux classes d'édiles nous occuperont principalement, les édiles de la plèbe et les édiles curules. Nous dirons aussi quelques mots des *œdiles ceriales*.

Avant d'aborder l'historique de la création des deux édilités, nous devons rechercher l'étymologie du mot édile (*œdilis*) qui a été l'objet de quelques controverses.

L'opinion qui nous paraît la plus exacte est celle qui fait dériver le mot *œdilis* de *œdes* ou *œdis* (maison, édifice, temple), soit parce que les édiles avaient la surveillance des édifices publics et privés, soit plutôt parce que, dès l'époque de leur création, ils furent préposés à la garde des sénatus-consultes déposés dans le temple de Cérès, *in œdem Cereris* (1).

Nous ne saurions au contraire accepter l'étymologie indiquée par Festus. Ce grammairien fait venir *œdilis* de *aditus;* l'édile était appelé ainsi, dit-il, parce que le peuple pouvait facilement l'aborder, *quod facilis ad eum plebis aditus esset* (2). En vain Théophile cherchait-il à justifier cette

---

(1) L. 2 § 21, D., *De or. jur.*; Tit. Liv., III, 55 ; Varro, *De ling. lat.*, IV, 14; Lydus, *De magistr.*, I, 35; Fabretti, *Glossar. italic.*, v° *Aidilis* ; Mommsen, II, p. 470. — Ce dernier auteur démontre l'exactitude de cette étymologie en faisant observer avec raison que *œdilis* vient de *œdes*, comme *sedilis* de *sedes*, *civilis* de *civis*, *juvenilis* de *juvenis*. — (2) Festus, v° *Ædilis*.

étymologie en disant que l'on employait primitivement le mot *adilis*, auquel on a substitué plus tard le mot *œdilis*, par euphonie (1). Nous avouons que notre oreille ne nous fait point sentir la nécessité de ce changement et, du reste, nous ne croyons pas que le mot *adilis* se rencontre soit chez les auteurs latins anciens, soit dans les inscriptions. Au contraire, si nous nous référons aux travaux de Fabretti, nous apprenons que l'ancienne orthographe de *œdilis* était *aidilis* comme celle de *œdis* était *aidis* (2), et le changement de *ai* en *œ* est plus conforme aux règles de la phonétique que celui de *a* en *œ*.

Le terme d'édile employé pour désigner les magistrats qui font l'objet de notre étude n'a point été emprunté, comme le fait remarquer Mommsen, à une fonction précédemment existante, mais au contraire il a été spécialement créé pour désigner cette magistrature nouvelle. Il n'en fut pas de même pour les tribuns du peuple, institués à peu près à la même époque que les édiles, car la dénomination de tribuns avait déjà été appliquée à plusieurs autres officiers ou fonctionnaires.

La création des édiles curules eut lieu, ainsi que nous allons le voir, de nombreuses années après celle des édiles de la plèbe. Aussi est-il permis de supposer que le déterminatif *plebis* ne fut pas ajouté dès le début au mot *œdilis*, mais qu'il ne le fut que plus tard, après la création de l'édilité curule, parce qu'alors il devint nécessaire de distinguer ces deux catégories d'édiles (3).

## SECTION I^re

### CRÉATION DE L'ÉDILITÉ DE LA PLÈBE

La lutte des plébéiens contre les patriciens agita pendant plus d'un siècle la république romaine. Après la chute des

---

(1) Théophile, *Inst.*, I, 2, 7. — (2) Fabretti, *l. c.* — (3) Mommsen, II, p. 463.

rois, les patriciens avaient condensé entre leurs mains toute la puissance politique ; seuls ils composaient le sénat, seuls ils étaient investis de toutes les charges et de tous les honneurs. Par contre, les plébéiens pauvres, opprimés, humiliés, exclus de toutes les fonctions, et ne pouvant par suite ni faire entendre leurs plaintes, ni faire valoir leurs droits, ne cessaient de combattre pour se soustraire à l'autocratie de cette caste rivale.

L'an 260 de Rome, un ancien centurion, échappé de la maison de son créancier, parut sur la place publique le corps couvert de plaies et de meurtrissures qui témoignaient des violences dont il avait été l'objet. Cette vue exaspéra la foule, et c'est en vain qu'on chercha à contenir sa fureur : les plébéiens, ayant pris les armes, abandonnèrent la ville et se retirèrent sur le mont Aventin, colline située au-delà de l'Anio. En présence d'une manifestation aussi imposante, les patriciens comprirent qu'il fallait à tout prix tenter une réconciliation ; mais le rapprochement entre les deux ordres ne pouvait avoir lieu qu'au prix de légitimes concessions, et la concorde ne fut rétablie, au moins pour un temps, que par la création du tribunat de la plèbe. Les *tribuni plebis* étaient deux magistrats, recrutés dans la plèbe, dont la mission consistait, dans l'origine, à protéger les plébéiens contre les actes de violence et d'injustice qu'auraient pu commettre les magistrats patriciens ; c'étaient, en d'autres termes, les défenseurs de la plèbe (1). Cette première victoire des plébéiens les conduisit à toutes les autres. Ils furent organisés en corps politique, et constituèrent des assemblées qui furent appelées *concilia plebis*, et plus tard *comitia tributa*. Ces assemblées élisaient les magistrats de la plèbe et votaient des décrets, nommés *plebiscita*.

Enfin, un nouveau progrès signala cette période d'affranchissement de la plèbe : ce fut la création de l'édilité de la plèbe, dont l'origine se rattache aux institutions précédentes. Les édiles plébéiens (*œdiles plebis*) furent deux magistrats

---

(1) Isidor., *Orig.*, IX, 4.

adjoints aux tribuns, pris comme eux dans la plèbe, et chargés de veiller à la police et à la garde des édifices où étaient déposés les plébiscites (1). — An 260 de Rome (2) ou 494 av. J.-C.

Ces conquêtes de la plèbe furent confirmées par le peuple dans les comices par centuries, sanctionnées par le Sénat et même consacrées par la religion. Le mont Aventin, illustré par la sécession de la plèbe, reçut le nom de mont Sacré (*mons Sacer*) ; les lois qui instituèrent le tribunat furent appelées lois sacrées (*leges sacratæ*); la personne des tribuns devint inviolable (*sacrosancta*), et une loi décida que, si quelqu'un attentait à leur vie, sa tête serait vouée à Jupiter (*caput Jovi sacrum*), et sa famille vendue au profit du temple de Cérès, de Liber et de Libera (3). Les édiles de la plèbe, étant les auxiliaires des tribuns, participaient à cette inviolabilité.

Ainsi la création de l'édilité de la plèbe ne doit pas être séparée de celle du tribunat; elles furent contemporaines et résultèrent l'une et l'autre des mêmes événements. Aussi pense-t-on que l'édilité de la plèbe fut garantie comme le tribunat par les *leges sacræ*.

Un fait qui mérite d'être signalé, c'est la ressemblance qu'offrent d'une part le tribunat avec le consulat, d'autre part l'édilité de la plèbe avec la questure. Il n'est pas surprenant que la plèbe, ayant conquis le droit de s'ériger en corps politique et d'être représentée par des magistrats, ait pris précisément pour modèle le mode d'organisation qui régissait les magistratures patriciennes. En ce qui concerne les édiles plébéiens, leur similitude avec les questeurs patriciens ressort en premier lieu de leur compétence ; si les tendances de ces deux sortes de magistrats différaient essentiellement, il n'en est pas moins vrai que leurs attributions criminelles étaient les mêmes. En second lieu, les fonctions des édiles relatives à la garde des archives furent imitées de celles déjà attribuées aux questeurs : les édiles gardèrent en effet les plé-

---

(1) L. 2 § 21, D., *De or. jur.*; Festus, v° *Plebeii ædiles*; Denys, VI, 9, 4 ; Schuermans, *Hist. de la lutte entre les patriciens et la plèbe.* — (2) Aul. G., XVII, 21. — (3) Tit. L., III, 55.

biscites dans le temple de Cérès, comme les questeurs gardaient les sénatus-consultes dans le temple de Saturne (1).

De même aussi que les questeurs avaient été institués pour remplir certaines fonctions à titre de délégués des consuls, de même les édiles de la plèbe n'étaient destinés dans le principe qu'à être les auxiliaires ou les assesseurs des tribuns (2). Comme cela avait eu lieu pour les questeurs, la sphère des attributions des édiles ne fut pas de suite nettement délimitée; ils n'avaient pas pour ainsi dire de pouvoirs propres, mais plutôt ils participaient par délégation aux pouvoirs des tribuns; dans tous les cas, leurs attributions ne pouvaient s'étendre au-delà de celles des tribuns (3). Ainsi les édiles jugeaient les causes que les tribuns remettaient entre leurs mains (4), ou encore procédaient à des arrestations sur l'ordre des tribuns (5). D'autres fois, certaines fonctions des édiles dérivaient de l'impulsion qu'ils avaient reçue du sénat, en vertu de l'*auctoritas senatus* (6). C'est ainsi qu'il faut entendre certains passages de Tite-Live, peut-être trop peu explicites, qui nous montrent les édiles successivement chargés de fonctions nouvelles (7) comme de la garde des sénatus-consultes en 449 av. J.-C. (8), de l'approvisionnement de la ville (9), du soin d'empêcher l'introduction à Rome des cultes étrangers (10).

Mais les édiles ne demeurèrent pas longtemps dans cet état d'infériorité et de subordination, et leur autorité ne tarda pas à devenir indépendante de celle des tribuns (11). A mesure que les fonctions des tribuns augmentèrent d'importance, ces magistrats abandonnèrent définitivement aux édiles toutes celles qu'à l'origine ils ne faisaient que leur déléguer. Dès lors,

---

(1) Mommsen, II, p. 262 et 463; id., *Histoire romaine*, II, p. 43, n. 1. — (2) Tit. L., XXIX, 20. — (3) Niebuhr, *Hist. rom.*, II, p. 438. — (4) Denys, VI, 9, 4. — (5) Denys, VII, 6, 9; X, 8, 5. — (6) Dio Cass., LV, 3. — L'*auctoritas senatus* est une décision du sénat qui diffère du *senatus consultum*, en ce qu'elle ne réunit pas les mêmes conditions de validité, et qu'elle n'a pas par suite la même force obligatoire; il ne faut pas non plus confondre l'*auctoritas senatus* avec l'*auctoritas patrum*, ou décision du sénat nécessaire pour valider les lois ou les élections faites dans les comices. — (7) Humbert (*Dict. ant.*, v° *Ædilis*, p. 96). — (8) Tit. L., III, 55. — (9) Tit L., IV, 12. — (10) Tit. L., IV, 30. — (11) Denys, VI, 9, 4.

les édiles cessèrent d'être les *collegæ minores* des tribuns, c'est-à-dire leurs auxiliaires, et furent investis des différents pouvoirs propres aux magistrats romains.

Deux périodes doivent donc être distinguées dans l'histoire de l'édilité de la plèbe : pendant la première qui fut de courte durée, les édiles n'eurent ni une compétence, ni des attributions personnelles ; pendant la seconde qui dura plusieurs siècles, l'édilité, dégagée des liens qui la rattachaient au tribunat, constitua une magistrature indépendante. Il semble qu'on puisse indiquer comme époque probable de cette tranformation, celle où les jeux publics furent organisés et où l'édilité curule fut créée (1). De ces deux périodes, la première nous est peu connue ; c'est une période d'évolution, sur laquelle nous ne possédons des renseignements ni assez nombreux ni assez précis ; son histoire se confond avec celle du tribunat. Quant à la seconde, c'est la période où l'institution a acquis toute sa fixité ; pour celle-ci, nous n'éprouvons point la même pénurie de documents ; les monuments tant littéraires que juridiques permettent en effet, sinon d'en reconstituer tous les détails, tout au moins d'en présenter les traits généraux. C'est donc principalement au point de vue de cette dernière époque que nous envisagerons l'édilité dans cette étude, sans négliger toutefois de faire entre les deux périodes les rapprochements qui pourront être utiles.

## SECTION II

### CRÉATION DE L'ÉDILITÉ CURULE

Si l'on en croit le récit de Tite-Live, l'édilité curule fut instituée dans les circonstances suivantes. L'an de Rome 387, la *lex Licinia de consulatu* avait ouvert aux plébéiens l'accès du consulat. En mémoire de cet important événement qui mettait

---

(1) Willems, *Dr. publ.*, p. 294.

fin aux longues querelles entre les deux ordres et rétablissait la
concorde, le sénat décida qu'un jour de plus serait ajouté aux
grands jeux (*ludi maximi*) qui se célébraient tous les ans et qui
ne duraient ordinairement que trois jours. Les édiles plébéiens
reculèrent devant cette nouvelle charge : alors les jeunes gens
patriciens s'écrièrent qu'ils consentaient à tout faire pour
honorer les dieux immortels. Leur zèle s'expliquait par leur
ambition de participer à l'édilité. On répondit à leur dévouement par d'universelles actions de grâces, et par un sénatus-
consulte ordonnant que le dictateur demanderait au peuple la
création de deux édiles patriciens. Le peuple vota la création
de cette nouvelle édilité, et les deux premiers édiles curules
furent Cn. Quinctius Capitolinus et P. Cornelius Scipio (1). —
An 387 de Rome ou 366 av. J.-C.

On commettrait assurément une inexactitude, si l'on prenait
à la lettre le récit de Tite-Live ; à l'époque où écrivait cet historien, les origines de l'édilité étaient déjà tombées dans
l'oubli. Aussi, cette peinture de la chevaleresque générosité des
jeunes patriciens, de la pieuse reconnaissance du sénat, de
l'avarice des édiles plébéiens, paraît-elle assez imaginaire. Il
n'est pas en effet possible d'admettre que les édiles plébéiens
eussent à cette époque la présidence des jeux romains ou
grands jeux ; il est plus croyable que la présidence en appartenait aux consuls (2). La dépense de ces jeux ne pouvait
regarder les édiles plébéiens, attendu qu'ils n'étaient point donnés pour la *plebs* seule, mais bien pour tout le *populus*, car les
places y étaient assignées par curies (3). Lors même que les
édiles plébéiens auraient présidé les grands jeux, on ne pourrait pas dire que la prolongation de leur durée mît à leur
charge un surcroît forcé de dépenses : en effet, nous savons
que dans les premières années de la République, l'état assignait par an la somme assez considérable de cinq cent mille
as pour la célébration de ces jeux (4). Nous ne voyons donc
pas que l'on puisse rattacher l'origine de l'édilité curule à la
célébration des jeux romains.

---

(1) Tit. L., VI, 42. — (2) Mommsen, II, p. 507 et 508, n. 3. — (3) Niebuhr,
*Hist. rom.*, II, p. 165. — (4) Denys, VII, 13, 3.

2

Mais Tite-Live émet une assertion plus exacte lorsqu'il dit que les patriciens revendiquèrent la préture et l'édilité curule pour prix de l'un des consulats cédé au peuple (1). C'est qu'en effet les patriciens voyaient dans la création de l'édilité curule, ainsi que dans celle de la préture qui fut à peu près contemporaine, une compensation de l'admission des plébéiens au consulat ; l'édilité curule était en effet dans le principe réservée aux seuls patriciens. A cette cause, s'en ajoutait encore une autre que Tite-Live n'indique pas, mais que Mommsen a fait ressortir avec raison, ce sont les efforts faits par les patriciens pour enrayer l'organisation, par la plèbe, de magistratures d'opposition. L'édilité plébéienne était pour la plèbe une magistrature de protection ; en créant à côté d'elle une édilité patricienne, avec des attributions analogues, on enlevait à la plèbe une prérogative qu'elle possédait exclusivement et on opérait ainsi la fusion de l'édilité plébéienne avec les autres magistratures régulières de la république (2).

Toutefois, la création de l'édilité curule ne fut pour les patriciens qu'une conquête de courte durée.

Peu d'années suffirent pour leur faire perdre l'avantage d'occuper seuls cette magistrature. On convint d'abord que les édiles curules seraient pris, de deux ans en deux ans, au sein du peuple ; plus tard, on laissa le choix libre (3). Ce ne fut point, comme le dit Tite-Live, que le sénat, cédant aux récriminations des tribuns, eût honte qu'on choisît encore les édiles curules parmi les patriciens ; non, les nobles qui luttaient avec une ardente opiniâtreté pour tenter de raffermir leur autorité ébranlée, n'avaient point de pareils scrupules. Cette concession nouvelle fut encore une nécessité, et voici la raison qu'en donne Niebuhr. Dans le récit de Tite-Live, il faut retenir ce fait qu'un jour de plus fut ajouté aux grands jeux, non point d'une manière accidentelle, comme cela avait lieu dans des circonstances de joie ou de deuil, mais d'une manière permanente. Ce quatrième jour fut ajouté pour la plèbe, de

---

(1) Tit. L., VII, 1 ; L. 2 § 26, D., *De or. jur.* — (2) Mommsen, II, p. 478 et 506. — (3) Cic., *Pro. Planc.*, 24.

même qu'autrefois les trois premiers avaient été successivement attribués aux trois anciennes tribus. L'institution de ce quatrième jour fut comme une reconnaissance solennelle des droits de la plèbe qui désormais fit partie intégrante de la nation romaine ; elle était en même temps une sorte de consécration religieuse, car elle signifiait que la plèbe touchait d'aussi près aux grands dieux pour lesquels on célébrait les jeux, que les trois anciennes tribus. La conséquence naturelle en était que les magistrats de la plèbe devaient à leur tour diriger les jeux. Comme les édiles curules étaient, depuis leur institution, chargés de ce soin, on fut amené à partager cette magistrature entre les deux ordres (1).

En même temps, la création de l'édilité curule fut pour l'édilité plébéienne la source de beaucoup d'autres avantages. Nous avons dit que l'un des motifs de la création de l'édilité curule fut de détourner l'édilité plébéienne de sa destination primitive et de la mettre au rang des autres magistratures de la république. Pour y parvenir, on dut l'assimiler à l'édilité curule ; les édiles de la plèbe y gagnèrent de participer à l'exercice de pouvoirs qui ne leur avait jamais été concédés antérieurement, car la compétence accordée aux nouveaux édiles fut autant que possible étendue à ceux de la plèbe. Aussi, les lois qui règlent la compétence des édiles se rapportent-elles presque toujours à l'édilité entière sans faire de distinction entre l'édilité de la plèbe et l'édilité curule. Nous avons donc à constater cette anomalie singulière de l'existence des deux magistratures différentes quant à la forme, quant au rang, quant aux honneurs, semblables, ou à peu près, quant aux pouvoirs et aux attributions.

L'institution de l'édilité curule fut donc pour l'édilité de la plèbe une cause de transformation complète. D'abord les auxiliaires des tribuns, les édiles de la plèbe cessent à ce moment de leur être subordonnés ; leurs pouvoirs se définissent et s'étendent, et ils occupent dès lors un rang plus élevé. Loin de dépendre exclusivement comme auparavant des

---

(9) Niebuhr, *Hist. rom.*, V, p. 49.

magistrats plébéiens, nous les voyons maintenant relever, au moins dans une certaine mesure, de l'autorité des consuls ; dans une certaine mesure, disons-nous, car la hiérarchie entre les magistrats n'existait pas à Rome. Ainsi nous voyons quelquefois les édiles plébéiens, aussi bien que les édiles curules, recevoir des ordres des consuls (1). Nous voyons même que, dans un moment difficile, le pouvoir suprême et la majesté consulaire tomba entre leurs mains (2).

Nous devons terminer l'historique de la création de l'édilité curule en présentant quelques observations sur l'étymologie du mot curule, qui est fort controversée. La qualification de *curulis* n'était pas attachée spécialement à l'édilité patricienne, mais elle s'étendait à toute une classe de magistratures, dont l'édilité curule faisait elle-même partie.

Une opinion très suivie par les auteurs anciens et modernes consiste à faire dériver *curulis* de *currus*, parce que, dit-on, les sénateurs qui avaient géré une magistrature curule avaient coutume, à titre honorifique, de se faire porter à la curie, en char (*currus*), assis sur un siége, qualifié pour cela de *curule* (3). Mais les règles de la prosodie latine viennent nous prêter leur concours inattendu pour nous aider à réfuter cette première opinion. En effet, dans *curulis*, la première syllabe est brève (4) ; au contraire, dans *currus*, elle est longue, parce que la voyelle *u* est suivie de deux consonnes. Nous ne pouvons admettre qu'une même racine n'ait pas une quantité invariable dans les divers mots qu'elle forme ; donc *curulis* ne peut venir de *currus*. Un autre argument non moins fort s'ajoute à ce premier et vient démontrer l'invraisemblance de cette étymologie ; il résulte en effet d'un passage de Pline l'Ancien que jamais les sénateurs n'ont eu le droit de se faire conduire en char au sénat (5).

Les mêmes raisons de prosodie nous font rejeter l'opinion qui donne pour étymologie à *curulis* le mot *curia ;* la curie

---

(1) Tit. L., XXXIX, 14 ; Mommsen, II, p. 477-479 ; Huschke, *Die multa und die sacr.*, p. 199. — (2) Tit. L., III, 6. — (3) Aul. G., III, 18 ; Adam, *Ant. rom.*, II, p. 465 ; Mommsen, I, p. 379. — (4) Hor., *Ep.*, I, 6, 53 ; Ovid., *Fast.*, V, 51 ; Juv., X, 91 ; etc. — (5) Plin., *Hist. nat.*, VII, 45.

était un des lieux où se réunissait le sénat. *Curulis* vient de *curia*, dit-on, parce que les magistrats qui avaient cette dénomination étaient, à leur sortie de charge, inscrits sur la liste des sénateurs. Nous répondons, comme tout à l'heure, que la première syllabe de *curulis* est brève, et que celle de *curia* est longue (1).

La seule étymologie qui nous semble à l'abri de toute critique est celle qui a été si savamment établie par Willems. D'après cet éminent auteur, *curulis* vient du vieux mot, soit sabin, soit latin, *curis* ou *quiris*, qui est synonyme de *hasta*. Les anciens Romains, peuple guerrier, avaient pour symbole une lance (*quiris*, *hasta*); d'où le nom de *Quirites*, hommes qui portent la lance, et l'expression de *populus Romanus Quiritium*. Les magistratures curules étaient celles gérées *ex jure Quiritium,* celles qui emportaient délégation de ce pouvoir tout-puissant qui avait appartenu au peuple romain d'une façon non interrompue depuis le jour où les anciens Quirites l'avaient conquis la lance à la main. Les règles de la prosodie latine ne viennent point comme tout à l'heure opposer ici leur infranchissable obstacle. En effet, la première syllabe de *curulis* est brève, comme celle de *curis* ou *quiris*, et comme celle de tous les autres mots qui en dérivent (2).

## SECTION III

### DES ÆDILES CERIALES

Ces édiles, au nombre de deux, furent créés par César, en 44 avant J.-C. Ils furent spécialement chargés de l'approvisionnement des céréales (3). Ils étaient recrutés parmi les plébéiens; aussi étaient-ils quelquefois désignés dans les inscrip-

---

(1) Ovid., *Fast.*, II, 530-531. — (2) Willems, *Le Sénat*, I, p. 132, n. 6; et les nombreux auteurs qu'il cite. — (3) Suet., *Cæs.*, 41; Dio Cass., XLIII, 51; L. 2 § 32, D., *De or. jur.*; Mommsen, II, p. 471 et 492.

tions par les mots *œdiles plebis ceriales* ou *cereales* (1), d'autres fois par les seuls mots *œdiles ceriales* ou *cereales* (2). C'est en raison de leurs fonctions particulières qu'ils étaient appelés édiles céréals ou édiles de Cérès, cette déesse étant considérée comme la protectrice des moissons.

Disons de suite, pour en finir avec les édiles céréals, que ces magistrats devaient prendre part à la direction des *ludi ceriales* (3). Les édiles céréals subsistèrent jusqu'au IIIᵉ siècle de l'ère chrétienne, car le nom de ces magistrats se trouve mentionné dans une inscription du règne de Gordien III, c'est-à-dire entre les années 238 et 244 (4).

---

(1) Orelli, 977, 3393. — (2) Orelli-Henzen, 3143, 3149, 3659, 6497, 6745. — (3) Mommsen, II, p. 509, n. 4. — (4) Orelli, 977.

# CHAPITRE II

## De la nomination des édiles.

Nous réunissons sous ce titre l'examen des conditions d'aptitude nécessaires pour arriver à l'édilité soit de la plèbe, soit curule, et l'exposé des diverses formalités qui présidaient tant à la nomination de ces magistrats qu'à leur entrée en charge.

### SECTION 1re

#### DES CONDITIONS POUR ÊTRE ÉDILE

Parmi les conditions requises pour se porter candidat à l'édilité, les unes étaient absolues et constituaient par leur ensemble le *jus honorum* sans lequel on ne pouvait prétendre à aucune charge ; les autres étaient simplement relatives et n'apportaient obstacle, par leur absence, à l'exercice du *jus honorum* qu'à l'égard de telle ou telle magistrature déterminée. Nous parlerons successivement de ces deux sortes de conditions.

*Du jus honorum.* — Pour avoir le *jus honorum*, il fallait :

1° Être citoyen romain. Cependant certaines catégories de personnes, bien qu'ayant le titre de *civis romanus*, ne possédaient pas la *civitas cum jure honorum*. Rome, en étendant le droit de cité à des villes latines, avait en effet accordé aux unes la cité complète (*municipia cum suffragio, cum jure suffragii et honorum*), aux autres la cité incomplète (*municipia sine suffragio, sine jure suffragii et honorum*). Les

citoyens des deux catégories de municipes étaient citoyens
romains ; mais ceux de la seconde étaient privés de l'éligibilité aux magistratures romaines (1).

2° Être *ingenuus*, c'est-à-dire être né libre. Au contraire,
les *cives libertini*, c'est-à-dire ceux qui étaient de naissance
servile et qui avaient acquis la cité romaine par affranchissement, constituaient la classe de citoyens la moins considérée et étaient, en conséquence, réputés indignes de gérer
les magistratures (2).

3° Avoir *l'ingenuitas parentum*. Il ne suffisait pas d'être né
libre, il fallait en outre descendre d'un père et d'un grand-
père nés libres eux-mêmes. C'était là une condition d'obten-
tention des magistratures qu'aucune loi n'avait édictée, mais
qui avait été consacrée par les théories politiques de l'ancienne
noblesse patricienne. Aussi, lorsque par suite de la fusion
entre les deux ordres les magistratures furent accessibles aux
patriciens et aux plébéiens, cette règle fut-elle souvent
enfreinte ; et les exemples nombreux de fils et de petit-fils
d'affranchis parvenus aux honneurs nous sont toujours présentés par les historiens anciens comme des faits exceptionnels et abusifs. Ainsi, en 304 avant J.-C., Cn. Flavius, fils d'un
affranchi, fut élevé à l'édilité curule (3). S'il put en être ainsi,
c'était que le sénat ne possédait aucune influence sur les
comices tributes auxquels appartenait la nomination des
édiles (4).

4° Être du sexe masculin, pubère, et n'être atteint d'aucune
infirmité physique ou intellectuelle assez grave pour empêcher
de remplir les fonctions afférentes à la charge (5).

5° Jouir d'une réputation parfaite d'honorabilité et de probité. En conséquence, étaient privés du *jus honorum* et par
suite exclus de l'édilité :

*a.* — Ceux que le préteur dans son édit avait déclaré *infames*. Le Digeste nous a conservé l'énumération des différents

---

(1) Festus, v° *Municeps*; Willems, *Dr. publ.*, p. 238; Marquardt, I, p. 28
et s. — (2) Willems, *Le Sénat*, I, p. 182. — (3) L. 2 § 7, D., *De or. jur.*; Tit.
L., IX, 46; Plin., *Hist. nat.*, XXXIII, 6; Val. Max., II, 5, 2. — (4) Willems,
*Le Sénat*, I, p. 183 et s. — (5) L. 2, D., *De reg. jur.*; L. 1 § 5, D., *De postul.*

cas où l'*infamia* était encourue (1) ; elle résultait soit d'une condamnation à cause d'un crime public (2) ou d'un délit de *vis privata* (3), soit d'une condamnation pour n'avoir pas exécuté les obligations nées de certains contrats, soit de certains actes contraires aux bonnes mœurs, soit de l'exercice de certaines professions déshonorantes (4).

*b.* — Ceux qui avaient été frappés de la punition censoriale la plus élevée, c'est-à-dire qui avaient été exclus de toutes les tribus et relégués au rang des *ærarii*. Perdant par cette assimilation le *jus suffragii* (5), ils se trouvaient privés en même temps du *jus honorum*, car les Romains ont toujours considéré l'éligibilité comme le corollaire et la conséquence nécessaire du droit de participer activement à l'élection (6). Dans ce cas, la *nota censoria* produisait en droit public les mêmes effets que l'*infamia* prononcée par l'édit prétorien (7).

Mais souvent les censeurs n'usaient pas de leur pouvoir discrétionnaire dans ses dernières limites et se contentaient

---

(1) L. 1, D., *De his qui not. inf.* — (2) Cic., *Pro Sul.*, 32. — (3) L. 1 pr., D., *Ad legem Jul. de vi priv.* — (4) C'est ainsi que le *leno*, le gladiateur, l'acteur étaient réputés indignes de gérer une magistrature ; ils étaient exclus des honneurs pour toujours, alors même que par la suite ils vinssent à renoncer à leur profession déshonorante. Mais, à côté de ces professions, il y en avait d'autres qui n'empêchaient de briguer les honneurs que pendant le temps qu'on les exerçait ; en renonçant à ces professions, on devenait éligible aux magistratures. En général, tous les gens qui travaillaient pour un salaire (*opifices, mercenarii*) étaient en effet, d'après les préjugés romains, déconsidérés aux yeux de leurs concitoyens ; à cette raison s'en ajoutait une autre toute pratique, pour les écarter des emplois publics, c'était que leur métier les occupait durant tout le jour, et les aurait empêchés de remplir les devoirs de leur charge. C'est pour ces raisons que Cn. Flavius, qui exerçait les fonctions de scribe, ne put être nommé édile curule qu'après avoir affirmé par serment qu'il renonçait pour toujours à cette profession (Aul. G., VI, 9; Tit. L., IX, 46.) — (5) Tit. L., XLV, 15; Aul. G., XVI, 13. — (6) Mommsen, I, p. 462. — (7) Il ne faut cependant pas assimiler entièrement l'infamie qui résultait de la note du censeur à celle qui résultait de l'édit du préteur : la première était prononcée en vertu d'une décision arbitraire des censeurs qui n'avait rien d'irrévocable et pouvait être annulée par de nouveaux censeurs ; la seconde, au contraire, basée sur les lois ou sur les mœurs de la nation, était inévitable et perpétuelle. On peut consulter sur toutes les questions relatives à l'infamie l'intéressante étude qu'en a faite Savigny (*Syst. de droit rom.*, II, p. 169 et s.)

d'infliger les peines les moins rigoureuses dont ils disposaient, à savoir *senatu movere et præterire* (exclure de la liste sénatoriale), *equum publicum adimere* (exclure de la liste des *equites*), *tribu movere* (transférer d'une tribu dans une autre); ces mesures, n'entraînant pour ceux qui en avaient été l'objet aucune assimilation aux *ærarii*, ne leur faisaient pas perdre le *jus suffragii*. D'autre part, nous apprenons par un des plaidoyers de Cicéron (1) que les flétrissures censoriales de ce degré n'étaient pas un obstacle pour parvenir aux magistratures et que ceux qui en étaient frappés continuaient à jouir du *jus honorum*.

6° Enfin, pour avoir le *jus honorum*, il fallait aussi avoir fait *decem stipendia*, c'est-à-dire dix ans de service militaire (2). Plus exactement peut-être pourrait-on dire qu'il suffisait de s'être présenté dix ans de suite au *dilectus*, ou tirage au sort par tribu locale du contingent des armées romaines (3). Cette condition ne paraît pas avoir existé dès les premiers temps de la République ; elle semble avoir été introduite par une *lex Villia*, rendue en 574 de Rome (180 av. J.-C.), sur la proposition du tribun L. Villius Tappulus (4).

*Des conditions nécessaires à l'exercice du jus honorum.* — Lorsqu'on avait le *jus honorum*, il ne s'ensuivait pas que l'on pût briguer indistinctement n'importe quelle magistrature. Il y avait aussi certaines règles générales pour l'obtention des charges, et si, relativement à la charge que l'on voulait obtenir, on ne réunissait pas les conditions qui résultaient de ces règles, on ne pouvait pas se porter candidat. Ces conditions indispensables pour l'exercice du *jus honorum* étaient les suivantes ; nous en ferons les applications à l'édilité.

1° Il fallait observer le *certus ordo magistratuum*.—Il existait à Rome ce qu'on appelait l'*ordo magistratuum* où le *gradus honorum* : on ne pouvait parvenir à une magistrature qu'après avoir géré toutes celles qui la précédaient dans la

---

(1) Cic., *Pro Cluent.*, 42, 43, 45; voir aussi Tit. L., XXIV, 43. — (2) Polybe, VI, 19, 4, cité par Humbert (*Dict. ant.*, v° *Annales leges*); Mommsen, I, p. 488. — (3) Willems, *Dr. publ.*, p. 95 et 240. — (4) Tit. L., XL, 44; Mommsen, I, p. 490.

série des charges (1). L'*ordo magistratuum* était le suivant : questure, tribunat, édilité, préture, consulat (2). Pour être nommé édile, il fallait donc régulièrement avoir été auparavant questeur, puis tribun (3).

Il n'en était cependant pas ainsi à l'époque de la création de l'édilité. Les édiles n'étant alors que les subalternes des tribuns, l'édilité était ordinairement gérée avant le tribunat. Mais, lorsque plus tard les édiles se détachèrent des tribuns, ils devinrent au contraire leurs supérieurs, et on conçoit qu'à dater de ce temps le tribunat dût précéder l'édilité (4).

2° Un délai légal devait s'être écoulé depuis la gestion de la charge précédente. — La *lex Villia* citée plus haut avait prescrit qu'un intervalle de deux ans (*biennium*) séparât l'exercice de deux magistratures patriciennes ordinaires. Au contraire, entre les magistratures plébéiennes, le même délai n'était pas exigé (5). Nous trouvons cependant qu'au temps de Cicéron, un intervalle d'un an et vingt jours avait été observé entre le tribunat et l'édilité curule. Le même intervalle s'appliquait-il aussi entre le tribunat et l'édilité de la plèbe ? On ne saurait l'affirmer ; mais on peut croire qu'on devait au moins laisser aussi entre ces deux charges un certain délai nécessaire pour les formalités de la candidature. Enfin, nous apprenons par Tite-Live (6) que celui qui avait géré l'édilité de la plèbe pouvait dès l'année suivante obtenir l'édilité curule (7).

3° Il fallait avoir atteint l'*ætas legitima.* — Si l'on en croit l'assertion de Tacite, il n'y avait point, dans les premiers siècles de Rome, d'âge déterminé pour parvenir aux fonctions publiques ; le mérite personnel de chaque candidat était une

---

(1) L. 11 pr., D., *De mun. et hon.* — (2) Mommsen, I, p. 542 et s. — Ce *certus ordo* n'a sans doute pas existé dès le début ; il a dû être introduit peu à peu par l'usage, et peut-être confirmé et précisé par la loi Villia (M. Faure, *Hist. de la prét.*, p. 26, n. 28). — (3) Gruter, 45, 9 ; 188, 1 ; 360, 3 ; 422, 5 ; 491, 12. — (4) Mommsen, I, p. 531 ; II, p. 472. — (5) Willems, *Le Sénat*, p. 380. — (6) Tit. L., XXVII, 21 et 33. — (7) Sur cette question, si obscure et si remplie d'incertitudes, de l'intervalle qui devait séparer la gestion des diverses magistratures romaines, voir Mommsen, I, p. 505-518.

garantie suffisante de sa capacité et de son expérience (1).
Mais, si cette latitude laissée aux candidats permettait l'accès
des charges publiques à des citoyens d'une insigne et précoce
valeur, elle ouvrait aussi la porte aux brigues de jeunes gens
intrigants et médiocres. Il fallut mettre un frein aux abus qui
en résultèrent. En 180 av. J.-C., la *lex Villia* dont nous avons
déjà rapporté quelques-unes des dispositions présumées, fixa
un âge déterminé (*ætas legitima*) pour l'obtention des magistratures. L'existence de cette loi nous est affirmée par les
auteurs anciens (2), et nous savons qu'elle valut à la famille
du tribun qui la porta le surnom d'*annalis*. Mais rien n'est plus
incertain que les prescriptions qu'elle renfermait ; déjà nous
lui en avons attribué certaines de la manière la plus hypothéti-
que ; mais en ce qui concerne l'*ætas legitima*, la difficulté ne
fait que s'accroître par suite de la divergence des faits que
nous a transmis l'histoire. Il y a eu une loi fixant directement ou indirectement l'âge auquel on pouvait parvenir aux
fonctions publiques, c'est incontestable ; mais, quant à en
dégager l'esprit au milieu des allégations les plus contradic-
toires, c'est une tâche à laquelle nous avons dû renoncer pour
éviter d'apporter une interprétation téméraire. Nous nous
contenterons donc de mentionner les diverses opinions qui
ont été écrites sur l'âge légitime requis pour être édile.

D'après Pardessus (3), on pouvait être questeur à vingt-cinq
ans, édile de la plèbe à vingt-sept ou vingt-huit ans, édile
curule entre trente et trente-trois ans. Cet auteur rapporte que,
selon Manuce, l'âge pour être édile curule était de trente-sept
ans ; que, selon Juste-Lipse, l'âge de vingt-sept ou vingt-huit
ans était nécessaire pour arriver à l'une ou l'autre des deux
édilités.

D'après Nipperdey (4), la *lex Villia* aurait établi une alter-
native : l'âge minimum requis pour briguer une magistra-

---

(1) Tac., *Ann.*, XI, 22. — (2) Tit. L., XL, 44 ; Cic., *Phil.*, V, 17. —
(3) Pardessus, *Mém. sur les différ. rapports sous lesquels l'âge était considéré dans la législ. rom.* (*Mém. Acad. des Inscr. et Bel. Let.*, 1838, t.
XIII, p. 320 et s.) — (4) Nipperdey, *Die Annales Leges*, cité par Humbert
(*Dict. ant.*, v° *Annales Leges*).

ture aurait été de trente ans, à condition d'avoir fait trois ans de service à cheval (*stipendia equestria*) ou six ans à pied (*stipendia pedestria*); mais voulait-on devancer cet âge, la *lex Villia* l'aurait permis pourvu qu'on eût fait dix ans de service à pied ou à cheval (*decem stipendia*). Dans cette dernière hypothèse, on aurait pu exercer la première magistrature dès vingt-sept ans, puisqu'on pouvait entrer au service militaire à dix-sept ans. On voit que d'après ce système l'âge pour être admis à l'édilité devait être des plus variables.

Enfin, d'après une opinion plus généralement suivie, l'âge de trente-sept ans avait été fixé indistinctement, tant pour l'édilité de la plèbe que pour l'édilité curule (1).

Ajoutons que souvent le peuple accordait la dispense des conditions exigées par la loi *Villia*, et que par suite les magistrats ne parcouraient pas toujours régulièrement tous les degrés des charges ou abrégeaient l'intervalle légal; on comprendra alors que les textes anciens, loin de nous éclairer sur le contenu positif de la loi *Villia*, nous jettent au contraire dans la plus profonde incertitude.

4° Il fallait ne pas occuper déjà une autre magistrature. — Le cumul des magistratures fut en effet interdit par un plébiscite rendu en l'an 412 de Rome sur la proposition du tribun Genucius (2); mais, comme on le voit, cette restriction à l'exercice du *jus honorum* fut postérieure à la création des deux édilités.

Tite-Live nous rapporte que la prohibition du cumul des charges donna lieu, en 570, à certaines difficultés. Plusieurs candidats s'étaient présentés pour obtenir la charge du préteur urbain Decimius qui venait de mourir. Parmi eux, se trouvait Q. Fulvius Flaccus, édile curule désigné (3), qui pour ce motif s'abstenait de revêtir la robe blanche de candidat, mais qui n'en était pas moins le plus ardent de tous les concurrents; en outre il était soutenu par les tribuns du peuple. En vain le consul L. Porcius et le sénat essayèrent-ils de l'ame-

---

(1) Humbert, *l. c.* — (2) Tit. L., VII, 42. — (3) Un magistrat était appelé *designatus* pendant l'intervalle qui s'écoulait entre son élection et son entrée en charge.

ner à se désister de ses prétentions, ils ne purent vaincre son opiniâtreté. Devant cette obstination, le sénat décréta qu'on ne pourvoierait pas au remplacement du préteur décédé et que son collègue en charge aurait dans la ville l'une et l'autre juridiction (1). On voit par cet exemple que l'édilité ne pouvait pas être cumulée avec une autre magistrature.

5° Un magistrat sortant de charge ne pouvait pas être immédiatement réélu. — Le plébiscite de Genucius qui, en 412, avait prohibé le cumul des magistratures, défendit en même temps, nous dit Tite-Live, de reprendre une même magistrature avant le délai de dix ans (2).

Cette règle relative à l'*iteratio* des magistratures s'appliquait-elle aussi à l'édilité ? Nous manquons d'éléments pour nous prononcer sur cette question, mais rien ne nous permet de dire qu'il n'en fût pas ainsi; mais, que le plébiscite de Genucius défendît ou non l'*iteratio* de l'édilité d'un même ordre, il est acquis que les anciens édiles de la plèbe pouvaient briguer, dès leur sortie de charge, l'édilité curule. On cite en effet le double exemple de C. Servilius et de Q. Cæcilius Métellus qui, édiles de la plèbe en 209 avant J.-C., furent édiles curules l'année suivante (3).

6° Les magistratures plébéiennes n'étaient ouvertes qu'aux plébéiens ; les magistratures patriciennes qu'aux patriciens. — Pour être édile de la plèbe, il fallait donc appartenir à l'ordre plébéien. Pour être édile curule, il fallait dans le principe être patricien ; mais nous avons vu déjà que les édiles curules ne tardèrent pas à être pris indistinctement parmi les deux ordres.

Afin que la plèbe trouvât dans la personne de ses édiles des représentants fidèles de ses intérêts, on ne se contentait pas d'exiger que les candidats à l'édilité de la plèbe fussent pris parmi les plébéiens, mais on exclut même de cette fonction

---

(1) Tit. L., XXXIX, 39; Mommsen, I, p. 495, n. 2. — (2) Tit. L., VII, 42. — Mommsen pense que la prohibition de l'*iteratio* des charges ne date que de 424, et non point de 412 (I, p. 500 et 501, n. 2). — (3) Tit. L., XXVII, 21, 33 et 36.

tout citoyen dont le père, ayant rempli un office curule, était encore vivant (1).

## SECTION II

### DE LA CANDIDATURE A L'ÉDILITÉ

Tout citoyen qui jouissait du *jus honorum* et qui remplissait les conditions qui ressortent des règles énumérées i - dessus, pouvait se porter candidat aux magistratures (*petere magistratum*).

Nous exposerons très-brièvement les formalités de la *petitio* et les usages qui s'y rapportaient, parce qu'ils étaient généralement les mêmes pour toutes les magistratures et que nous n'aurons à faire que peu de remarques spéciales à l'édilité.

La première formalité que l'on trouve mentionnée est celle de la *professio nominis ;* le citoyen qui voulait se mettre sur les rangs pour la charge vacante venait déclarer au magistrat chargé de présider l'élection son intention de se porter candidat (2). Mais cette obligation n'était, paraît-il, imposée qu'à ceux qui briguaient une magistrature élue par les comices centuriates (3); aussi ne dut-elle pas s'appliquer à l'édilité, les édiles n'ayant jamais été élus dans ces sortes d'assemblées.

Quoi qu'il en soit, la loi fixa sans doute un délai que les candidats purent librement employer, avant l'élection, à la brigue électorale (*ambitus*). Les candidats étaient ainsi nommés parce qu'ils avaient l'habitude d'être revêtus d'une robe blanche apprêtée avec de la craie (*toga candida*), afin de mieux attirer sur eux l'attention du peuple. En vain un plébiscite essaya-t-il, en 322, de faire disparaître cet usage, il demeura sans résultat (4). Quelques candidats cependant

---

(1) Tit. L., XXX, 19. — (2) Mommsen, I, p. 483. — (3) Willems, *Dr. publ.*, p. 242. — (4) Mommsen, I, p. 482, n. 3.

étaient assez populaires pour pouvoir se passer facilement de
ces manifestations extérieures; témoin ce Fulvius Flaccus
dont nous avons déjà parlé et qui, étant déjà édile curule
désigné au moment où il briguait la préture, n'osa pas pour
ce motif prendre la robe de candidat (1). En outre, les candidats avaient coutume de ne point porter de tunique sous leur
toge, pour n'être point soupçonnés, a-t-on dit, d'y cacher de
l'argent destiné à acheter les suffrages, ou pour montrer
plus facilement les cicatrices des blessures qu'ils avaient
reçues au service de la République ; Becker pense avec plus
de raison peut-être qu'il faut y voir le souvenir d'un ancien
costume populaire (2).

Ainsi vêtus, les candidats se rendaient sur la place publique
et cherchaient, par tous les moyens, à se distinguer aux yeux
du peuple et à se concilier sa bienveillance. Ils saluaient par
leur nom tous ceux qu'ils rencontraient et, comme leur
mémoire aurait été impuissante à retenir les noms de tous
les citoyens, ils avaient recours à des esclaves dressés dans
ce but (nomenclatores) qui les leur désignaient. En même
temps, ils leur tendaient la main, serraient affectueusement
celle qui leur était présentée, la baisaient même et ne
négligeaient pas d'accompagner toutes ces démonstrations
des compliments les plus serviles et des protestations d'amitié
les plus empressées ; ce qui fit dire à Cicéron que les candidats
étaient la nation du monde la plus polie et la plus préve-
nante. Mais la faveur populaire était si capricieuse qu'il fallait
que le candidat eût la science de composer son maintien et
ses discours au gré de ceux qu'il abordait. C'est une prudence
que n'eut pas Scipion Nasica, et une plaisanterie déplacée lui
fit perdre les bonnes grâces du peuple : il se présentait pour
l'édilité curule et, suivant l'usage des candidats, il avait
fortement serré la main d'un campagnard; comme elle était
endurcie par les travaux de l'agriculture, il lui demanda en
plaisantant s'il avait coutume de marcher sur les mains ;
le mot circula de bouche en bouche, on y vit une raillerie

---

(1) Tit. L., XXXIX, 39. — (2) Mommsen, I, p. 482, n. 3.

injurieuse et un outrage à la pauvreté, et c'en fut assez pour attirer un échec au candidat (1).

Les démarches personnelles du candidat ne suffisaient cependant pas ; il importait encore pour réussir qu'il se créât des amis nombreux qui pussent le seconder par leur zèle. Aussi mettait-il à contribution la bonne volonté de ses parents et de ses alliés (*propinqui*), de ses amis, de ses voisins, de ses clients (*necessarii*). Chaque jour, sa demeure était assaillie par une foule de gens qui dès le matin venaient le saluer (*salutatores*); d'autres l'attendaient à sa porte pour le conduire jusqu'à la place publique (*deductores*) ; d'autres enfin lui faisaient compagnie à toute heure et le suivaient partout (*sectatores*) ; c'étaient autant d'auxiliaires précieux qu'il fallait savoir s'attacher par ses services ou ses promesses. Enfin, il était bon de s'assurer de l'appui de personnes en place (*suffragatores*), dont les recommandations pussent être influentes auprès du peuple. Nous savons avec quel dévouement Cicéron sollicita les faveurs du peuple pour son ami Plancius qui briguait l'édilité curule (2).

Mais le moyen le plus efficace pour se frayer la voie des honneurs était d'acheter les suffrages du peuple à force de libéralités : on faisait des distributions d'argent ou de denrées (*congiaria*); on jetait parmi la foule des pièces de monnaie (*missilia*) ; on faisait retenir des places au théâtre pour ses amis, quelquefois pour des tribus entières ; on conviait le peuple à des festins publics ; on faisait célébrer des jeux somptueux.

Comme on le voit, il n'était pas de ressorts que ne missent en jeu les candidats pour assurer leur succès ; les magistratures ne s'obtenaient qu'au prix de ces sollicitations et de ces manœuvres, et les candidats à l'édilité n'en négligeaient aucune. Mais c'étaient surtout les édiles déjà en charge qui, pour nous servir d'une expression trop moderne, étaient passés maîtres dans l'art de la réclame électorale. Nous verrons, dans le cours de cette étude, avec quelle habileté ils

---

(1) Val. Max., VII, 5, 2. — (2) Cic., *Pro Planc.*, 10.

savaient mettre à profit leurs attributions pour capter la bienveillance du peuple et se préparer l'accès des plus hautes dignités. Cicéron nous rapporte les noms de plusieurs édiles qui remplirent leur charge avec splendeur et retirèrent les fruits de leurs libéralités (1). Tantôt ils flattaient le peuple par des profusions exagérées et des prodigalités futiles comme les festins et les jeux, tantôt par des secours plus utiles comme les distributions de blé et de vivres ou, comme faisait un édile du nom de Rufus, en envoyant ses propres esclaves au secours des bâtiments incendiés (2). Peu d'entre eux pouvaient se vanter d'arriver aux dignités les plus éminentes sans les avoir achetées par aucune largesse ; Cicéron cependant a pu dire que les honneurs les plus élevés lui avaient été déférés à l'unanimité des suffrages, bien qu'il n'eût fait pendant l'année de son édilité que des dépenses très-restreintes (3).

Les candidats ne se bornaient pas toujours à mettre en œuvre les procédés que les lois et les mœurs autorisaient. Déjà, beaucoup de ceux que nous avons indiqués ne tendaient rien moins qu'à la corruption ; on sentit la nécessité de mettre un frein à de pareils abus. Mais la brigue se manifesta parfois par des manœuvres plus honteuses encore. C'est ainsi que l'on voyait deux candidats se coaliser pour en faire échouer un troisième ; d'autres fois, on se servait de l'entremise de gens appelés *sequestres* auxquels on remettait de l'argent qu'ils faisaient distribuer par des *divisores*. Des actes aussi illicites ne pouvaient demeurer impunis et diverses lois, connues sous le nom de *leges de ambitu,* furent successivement rendues pour poursuivre et réprimer les crimes de brigue électorale. La première de ces lois, la *lex Pœtelia,* date de l'an de Rome 358 et fut suivie de plusieurs autres (4).

---

(1) Cic., *De off.*, II, 16. — (2) Vel. Paterc., II, XCI. — (3) Cic., *De off.*, II, 17. — (4) De nombreux détails pourraient encore être donnés relativement aux candidatures et aux *leges de ambitu ;* mais ils excéderaient les limites de notre sujet, aussi nous bornons-nous à renvoyer aux auteurs qui en ont le plus particulièrement traité : Bouchaud, *Recherches sur la loi Julia de ambitu* (*Mém. Acad. Inscr. et Bel. Let.*, 1777, t. XXXIX, p. 382) ; de Beaufort, *La Rép. rom.*, I, p. 214 ; Dezobry, *Rome au siècle d'Aug.*, II, p. 1 ; Humbert (*Dict. ant.*, v° *Ambitus* II).

# SECTION III

## DES ASSEMBLÉES QUI NOMMAIENT LES ÉDILES

Les édiles plébéiens, n'étant d'abord que les auxiliaires des tribuns, furent dans le principe nommés par eux.

Plus tard, lorsque le *plebiscitum Publilium Voleronis* (471 av. J.-C.) eût réglementé les assemblées plébéiennes, ils furent élus par les *concilia plebis tributa* (1). Ces assemblées comprenaient, en droit, la plèbe seule; mais, bien qu'aucune disposition législative n'eût donné accès dans ces assemblées aux patriciens et aux clients, ceux-ci y pénétrèrent peu à peu et y firent sentir leur influence; en fait, elles se composaient donc de tout le *populus*. Les *concilia plebis tributa* étaient présidés par un membre du collège des tribuns désigné par le sort (2).

Les édiles curules furent élus aux *comitia tributa* dès leur institution (3). Les *comitia tributa* étaient composés de tous les membres des tribus (*populus*); ils étaient présidés par un consul, par un magistrat extraordinaire chargé de le remplacer (4) ou par un préteur (5).

Les édiles plébéiens et les édiles curules étaient donc élus par des collèges électoraux différents; la raison en est que les premiers étaient des magistrats plébéiens, les seconds des magistrats patriciens (6). En outre les édiles curules, n'étant parmi les magistrats patriciens que des *magistratus minores*, étaient nommés par les *comitia tributa* et non par les *comitia centuriata* auxquels appartenait exclusivement la nomination des *magistratus patricii majores*.

Les comices chargés d'élire les édiles ne se tenaient pas à une époque quelconque de l'année; on observait pour la no-

---

(1) Tit. L., II, 56 et 58. — (2) Tit. L., III, 64. — (3) Cic., *Verr.*, II, 5, 14; Tit. L., VI, 42; Aul. G., VI, 9. — (4) Tit. L., IV, 44; VIII, 16; XXII, 33. — (5) Tit. L., X, 21. — (6) Tit. L., VI, 42; VII, 1.

mination des magistrats un ordre correspondant à leur rang hiérarchique (1). Ainsi, les *comitia centuriata* se réunissaient d'abord pour nommer les consuls, puis les préteurs : c'étaient les *comitia consularia et prætoria*. Ensuite venaient les comices par tribus qui nommaient les édiles curules, puis les questeurs : c'est ce qu'on appelait *comitia ædilitia*, *comitia quæstoria* (2). Enfin, en dernier lieu, devaient se tenir les *concilia plebis* pour élire les tribuns de la plèbe et les édiles plébéiens ; peut-être même les comices pour élire les magistrats plébéiens se tenaient-ils indifféremment en même temps que ceux qui nommaient les magistrats patriciens, mais on ne saurait l'affirmer (3). Quant à l'ordre suivi pour les élections dans les *concilia plebis*, il consistait originairement à nommer d'abord les tribuns, puis les édiles de la plèbe ; lorsque plus tard ces deux magistatures occupèrent un rang inverse, il est possible qu'on ait renversé aussi l'ordre de leur élection, mais ce ne fut point indispensable (4).

## SECTION IV

### DES FORMALITÉS DE L'ÉLECTION

Nous devons dire maintenant quelques mots des formalités observées pour l'élection des édiles : nous parlerons tout à la fois des *comitia tributa* et des *concilia plebis*, parce que la plupart des formalités que nous aurons à mentionner étaient communes à ces deux assemblées.

Le magistrat qui devait présider les comices électoraux rendait un édit pour convoquer le peuple (*edicere comitia*) (5), un *trinundinum* (6) au moins avant le jour de la réunion (7).

---

(1) Mommsen, I, p. 561. — (2) Cic., *Verr.*, I, 7-9 ; Dio Cass., XXXIX, 7 et 32. — (3) Mommsen, I. p. 562, n. 6. — (4) Mommsen, I., p. 562. — (5) Aul. G., XIII, 15 ; Tit. L., IV, 57 ; VI, 39. — (6) Les marchés *(nundinæ)* se tenaient à Rome tous les neuf jours. Un *trinundinum (tri, nundinæ)* était une intervalle de vingt-sept jours, durant lesquels il y avait trois marchés. — (7) Denys, IX, 10, 8 ; Cic., *Pro dom.*, 16 ; Tit. L., III, 35.

Pendant cet intervalle, il publiait la *rogatio* par laquelle on faisait connaître au peuple à quelles élections il devait être procédé (1). Les magistrats pouvaient encore pendant le *trinundinum* convoquer des *contiones* à l'effet de délibérer provisoirement sur la *rogatio* (2).

L'assemblée électorale devait se réunir un *dies comitialis* ; ces jours, pris parmi les jours fastes, étaient les seuls pendant lesquels le peuple pût tenir des comices et voter une loi. Ils étaient ordinairement désignés par le collège des pontifes, chargé de rédiger le calendrier. Cependant nous savons qu'en 304 av. J.-C. un édile curule, Cn. Fluvius, publia dans son édit le tableau des fastes, autrement dit le calendrier, afin que les citoyens connussent par eux-mêmes les jours où la religion permettait de vaquer aux procès (3) et ceux aussi où les comices pouvaient se tenir. Vers la fin de la république, l'année comptait environ 190 jours *comitiales* (4).

Pour les *concilia plebis,* les jours spécialement réservés étaient les *nundinæ,* ou jours de marché; on profitait de ce que ces jours-là les habitants des campagnes se trouvaient à la ville, pour les appeler à donner leurs suffrages sur les affaires de l'État (5). Mais, en 466, une *lex Hortensia* rendit *non comitiales* les jours de *nundinæ,* afin que les citoyens de la campagne ne fussent pas détournés de leurs affaires privées par l'obligation de siéger dans les assemblées politiques (6).

Le lieu ordinaire de réunion des comices électoraux était le *forum romanum* (7), parfois le Capitole (8); au dernier siècle de la République, c'était le cirque Flaminius, dans le Champ-de-Mars (9).

Dans la nuit qui précédait le jour de la réunion, le. magistrat président, assisté d'un augure, consultait les auspices, s'il s'agissait d'élire des édiles curules dans les *comitia tributa;*

---

(1) Cic., *Pro dom.*, 16. — (2) Tit. L., III, 34. — (3) Tit. L., IX, 46. — (4) Willems, *Dr. publ.*, p. 315. — (5) Denys, VII, 8, 11 ; Willems, *Dr. publ.*, p. 169. — (6) Macrob., *Saturn.*, I, 16 ; Dezobry, *Rome au siècle d'Aug.*, II, p. 61. — (7) Denys, VII, 9, 1 ; Tit. L., IX, 46. — (8) Tit. L., XXV, 3. — (9) Tit. L., XXVII, 21 ; Cic., *Pro Planc.*, 6.

mais s'il s'agissait d'élire des édiles de la plèbe dans les *concilia plebis*, il n'y avait pas lieu d'accomplir la même cérémonie religieuse. De ces magistrats, les uns étaient donc élus *auspicato*, les autres *inauspicato;* cette différence venait de ce que les premiers étaient des magistrats patriciens, et les seconds des magistrats plébéiens (1). Aussi les magistrats plébéiens, étant élus *inauspicato*, n'acquéraient pas le *jus auspiciorum*, au moins en théorie ; mais nous verrons qu'en fait il en était autrement.

Après la consultation des auspices, si elle avait eu lieu et qu'elle eût donné un résultat favorable, une nouvelle convocation, faite de grand matin, probablement par des *præcones* ou crieurs publics, invitait le peuple à se rendre au lieu où devait siéger l'assemblée.

A mesure que le peuple arrivait aux comices, on avait soin de le grouper par tribus ; dans ce but, on se bornait à faire tendre des cordes sur la place pour séparer les tribus les unes des autres (2).

Les comices s'ouvraient par des cérémonies religieuses (3). Après les prières d'usage, suivies ou non d'une nouvelle *contio* préparatoire (4), il était donné lecture de la *rogatio* (5). Ensuite les citoyens étaient appelés au vote (6).

Le vote avait lieu *tributim*, et dans chaque tribu *viritim* (7); c'est-à-dire que, dans chaque tribu séparément, on recueillait les voix de tous les citoyens qui la composaient, de manière à donner un résultat unique par tribu ; toutes les tribus procédaient simultanément à ce travail (8). Un tirage au sort déterminait l'ordre dans lequel le résultat des votes de chaque tribu serait annoncé (9). Le candidat élu était celui qui avait réuni les voix de la majorité des tribus, chaque tribu ne comptant dans le résultat définitif que pour un suffrage (10).

Lorsque, dans les *comitia ædilitia*, deux candidats avaient

---

(1) Varro, *De re rust.*, III, 2 ; Denys, IX, 10, 7 ; Tit. L., VI, 41 ; X, 8. — (2) Denys, VII, 9, 1. — (3) Cic., *Pro Mur.*, 1. — (4) Tit. L., XXXI, 7. — (5) Cic., *Pro dom.*, 17. — (6) Tit. L., III, 71 ; X, 9. — (7) Cic., *Pro Flac.*, 7. — (8) Denys, VII, 9, 1.—(9) Varro, *De re rust.*, III, 17.— (10) Denys, VII, 9, 6.

obtenu un nombre égal de voix, on ne procédait pas à une nouvelle épreuve, mais on fixait par voie de tirage au sort celui qui devait être définitivement nommé ; c'est ce qu'on désignait sous le nom de *sortitio ædilitia* (1).

Enfin, le président proclamait le résultat définitif (*renuntiatio*) ; ce dernier acte était nécessaire pour que le vote du peuple eût son effet (2). Puis, il dissolvait les comices.

Mentionnons, en terminant ce rapide exposé des élections des édiles, que certains événements pouvaient empêcher ou dissoudre la réunion des comices. C'étaient, tant avant que pendant le vote, certains *auspicia e diris*, comme le cas où l'un des assistants se trouvait subitement atteint d'épilepsie (*morbus comitialis*), certains *auspicia e cœlo*, tels qu'un éclair ou un coup de tonnerre (3). D'autres causes encore s'opposaient soit à la réunion des comices, soit à leur continuation, mais seulement lorsqu'elles se produisaient avant le commencement du vote. C'étaient : la *nuntiatio* d'un augure, ou ordre donné au président par un augure présent aux comices de remettre la réunion à un autre jour pour cause d'*auspicia* (4); — l'*obnuntiatio* d'un magistrat, ou simple déclaration par un magistrat qu'il observe le ciel, *se servaturum de cœlo* (5) ; — l'intercession d'un magistrat ayant une puissance égale ou supérieure à celle du magistrat-président, conformément au principe *par majorve potestas plus valeto* (6) ; — l'intercession d'un tribun de la plèbe (7) ; mais ce cas d'intercession ne doit être distingué de celui qui précède, qu'autant que l'intercession du tribun est dirigée contre le président des *comitia tributa* ; car, dirigée contre le président des *concilia plebis*, qui n'est autre qu'un *tribunus plebis*, l'intercession n'aurait d'autre cause que la *par potestas*.

Les élections des *comitia tributa* et celles des *concilia ple-*

(1) Cic., *Pro Planc.*, 22. — (2) Cic., *Pro Mur.*, 1 ; *Pro Planc.*, 6 et 20; Tit. L., III, 21 ; VII, 26. — (3) Cic., *Pro dom.*, 15; Dio Cass., XXXVIII, 13. — (4) Mommsen, I, p. 105. — (5) Cic., *Pro dom.*, 15; Dio Cass., XXXVIII, 13 ; Mommsen, I, p. 106. — (6) Mommsen, I, p. 25-27, 255 et s., 270. — (7) Tit. L., IV, 25; VI, 35 ; VII, 21 ; Mommsen, I, p. 272.

*bis* ne furent jamais soumises, pour leur validité, à la *patrum auctoritas* (1).

SECTION V

DE L'ENTRÉE EN CHARGE DES ÉDILES

Les citoyens élus édiles se trouvaient, en vertu même de leur élection, investis de la *potestas* qui était, ainsi que nous le dirons plus tard, la nature de leur pouvoir.

Malgré cela, l'entrée en charge des édiles n'avait pas toujours lieu aussitôt après leur élection. Elle ne la suivait immédiatement que si le magistrat avait été élu pour remplir une charge vacante (2). Mais le plus souvent il y avait un intervalle entre l'élection et l'entrée en charge des magistrats, parce que les comices électoraux se tenaient un certain temps avant l'expiration légale des pouvoirs des magistrats en charge.

Pendant cet intervalle, le citoyen élu édile s'appelait *designatus* (3). La *potestas* dont son élection l'avait nanti demeurait sans effet ; mais il pouvait déjà publier des *edicta* qui devenaient obligatoires après son entrée en charge (4). Bien qu'il ne fût encore qu'un simple particulier, l'édile désigné pouvait donc déjà sous un certain rapport être considéré comme un magistrat ; cette situation temporaire était réglée par la combinaison de ces deux idées. Son nom était de suite inscrit sur la liste des magistrats romains et, s'il était empêché par la mort, par une condamnation, pour crime d'*ambitus* par exemple, ou par tout autre motif, d'entrer en fonctions, il n'en était pas moins réputé avoir été investi de la charge. De même, renonçait-il à entrer en charge, sa retraite était considérée comme une démission (5). L'autorité

(1) Willems, *Dr. publ.*, p. 173 et 174. — (2) Tit. L., III, 19; V, 11; XXIII, 31. — (3) Tit. L., XXXIX, 39 ; Gruter, 442, 10. — (4) Dio Cass., XL, 66. — (5) Mommsen, I, p. 571.

qui s'attachait à toute décision du peuple romain exigeait qu'il en fût ainsi.

Peu de temps après l'élection des édiles, et ordinairement avant leur entrée en charge, les augures examinaient s'ils n'avaient pas été *vitio creati*, c'est-à-dire si leur élection ne se trouvait pas entachée de quelque vice de forme. S'ils découvraient qu'il s'était effectivement produit quelque infraction aux règles ordinaires des élections, ils en saisissaient le sénat. En conséquence, le sénat invitait le magistrat élu à abdiquer volontairement son pouvoir, sous peine d'impiété; mais il n'avait pas le droit formel de l'y contraindre, et les actes antérieurement accomplis par ce magistrat conservaient toute leur validité. Les exemples d'abdications de magistrats sont nombreux, et on ne cite guère dans l'histoire qu'un seul cas de désobéissance aux injonctions du sénat (1).

Mais une différence doit être notée entre les édiles curules et les édiles de la plèbe. Tandis que les premiers pouvaient abdiquer même après leur entrée en charge, les seconds ne le pouvaient qu'autant que leurs prédécesseurs étaient encore en fonctions. La continuité des auspices et, par suite, l'autorité des édiles curules aurait en effet été assurée par l'*interregnum* nommé par le sénat, alors même que tous les magistrats auraient abdiqué. Au contraire, l'autorité des édiles plébéiens, née en dehors de la communauté patricienne et des auspices, ne pouvait se maintenir que par une transmission non interrompue de magistrat à magistrat (2).

Les édiles entraient en charge le même jour que les consuls, comme du reste la plupart des magistrats ordinaires. Ce jour-là était appelé *dies solennis*, parce que les consuls inauguraient leur entrée par des cérémonies religieuses. Les édiles curules ainsi que les autres magistrats ayant le *jus auspiciorum* consultaient les auspices comme pour constater l'assentiment donné par Jupiter à leur élection (3). Cette observation avait lieu sur le Capitole. Avec le *dies solennis*, commençait l'année

---

(1) Tit. L., IV, 7; VIII, 15 et 23; XXII, 33; XXX, 39; Humbert *(Dict. ant.*, v^is *Abacti magistratus* et *Abdicatio)*; Mommsen, I, p. 112. — (2) Bouché-Leclercq *(Dict. ant.*, v° *Auspicia*, p. 584)*. — (3) Denys, II, 2, 6.

administrative qui était désignée par le nom des deux consuls. Le *dies solemnis* était fixé aux calendes ou aux ides, mais le mois a varié aux différentes époques (1) ; à partir de l'année 154 avant J.-C., il fut définitivement fixé au 1ᵉʳ janvier (2).

Dans les cinq jours qui suivaient leur entrée en fonctions, les édiles devaient prêter serment (*jurare in leges*). Lorsqu'un édile ne pouvait prêter serment, soit parce qu'il n'était pas sur les lieux, soit parce qu'il occupait déjà une autre fonction, le sénat lui permettait de désigner une autre personne qui prêtait serment pour lui, avec l'agrément des consuls (3).

Dans le même délai de cinq jours à dater de leur entrée en charge ou de leur désignation, les édiles de la plèbe et les édiles curules devaient répartir entre eux le territoire de Rome augmenté de mille pas autour, afin de s'occuper chacun spécialement de la police et de l'administration de la voirie de l'une de ces quatre circonscriptions. Faute de s'entendre, les édiles faisaient cette division par voie de tirage au sort (4). Il est probable qu'ils prenaient pour base de leur répartition, la division ancienne faite par Servius Tullius du territoire romain en quatre quartiers ou tribus, les tribus *Suburana, Esquilina, Collina* et *Palatina* (5).

---

(1) Mommsen, I, p. 572-582. — (2) *Corp. inscr. lat.*, I, p. 312, *Fasti Præn.*; Willems, *Dr. publ.*, p. 248. — (3) Tit. L., XXXI, 50. — (4) *Lex Jul. mun.*, l. 24-28 (*Corp. inscr. lat.*, I, p. 120). — (5) Humbert (*Dict. ant.*, vᵒ *Ædilis*, p. 98).

# CHAPITRE III

## Des pouvoirs et prérogatives des édiles.

Nous nous proposons, dans ce chapitre, de déterminer la place occupée par l'édilité dans l'ensemble des magistratures romaines et de faire connaître les pouvoirs dont les édiles étaient investis ainsi que les prérogatives attachées à leur charge. Mais nous traiterons ici des pouvoirs des édiles en faisant abstraction de la nature des attributions à l'occasion desquelles ces pouvoirs s'exerçaient. Dans le chapitre suivant, nous rechercherons dans quelle sphère d'attributions se mouvait la puissance édilitienne ; alors, les pouvoirs des édiles étant connus, nous n'aurons plus qu'à en constater les applications à chacune des matières qui rentraient dans la compétence de ces magistrats.

Deux questions seront donc principalement l'objet de ce chapitre : quelle était la part des édiles dans la puissance publique, quelle était leur part dans les honneurs publics ?

### DES QUALIFICATIONS DE LA MAGISTRATURE ÉDILITIENNE

On se ferait une idée bien fausse de l'organisation des magistratures romaines, si l'on pensait qu'elles fussent unies entre elles par un lien hiérarchique. C'est là un principe qui demeura entièrement étranger aux règles du droit public romain ; la raison en fut toute politique et constitutionnelle. La souveraineté nationale appartenait au peuple ; les magistrats étaient nommés directement par lui et chacun d'eux pouvait être considéré comme le délégué du pouvoir souverain, comme le dépositaire de l'autorité qui résidait dans le corps de la nation. Cette origine commune à tous les magistrats empêchait que les uns pussent être soumis au contrôle et à la censure des autres, puisque tous étaient au même titre les délégués de la puissance publique. On distinguait bien, il est vrai, des magistrats supérieurs et des magistrats inférieurs ; mais il ne faut pas se laisser égarer par cette apparence d'hiérarchie. Les distinctions posées entre les diverses magistratures n'impliquaient nullement une idée de subordination des unes aux autres ; elles se référaient seulement à des différences dans l'importance des fonctions, dans les honneurs qui y étaient attachés et dans le rang de ceux qui en étaient investis.

Ces règles ne peuvent cependant pas s'appliquer d'une façon absolue à l'édilité de la plèbe. Nous avons vu, en effet, qu'au moment de leur création les édiles de la plèbe étaient nommés par les tribuns de la plèbe dont ils n'étaient à vrai dire que les auxiliaires. Ils ne devinrent indépendants que plus tard, lorsqu'ils furent élus par les assemblées du peuple et qu'ils se furent débarrassés du lien d'infériorité qui les rattachait aux tribuns de la plèbe. Dès lors ils tinrent immédiatement leurs pouvoirs du peuple ; ce ne fut qu'à partir de cette époque qu'on put vraiment les mettre au rang des magistrats romains.

Maintenant que nous avons indiqué quel sens il faut donner aux divisions apportées entre les magistratures romaines, nous allons classer dans chacune d'elles l'édilité de la plèbe et l'édilité curule.

Les magistratures étaient d'abord *ordinaires* ou *extraordinaires* : ordinaires, lorsqu'elles avaient une durée fixe et faisaient partie des institutions régulières et ordinaires de la république ; extraordinaires, dans le cas contraire. Les édiles plébéiens étaient ainsi que les édiles curules des *magistratus ordinarii*.

Les magistratures étaient aussi *patriciennes* ou *plébéien-nes* selon qu'il fallait appartenir à l'ordre patricien ou à l'ordre plébéien pour y être appelé. Les édiles de la plèbe étaient des magistrats plébéiens; les édiles curules étaient des magistrats patriciens. Ces derniers cependant ne furent exclusivement recrutés parmi les patriciens qu'à l'époque de leur institution; ils ne tardèrent pas à être pris indistinctement dans les deux ordres.

En outre, les magistratures se subdivisaient en *majores* et *minores* selon qu'elles conféraient à ceux qui en étaient investis le *jus auspiciorum majorum* ou *minorum*. Nous dirons plus loin en quoi consistaient ces priviléges. Les édiles curules. n'ayant que le *jus auspiciorum minorum*, étaient des *magistratus minores*.

Enfin, certaines magistratures patriciennes étaient qualifiées de *curules*. Toutes les magistratures patriciennes *majores* étaient de ce nombre et, parmi les magistratures patriciennes *minores* l'édilité était la seule. C'est même le titre d'*édilité curule* qui était spécialement donné à l'édilité patricienne pour la distinguer de l'*édilité de la plèbe*. En raison de cette qualification de curule, l'édilité patricienne jouissait de certaines prérogatives honorifiques qui n'appartenaient ordinairement qu'aux magistratures patriciennes majeures.

## SECTION II

### DES POUVOIRS DES ÉDILES

Avant de rechercher quels pouvoirs appartenaient aux édiles, il importe d'indiquer brièvement quelles étaient les idées des Romains sur ce que nous appellerions aujourd'hui l'organisation des pouvoirs publics.

Les modernes, analysant les différents éléments qui constituent la puissance souveraine de tout gouvernement, reconnaissent qu'ils sont au nombre de trois : le pouvoir législatif, le pouvoir exécutif ou administratif et le pouvoir judiciaire. Cette division, bien qu'elle ne soit peut-être pas à l'abri de toute critique, est devenue la base fondamentale du droit public des nations modernes. Chacun des trois pouvoirs est distribué en des mains différentes; c'est ce qu'on appelle le principe de la séparation des pouvoirs. On le considère à juste titre comme une sauvegarde de la liberté, une garantie des droits individuels, une barrière contre l'arbitraire et la tyrannie.

Rien de semblable ne se rencontrait chez les Romains, pas plus que chez la plupart des autres peuples de l'antiquité ; la confusion la plus complète existait entre les différents ordres de pouvoirs.

Dans l'origine, le roi concentrait en ses mains la puissance publique : il commandait les armées, était le chef de la religion et le premier magistrat de la cité, jugeait les affaires civiles et criminelles, convoquait le sénat, assemblait le peuple; il finit même par empiéter sur le pouvoir législatif jusque-là réservé aux assemblées du peuple.

A la chute des Tarquins, l'ensemble des pouvoirs qui appartenaient aux rois passa aux deux consuls ; il n'y eut d'exception que pour les fonctions religieuses. Quant au pouvoir législatif, ils ne l'exercèrent pas directement; il n'en est pas moins vrai que leur influence sur la puissance législative fut grande à l'origine, puisqu'ils étaient chargés du recensement du peuple et de la formation du corps électif.

Plus tard, lorsque l'agrandissement de la république et l'obligation où se trouvaient les consuls de s'absenter de Rome pour commander les armées firent sentir la nécessité de répartir entre plusieurs fonctionnaires les attributions consulaires trop diverses et trop nombreuses, on décomposa le consulat et on en forma plusieurs magistratures (1): c'est ainsi que furent créés successivement le tribunat, l'édilité de la plèbe, la censure, la préture, l'édilité curule. Sans doute, parmi ces magistrats, les uns étaient plus spécialement chargés des

(1) Montesquieu, *Espr. des lois*, l. XI, ch. XIV.

affaires judiciaires, les autres de la police et de l'administration ; mais ce démembrement de la puissance consulaire serait à tort considéré comme une séparation des pouvoirs, il faut l'envisager au contraire comme une simple division des attributions et comme un accroissement du nombre des délégués de la souveraineté nationale. Ainsi, les magistrats recevaient chacun une délégation complète et directe de la puissance publique ; nous en avons déjà conclu qu'aucune hiérarchie n'était possible entre eux, nous en concluons maintenant que les pouvoirs publics étaient indivisibles. Cependant, tous les magistrats n'étaient pas au même titre les délégués de la nation ; nous voyons en effet que le pouvoir des uns s'appelait *imperium,* le pouvoir des autres *potestas* (1).

Il est difficile de préciser exactement la différence qui existait entre l'*imperium* et la *potestas* ; la raison en est que ces termes étaient employés indistinctement l'un pour l'autre dans le langage vulgaire et même dans le langage officiel, et aussi que chacun d'eux avait reçu plusieurs sens différents. Dans son acception primitive, *imperium* désignait l'autorité du général sur ses soldats. Par opposition à *jurisdictio, imperium* signifiait le pouvoir administratif et de police ; on distinguait l'*imperium merum,* appelé aussi *potestas,* qui était la puissance des magistrats dégagée de tout attribut relatif à l'administration de la justice civile, et l'*imperium mixtum* ou pouvoir donné accessoirement aux magistrats investis de la juridiction pour en assurer l'exercice. *Potestas* est employé tantôt comme synonyme d'*imperium,* tantôt dans un sens plus restreint pour nommer un pouvoir moindre que celui de l'*imperium.*

On voit combien cette terminologie présentait un caractère vague et changeant, et combien il serait difficile de donner aujourd'hui de tous ces mots des définitions rigoureuses. Quoiqu'il en soit, nous croyons trouver dans Festus le sens exact des mots *imperium* et *potestas* opposés l'un à l'autre : « *cum imperio est,* dit ce grammairien, *dicebatur apud anti-*

---

(1) Mommsen, I, p. 22.

» *quos, cui nominatim a populo dabatur imperium; cum*
» *potestate est, dicebatur de eo, qui a populo negotio alicui*
» *præficiebatur* (1). » On voit par là que l'*imperium* appartenait à tous les magistrats qui en avaient été investis en vertu
d'une loi curiate, la *potestas* à ceux qui n'étaient nommés que
pour remplir certaines fonctions déterminées. Ainsi, l'autorité
royale n'était autre chose que l'*imperium*; plus tard l'*imperium*
appartint aux consuls, puis aux préteurs, au dictateur; il leur
était conféré *nominatim*, après leur élection, par une *lex
curiata*. Au contraire, les tribuns du peuple, censeurs, édiles, questeurs n'eurent jamais que la *potestas*, qui résultait de
leur élection par le peuple; ils n'avaient pas l'*imperium* parce
que leur élection n'était pas suivie d'une *lex curiata* qui les
en investît.

A l'époque de leur création, les édiles de la plèbe n'étaient
que les auxiliaires des tribuns; ils n'avaient pas de pouvoirs
propres et n'exerçaient que ceux qui leur étaient conférés à
titre de délégation par les tribuns. Mais peu à peu les différents pouvoirs des magistrats romains leur furent personnellement attribués; un moment vint où, réunissant entre leurs
mains tous les pouvoirs renfermés dans la *potestas*, ils ne
furent plus subordonnés aux tribuns et conquirent définitivement le titre de magistrats romains. Quant aux édiles curules, ils eurent la *potestas* sitôt qu'ils furent créés.

Les édiles, n'ayant pas l'*imperium*, n'avaient pas le commandement des armées; leur charge était municipale et ne
s'étendait pas au-delà de l'enceinte de la ville (*pomœrium*) (2);
passé cette limite sacrée où s'arrêtaient les auspices de la
ville, ils n'étaient plus que de simples citoyens, et n'acquéraient pas, comme les consuls ou les préteurs, cette puissance
sans limites et cette juridiction sans appel qui caractérisaient
le pouvoir de ces magistrats supérieurs.

C'était là du reste la principale différence qui séparât les
magistrats dépourvus d'*imperium* de ceux qui en étaient pour-
vus. Mais presque tous les autres pouvoirs étaient communs à

---

(1) Festus, v° *Cum imperio est.* — (2) Aul. G., XIII, 14.

ces deux classes de magistrats, au moins dans une certaine mesure. Nous allons maintenant rechercher quels étaient ces pouvoirs qui constituaient la *potestas* des édiles, tant de la plèbe que curules.

1° *Jus edicendi* (1). — Le mot *jurisdictio* désignait l'ensemble des pouvoirs qui concernaient l'administration de la justice civile : il comprenait le *jus edicendi* et un autre droit dont nous parlerons ensuite, le *jus dicendi*. Tantôt la *jurisdictio* était considérée comme l'un des attributs contenus dans l'*imperium*, tantôt on l'opposait à *imperium* dont alors elle restreignait le sens. Mais quoique la *jurisdictio* rentrât dans l'*imperium*, ce n'était pas une raison pour qu'elle n'appartînt qu'aux magistrats investis de l'*imperium* ; ce qui avait lieu pour les édiles montre qu'elle pouvait aussi bien appartenir aux magistrats auxquels la *potestas* seule était dévolue.

Le *jus edicendi* était le droit de publier des édits (*edicta*), sortes de programmes par lesquels un magistrat faisait connaître certains ordres ou certaines dispositions relatives à ses fonctions. Ce pouvoir était commun à tous les magistrats romains (2) et s'étendait même aux généraux d'armée et aux pontifes.

Certains auteurs ont voulu faire dériver le *jus edicendi* de l'*honor*, sorte de pouvoir général, distinct de l'*imperium* et de la *potestas*, et qui aurait appartenu à toutes les magistratures. Cette prétendue explication est sans portée et n'ajoute pas un élément de plus à la solution de la question obscure de l'origine du *jus edicendi*. Tout ce qu'il est permis de dire, c'est qu'avant qu'il fût sanctionné par des lois précises, les magistrats exerçaient ce droit en vertu d'un usage constant qui ne leur fut jamais contesté.

---

(1) Outre les auteurs cités dans la bibliographie, on peut consulter, au sujet des édits : Bouchaud, *Recherches histor. sur les édits ou ordonn. des magistr. rom.* (*Acad. Inscr. et Bel. Let.*, 1777, XXXIX, p. 279) ; de Beaufort, *la Rép. rom.*, II, p. 9 ; Marezoll, *Droit privé des Rom.*, trad. par Pellat, p. 51 ; Ch. Giraud, *Compte-rendu de l'edict. perp. de Rudorff* (*Rev. de législ.*, 1870-71, p. 193) ; M. Faure, *Hist. de la préture*, p. 54. — (2) Gaius, I. 6 ; L. 2 § 10, D., *De or. jur.*

·C'étaient surtout les magistrats investis du *jus dicendi* qui avaient besoin de recourir aux édits, afin de publier, à leur entrée en charge, les principales règles qu'ils comptaient suivre pendant leur magistrature, et les interprétations qu'ils voulaient donner aux principes du droit dans les affaires litigieuses qui leur seraient soumises. Aussi les édits des préteurs eurent-ils une importance des plus grandes ; les édits des édiles laissèrent aussi dans le droit des traces nombreuses ; mais les matières sur lesquelles ils portaient étaient secondaires et moins étendues. L'édit du préteur peut fournir à celui qui étudie les édits des différents magistrats, le type le plus complet et le mieux connu ; aussi peut-on, non sans raison, étendre aux édits des édiles la plupart des règles qui s'appliquaient à ceux des préteurs.

On distinguait plusieurs sortes d'édits. Il y avait l'*edictum perpetuum* que le magistrat rendait en entrant en charge et par lequel il traçait certaines règles générales de droit relatives à l'exercice de ses fonctions (1). A l'*edictum perpetuum,* on opposait l'*edictum repentinum,* rendu pendant la durée de la charge à l'occasion d'un fait particulier, d'une circonstance purement accidentelle, *prout res incidit* (2).

A leur tour, les édits rendus au moment de l'entrée en charge pouvaient recevoir deux qualifications distinctes. Il y avait l'*edictum translatitium* et l'*edictum novum.*

L'*edictum translatitium* était celui par lequel un magistrat reproduisait les dispositions des précédents édits (3). L'*edictum novum* était celui par lequel il publiait des dispositions entièrement nouvelles ou simplement se bornait à modifier, à réformer ou à compléter sur certains points particuliers les édits de ses prédécesseurs (4).

En outre, on peut mentionner les *edicta breviora et monitoria,* contenant de simples éclaircissements sur des points de droit et auxquels Bouchaud fait remonter la dénomination de *Brefs* employée par les papes ; et les *edicta peremptoria,*

(1) Mommsen, I, p. 198, n. 1. — (2) L. 7 pr., D., *De jurisd.* ; Cic., *Verr.,* II, 3, 14. — (3) Cic., *Verr.,* II, 1 ; 44, 45 ; Suet., *Oct.,* 10 ; Aul. G., III, 18 ; Mommsen, I, p. 198, n. 3. — (4) L. 1 § 13, D., *De ventre in poss.*

par lesquels le magistrat mettait fin à un différent lorsque les parties n'avaient pas comparu (1).

Les édits des édiles comme ceux des autres magistrats étaient publiés de différentes manières. La publication pouvait en être faite de vive voix par le magistrat lui-même ou par un de ses *præcones*. D'autres fois, on gravait l'édit sur des tables de pierre, de marbre ou d'airain ; mais nous ne pensons pas que les édits des édiles aient jamais eu une importance assez grande pour faire adopter ce mode de publicité. Le plus ordinairement les édits des édiles, de même que ceux des préteurs, étaient inscrits sur l'*album*. On désignait sous le nom d'*album* des tablettes, écriteaux ou portions de muraille, revêtus d'un enduit blanc de gypse ou de stuc, sur lesquels on écrivait en lettres noires, avec des rubriques rouges, les annonces de tout genre qui devaient être portées à la connaissance du public. Lorsque l'affiche était devenue inutile et qu'on voulait la supprimer, on n'avait qu'à la recouvrir d'une nouvelle couche de blanc, et on pouvait encore sur le même emplacement apposer à nouveau d'autres inscriptions (2). Si donc l'édit lui-même a été appelé *album*, ce n'est point comme l'ont cru sur la foi de Théophile nombre de commentateurs anciens, parce qu'il était écrit en lettres blanches, *propterea quod albis scriberetur litteris* (3), mais parce que la surface sur laquelle il était écrit était blanche. Ce mode d'affichage était spécialement employé pour publier les actes publics, les conventions particulières, les ventes, les programmes des jeux, les annonces de toutes sortes ; les édiles ne firent donc que se conformer à l'usage en proposant leurs édits par ce moyen.

L'*album* était d'habitude placé sur le *forum*, en lieu apparent, et disposé de telle sorte que chacun pût le lire commodément ; *apud forum palam, ubi de plano recte legi possit, proscribitur* (4). Sa conservation était assurée par une pénalité

---

(1) L. 68 et 70, D., *De judiciis*. — (2) *Lex repet.*, XIV (*Corp. inscr. lat.*, I, p. 58) ; *Dict. ant. gr. et rom.*, v° *Album*. — (3) Théophile, *Inst.*, *De action.*, § 12. — (4) *Lex repet.*, LXV et LXVI (*Corp. inscr. lat.*, I, p. 62) ; *lex Jul. mun.*, l. 15 et 34 (*C. i. l.*, I., p. 120) ; Mommsen, I, p. 197.

portée contre quiconque viendrait à le détruire ou à l'altérer ;
on condamnait à cinq cents *aurei* celui qui *dolo malo corru-
perit quod, jurisdictionis perpetuæ causa, in albo, vel in
charta, vel in alia materia propositum erit* (1).

Il est probable que les édits des édiles étaient en outre relatés
dans les *acta populi*, appelés aussi *acta urbana* ou *acta
diurna*.

Les *acta populi* étaient des documents assez analogues à nos
journaux modernes, où se trouvaient réunis jour par jour les
principaux faits relatifs aux affaires publiques, les comptes-
rendus des procès, les actes et discours des magistrats, les nais-
sances, les mariages, les funérailles, l'annonce des jeux ; enfin
les bruits de la ville n'étaient pas oubliés par les journalistes de
l'antiquité, et ils savaient assembler dans une sorte de « *Faits
divers* » des nouvelles aussi surprenantes qu'imprévues destinées à piquer la curiosité des oisifs, et des récits d'aventures
scandaleuses propres à flatter le goût impur des dépravés de
Rome ; comme on le voit, il n'en est guère autrement de nos
jours.

En ce qui concerne les édits des édiles, un passage du *Saty-
ricon*, de Pétrone, nous permet d'affirmer qu'il en était bien
fait mention dans les *acta diurna*. Ce passage nous présente
un exemple de la rédaction des actes ou journaux privés, rédaction qui imitait celle des actes de la ville : nous voyons,
en effet, l'intendant particulier de Trimalcion interrompre les
extravagances de son maître pour lui lire ses registres domestiques d'un ton aussi solennel que s'il eût débité les actes
de la ville, *tanquam urbis acta recitavit*, et ne pas oublier
dans sa lecture les ordonnances des édiles ; aussi sommes-
nous autorisés à penser que les édits des édiles étaient publiés
dans les *acta diurna* (2).

Plusieurs causes contribuèrent à développer l'emploi du
*jus edicendi* par les magistrats. En premier lieu, le *jus civile*

---

(1) L. 7 pr. et sq., D., *De jurisdict.*; *Inst. Just.*, IV, 6 § 12. — (2) Pétrone,
*Sat.*, 53. — Sur les *acta diurna*, voir : Le Clerc, *Des journaux chez les Ro-
mains;* Humbert (*Dict. ant.*, v° *Acta populi*): Dezobry, *Rome au siècle d'Aug.*,
III, p. 492.

était encore empreint de la rudesse primitive des anciens
âges et il devenait utile, pour ne pas rester en arrière des
besoins du temps, de le dégager par une réforme lente et insensible du formalisme rigoureux dans lequel il était enve-
loppé et pesamment embarrassé. Ensuite, les justiciables
avaient un avantage considérable à ce qu'un édit fût publié,
parce qu'ainsi ils connaissaient d'avance les maximes de
droit d'après lesquelles ils seraient jugés (1). Enfin le magistrat y trouvait cet intérêt pour lui-même, qu'il n'était plus
exposé à être soupçonné de partialité. Toutes ces circonstances expliquent l'importance que prirent dans le droit les
édits des édiles, ainsi que les édits des préteurs ; l'influence
des édits de ces deux classes de magistrats s'est en effet accrue
concurremment sous l'empire de causes analogues, mais
avec cette différence toutefois que le rôle joué par l'édit des
édiles ne fut qu'un pâle reflet de celui que joua l'édit du
préteur.

Toutes les phases du droit romain ne furent pas également
propres à augmenter l'autorité des édits. Sous le régime
des *legis actiones*, le magistrat n'avait pas le pouvoir en
effet de donner, de refuser ou de modifier le droit d'agir en
justice ; le demandeur agissait directement à ses risques et
périls. Il en fut autrement à partir de la *lex Æbutia*. Du jour,
en effet, où le système de la procédure formulaire fut substitué
à celui des actions de la loi, les magistrats, maîtres de la
rédaction des formules, purent à leur gré, à l'occasion des
procès soumis à leur juridiction, apporter des modifications
au droit civil, créer des actions nouvelles, puis, au moyen
de leur édit annuel, fixer et généraliser les innovations dont
l'application à des cas particuliers leur avait révélé l'utilité.

Une *lex Cornelia*, rendue en 687, ordonna aux magistrats
de maintenir pendant la durée de leur charge le programme
qu'ils avaient proposé à leur entrée en fonctions. Bien avant
cette loi assurément, la fixité de l'édit pendant la durée de la
magistrature était devenue une règle traditionnelle ; mais il

(1) L. 2 § 10, D., *De orig. jur.*

paraît que certains magistrats, méconnaissant cet usage déjà sanctionné par l'opinion publique, n'observaient point les prescriptions qu'ils avaient consignées dans leur édit, et y apportaient des changements arbitraires, soit par faveur, soit par haine pour certaines personnes. On trouve la juste cause de ces abus dans les agitations politiques auxquelles les magistrats romains furent si fréquemment mêlés, et pendant lesquelles ils mettaient leur autorité au service de telle ou telle des factions rivales. Dion Cassius qui nous apprend les motifs de la loi Cornelia (1) ne parle que du préteur, mais il est évident que l'obligation imposée par cette loi au préteur existait pareillement quant aux édits des édiles.

Mais la loi Cornelia n'était qu'un acheminement vers une œuvre législative plus importante encore, qui devait imprimer plus tard aux dispositions de l'édit un caractère légal et permanent. Ce n'était pas assez d'avoir garanti la fixité de l'édit pendant une année, d'en avoir fait un *lex annua*, il fallait en outre que le bénéfice des améliorations apportées par l'édit pût être acquis définitivement. Ce résultat fut obtenu sous le règne d'Hadrien par la rédaction de l'*Edictum perpetuum* due au jurisconsulte Salvius Julianus.

Il ne faudrait pas croire cependant que l'édit perpétuel marquât le point de départ d'une ère juridique nouvelle. Depuis longtemps, les édits des magistrats formaient une sorte de droit coutumier, à peu près fixe, qui se transmettait d'année en année et présentait déjà l'apparence d'une législation régulière (2). Quel fut donc le but de l'édit perpétuel et quels furent ses effets ? Nous n'avons malheureusement pas de documents contemporains pour répondre à cette question. Le jurisconsulte Pomponius lui-même qui vivait au temps d'Antonin le Pieux est, comme le fait remarquer M. Giraud, d'une discrétion surprenante. Il rapporte qu'un certain Aulus Ofilius, familier intime de César, rédigea le premier avec soin un édit prétorien, pour remplacer le résumé trop bref qu'en avait fait Servius (3); et il garde le silence le

---

(1) Dio Cass., XXXVI, 38. — (2) Cic., *De invent.*, II, 22. — (3) L. 2 § 44, D., *De orig. jur.*

plus absolu au sujet de Salvius Julianus ; tout au plus cite-t-il son nom à la fin de son traité sans l'accompagner d'aucun commentaire (1). Le premier historien qui mentionne l'œuvre de Salvius Julianus est Eutrope qui vivait au IVᵉ siècle et écrivait par conséquent près de deux cents ans après Hadrien ; encore ne l'indique-t-il que d'un mot et par occasion (2). Un autre historien du même siècle, Aurelius Victor, qui écrivait postérieurement à Eutrope, rapporte que Didius Salvius Julianus « mit de l'ordre et de la régularité dans le chaos ténébreux et » confus des édits annuels des préteurs (3)» ; mais il attribue à l'empereur Didius Julianus un travail qui appartient à son bisaïeul maternel, Salvius Julianus. Nous devons donc nous contenter des renseignements que nous trouvons dans les ouvrages de Justinien.

Deux constitutions de Justinien nous ont laissé quelques détails sur la rédaction de l'édit perpétuel ; nous ne pouvons que regretter la briéveté de leurs termes sur ce sujet. L'une de ces constitutions nous apprend que le divin Hadrien fit faire par l'illustre Julien un résumé des édits annuels des préteurs et que, dans un discours public, il déclara que les magistrats devaient s'efforcer de résoudre les cas non prévus par induction des règles existantes (4). La seconde constitution nous fait faire un pas de plus : elle traite Julien de *edicti perpetui subtilissimus conditor*, et nous fait connaître que l'empereur Hadrien provoqua un décret du sénat pour donner force de loi à l'œuvre du jurisconsulte (5). Ainsi, l'édit perpétuel a été composé sur l'ordre d'Hadrien et un sénatus-consulte est venu ensuite le sanctionner; mais nous n'avons aucune trace de ce sénatus-consulte.

S'ensuit-il pour cela que le droit de publier des édits ait été retiré aux magistrats ? Nullement. On ne saurait invoquer l'épithète de *perpetuum* pour en décider ainsi, car nous savons que depuis longtemps avant Hadrien le terme d'*edictum*

---

(1) L. 2 § 47 in f., D., *De orig. jur.* — (2) Eutrope, *Breviarium ab urbe cond.*, VIII, 17 (*Monum. Germ. hist.*; auct. antiq., tom. II). — (3) Aurelius Victor, *De Cæsar.*, XIX. — (4) Const. 3 § 18, C., *De veter. jur. enucl.* — (5) Const. 2 § 18, C., *eod. tit.*

*perpetuum* était employé par opposition à *edictum repentinum*, pour désigner l'édit qui devait demeurer permanent simplement pendant la durée d'une année. Il n'y a aucune contradiction à admettre que les magistrats, tout en se conformant aux règles générales de l'édit perpétuel, aient pu néanmoins y ajouter dans leur édit annuel quelques dispositions nouvelles relatives à des questions de détail. Du reste, Gaius qui est postérieur à Hadrien nous fournit, dans un passage de ses Institutes, la preuve que de son temps les magistrats, et notamment les édiles curules, rendaient encore des édits (1).

Les édits des magistrats, ainsi réunis en un corps de lois, furent dès lors mis au même rang que les autres sources du droit: mais il ne faut pas oublier que le seul effet de l'édit perpétuel fut de rendre régulière et légale une situation qui existait en fait depuis de nombreuses années. Les édits des magistrats constituaient le *jus honorarium,* ainsi nommé par opposition au *jus civile,* parce qu'il dérivait non de lois votées par les citoyens, mais d'actes émanant de ceux qui étaient revêtus des honneurs. Les édits des deux préteurs, urbain et pérégrin, composaient principalement le droit honoraire ; ils en formaient la partie la plus considérable, mais il faut aussi y ajouter les édits des édiles qui étaient *juris honorarii portio* (2). Il y avait le *jus œdilitium,* comme il y avait le *jus prœtorium :* l'un et l'autre formaient par leur réunion le *jus honorarium,* mais ce droit changeait de nom selon qu'il avait pris sa source dans les édits des préteurs ou dans ceux des édiles.

Cette assimilation faite par les textes entre le droit honoraire prétorien et le droit honoraire édilitien nous permet de supposer que les édits des édiles ont été, comme ceux des préteurs, compris dans la rédaction de l'édit perpétuel. D'abord, nous voyons que les édits des préteurs et ceux des édiles n'étaient point séparés dans les ouvrages des jurisconsultes : Aulus Ofilius en effet qui, à l'époque de César, rédigea un résumé de l'édit des préteurs (3), écrivit aussi sur les édits

---

(1) Gaius, I, 6. — (2) Gaius, I, 6; *Inst. Just.,* I, 2, § 7; L. 7, D., *De just. et jure*; L. 2 § 10, D., *De orig. jur.* — (3) L. 2 § 44, D., *De orig. jur.*

des édiles curules, car son opinion sur cette matière est à plusieurs reprises invoquée par Ulpien (1) ; la même observation pourrait être aussi répétée relativement à Pedius (2). En second lieu, dans une constitution par laquelle le Digeste reçut force de loi, Justinien nous apprend que les actions édilitiennes étaient comprises *in vetustioris edicti ordinatione* ; sans aucun doute, c'était dans l'édit perpétuel de Julien dont il est fait mention au § 18 de la même constitution. A vrai dire, elles ne s'y trouvaient que *devagantes in loca devia et multo distantia* ; aussi Justinien comprit la nécessité de présenter sur ces actions des explications plus détaillées et plus précises, et de leur donner dans son ouvrage une place plus logique ; mais l'important pour nous est de retenir qu'elles étaient mentionnées dans l'édit de Julien (3).

C'est aussi parce que le droit édilitien avait une connexité évidente avec le droit prétorien que Pomponius, qui florissait peu d'années après le règne d'Hadrien, classait les stipulations édilitiennes parmi les stipulations prétoriennes : *prætoriæ stipulationes*, dit-il, *sic audiri oportet, ut in his contineantur etiam ædilitiæ, nam et hæ ex jurisdictione veniunt* (4). Enfin, dans les Sentences de Paul, on trouve attribuée au préteur une disposition qui dérivait de l'édit des édiles (5). Du reste, le savant allemand Rudorff qui a essayé de reconstituer l'édit perpétuel n'hésite pas, dans la préface de son ouvrage, à dire que l'édit perpétuel était un ensemble des édits des divers magistrats, préteurs, proconsuls, édiles, questeurs, dont Salvius Julianus avait extrait la moelle (6).

Ainsi se transforma insensiblement en pouvoir législatif ce simple droit des magistrats de publier des édits ; et lorsqu'on a dit des préteurs qu'ils avaient introduit un droit nouveau pour compléter et corriger le droit civil, *adjuvandi, vel supplendi, vel corrigendi, juris civilis gratia, propter utilitatem publicam* (7), on aurait pu étendre cette observation aux édiles qui

---

(1) L. 10 pr.; L. 17 pr.; L. 38 § 7, D., *De ædil. ed.* — (2) Rudorff, *Ed. perp.*, p. 8 et 260, n. 1. — (3) Const. 2 § 5, C., *De veter. jur. enucl.* — (4) L. 5 pr., D., *De verb. obl.; Inst. Just.*, III, 18, § 2. — (5) Paul, I, 15, § 2. — (6) Rudorff, *Ed. perp.*, p. 9. — (7) L. 7, § 1, D., *De just et jure.*

eux aussi ont apporté aux principes rigoureux du droit primitif, au *strictum jus*, les tempéraments qu'exigeaient l'équité et les besoins d'une société plus civilisée. Leur œuvre n'eut pas le caractère de généralité de celle du préteur ; elle ne portait que sur des points spéciaux, mais nous verrons qu'elle répondait à une véritable nécessité et que, quoique restreinte, elle eut aussi pour résultat de faire triompher l'équité sur l'inflexible rigueur des temps anciens.

L'importance que présentait l'édit des édiles nous est attestée par la constitution de Justinien sur l'enseignement du droit dans les écoles publiques ; on enseignait aux étudiants de troisième année, entre autres matières, le livre des Pandectes sur l'édit des édiles, l'action rédhibitoire, les évictions et les stipulations du double (1).

Les fragments qui nous restent de l'édit des édiles ne portent que sur trois points : sur la vente des esclaves, sur la vente des bêtes de somme et autres animaux, et sur certaines mesures de police relatives aux bêtes féroces ou dangereuses.

Mais ce serait une erreur de penser que l'édit des édiles se bornât à ces seules questions : tout ce qui rentrait dans les attributions de ces magistrats était l'objet de leur part de prescriptions particulières dans leur édit. Aulu-Gelle en effet, rapportant certains extraits de l'édit des édiles, s'exprime ainsi : *in edicto ædilium curulium, qua parte de mancipiis vendundis cautum est...* (2). Ces mots *qua parte* indiquent assez que l'ouvrage cité est de quelque étendue et contient plusieurs parties. Toutes, du reste, ont pu ne pas être introduites dans l'édit perpétuel ; et s'il en a été ainsi ce fut sans doute parce que le droit prétorien tendait à envahir toutes les branches de l'administration, et que les préteurs avaient exclu de l'édit édilitien les chefs qu'ils s'étaient appropriés. C'est en traitant des attributions des édiles que nous examinerons les différents chefs de l'édit édilitien.

Une dernière question reste à élucider pour en finir avec le *jus edicendi* des édiles: le *jus edicendi* était-il commun aux

<hr />

(1) Const. *Omnem reipubl.*, § 4, *Præfat. Dig.*, I. — (2) Aul. G., IV, 2.

édiles de la plèbe et aux édiles curules, ou au contraire n'appartenait-il qu'aux édiles curules ? Les jurisconsultes romains du III° siècle après J.-C. et, d'après eux, Justinien, parlent exclusivement des édits des édiles curules (1); il en est de même d'Aulu-Gelle (2). De ce que ces auteurs n'ont jamais fait allusion aux édits des édiles de la plèbe, faut-il en conclure que ceux-ci n'aient pas eu le droit d'en promulguer ? Nous ne le croyons pas. Assurément, ce pouvoir n'appartint pas aux édiles de la plèbe dès le moment de leur création ; ils n'étaient alors que les auxiliaires des tribuns et cet état d'infériorité ne permettait même pas de les compter au nombre des magistrats romains. Mais nous avons vu qu'au moment de la création de l'édilité curule leur situation fut entièrement changée, et que les pouvoirs des nouveaux édiles furent étendus aux anciens. Or, il n'est pas douteux que les édiles curules eurent, dès leur institution, le *jus edicendi*. Il est donc croyable que les édiles de la plèbe participèrent dès lors à ce droit, et qu'il fut exercé concurremment et indistinctement par les deux classes d'édiles. Seulement, il n'est pas surprenant que les édits des édiles, bien que rendus en commun, aient continué à ne porter que le nom des édiles curules qui dans l'origine avaient seuls le *jus edicendi ;* pourquoi modifier en effet une terminologie déjà consacrée par la pratique ? En outre, on n'est pas surpris que les édiles curules aient donné seuls leur nom à l'édit rédigé en commun, lorsqu'on considère qu'ils étaient supérieurs en dignité aux édiles de la plèbe, et d'autre part que les édiles de la plèbe ne reçurent le *jus edicendi* que comme conséquence de leur assimilation aux édiles curules.

2° *Jus dicendi.*—Le *jus dicendi* était la *jurisdictio* dans le sens propre et restreint du mot. Mais le véritable sens de ce mot ne se comprend que lorsqu'on sait que le caractère le plus saillant de l'organisation judiciaire des Romains était la division de la procédure en deux parties bien distinctes, le *jus* et le *judicium*. *In jure*, les parties étaient devant le magistrat

---

(1) Gaius, I, 6; *Inst. Just.*, I, 2, 7; Dig., XXI, 1. — (2) Aul. C., IV, 2.

qui examinait les faits et fixait le point de droit ; *in judicio*, le juge vérifiait les allégations des parties, appliquait le droit au fait, et mettait fin au litige par une sentence définitive. *Jus dicere, judicare*, telles étaient les deux phases de l'instance qui ne se confondirent que sous le régime de la procédure extraordinaire ; jusqu'à cette époque, ces deux missions demeurèrent nettement séparées et confiées à des mains différentes : l'une appartenait à l'office du magistrat (*magistratus*), l'autre à celui du juge (*judex*). Les édiles étaient des *magistratus*, chargés de dire le droit.

Mais le pouvoir des édiles de dire le droit ne s'étendait pas à toutes matières. Les édiles n'étaient pas les magistrats de droit commun, c'étaient des magistrats d'exception.

Disons d'un mot quels étaient les magistrats de droit commun. Dans les premiers siècles de Rome, le roi remplissait lui-même les fonctions de magistrat. Après la chute des Tarquins, l'administration de la justice passa entre les mains des deux consuls, véritables héritiers de l'autorité royale. Puis, lorsque les consuls furent détournés de leur office de magistrat par les expéditions lointaines, et que les plébéiens admis au consulat voulurent compléter leur victoire en écartant du pouvoir judiciaire les pontifes qui l'exerçaient en fait, alors on créa la préture, institution dont l'influence fut si féconde sur l'organisation judiciaire de Rome (1). Les rois, les consuls, les préteurs furent successivement à Rome les différents magistrats de droit commun.

A côté d'eux se trouvaient des magistrats d'exception, les consuls après la création de la préture, les censeurs et enfin les édiles. Mais ces magistrats, à la différence des magistrats de droit commun, n'avaient pas une compétence générale : leur juridiction ne s'étendait qu'aux procès qui par leur nature se rattachaient à leurs fonctions propres (2). Ainsi les édiles, chargés de la surveillance des marchés, connaissaient des procès relatifs à la vente des esclaves et des bestiaux ; et de là

(1) M. Faure, *Hist. de la prét.*, 1re p., ch. I. — (2) L. 2 § 34, D., *De orig. jur.*; L. 1 § 1; L. 63, D., *De ædilit. edict.*: Aurelius Victor, *De viris illustr.*, 72.

leur juridiction s'étendit sur toutes sortes de ventes, tant de choses mobilières que de choses immobilières. De même, comme la police des rues de la ville rentrait dans leurs attributions, ils donnaient dans certains cas des actions tendant à la réparation de dommages causés sur la voie publique.

Le *jus dicendi*, de même que le *jus edicendi*, n'eut pas une importance égale à toutes les époques du droit. Le sort de ces deux pouvoirs a toujours été intimement lié et leur influence s'est développée concurremment. Ce fait s'explique facilement: le *jus edicendi* consiste dans la promulgation d'édits par lesquels un magistrat propose d'avance certaines interprétations de principes généraux et fait connaître les actions qu'il donnera aux parties dans différents cas ; le *jus dicendi*, c'est l'application aux cas particuliers des règles exposées dans l'édit, c'est l'attribution même des actions annoncées dans l'édit.

Jusqu'à la loi Æbutia, les magistrats ne purent donc pas exercer une influence appréciable sur le droit et la procédure, pas plus en disant le droit qu'en rendant des édits. La procédure des actions de la loi était empreinte d'un formalisme solennel et inflexible qui l'a fait qualifier par Ihering de *machine juridique ;* l'infaillible uniformité qui la caractérisait la mettait à l'abri de toute tentative de réformation. « La personne du préteur, dit Ihering, celle du juge, qui fonctionnaient dans la procédure, n'étaient que les pièces d'une mécanique, dont le mouvement était invariablement le même (1). »

Au contraire, depuis la loi Æbutia, les édiles, comme les préteurs, créèrent un droit nouveau qui finit par se substituer au vieux droit quiritaire, tout en paraissant habilement le respecter ; la rédaction de la formule les mit en situation d'accomplir cette œuvre toute d'équité. Les parties se présentaient *in jure* devant le magistrat et lui exposaient leurs prétentions dans le langage ordinaire, sans être obligées de faire emploi de paroles sacramentelles ni de gestes solennels. La

(1) Ihering, *Espr. du droit rom.*, II, p. 76.

procédure consistait tout entière dans la rédaction d'une formule par laquelle le magistrat désignait les faits intervenus entre les parties, indiquait l'action qui compétait au demandeur à raison de ces faits, constituait un juge, et lui conférait le pouvoir, selon que les faits seraient prouvés ou non, de condamner le défendeur à une somme plus ou moins rigoureusement déterminée. ou de l'absoudre. Le plus souvent le demandeur indiquait lui-même, sur l'*album* du magistrat, l'action qu'il désirait exercer; c'est ce qu'on appelait *edere actionem* (1). Mais si le demandeur ne trouvait pas dans l'édit une action qui pût s'accommoder à sa situation particulière, il sollicitait le magistrat, soit de créer une action nouvelle, soit de lui procurer le moyen de faire valoir son droit par quelque fiction ingénieuse. C'est de la sorte que les édiles, pour garantir l'acheteur contre les vices de la chose vendue, ont pu créer deux actions dont nous verrons plus tard toute l'importance, l'action *redhibitoria* et l'action *quanti minoris*.

Quant au point de savoir si les édiles plébéiens avaient le *jus dicendi* comme les édiles curules, la solution n'est pas douteuse. Outre que les motifs déjà invoqués relativement au *jus edicendi* pourraient être reproduits ici, un texte formel nous apprend que *sex œdiles in civitate jura reddebant* (2) ; ces six édiles qui disaient le droit à Rome étaient les deux édiles de la plèbe, les deux édiles curules et les deux édiles céréals.

3° *Jus multœ dictionis.* — Le *jus multœ dictionis* était le droit de prononcer des amendes qui appartenait aux édiles dans une certaine mesure qu'il nous faudra déterminer, car les édiles n'étaient point à proprement parler des magistrats investis d'une juridiction criminelle.

Dans les premiers temps de Rome, le droit de punir les citoyens était un des attributs de la puissance royale. Après l'abolition de la royauté, il passa aux consuls, mais il ne demeura pas longtemps entre leurs mains.

En vertu des lois *Valeriœ* et de la législation décemvirale,

---

(1) L. 1, D., *De edendo.* — (2) L. 2 § 34, D., *De orig. jur.*

la juridiction criminelle sur les citoyens appartint au peuple. La cause était introduite devant les comices par centuries, lorsque la peine requise par le magistrat accusateur atteignait le *caput;* et devant les comices par tribus ou les *concilia plebis*, lorsque la peine requise était une amende (1).

Exceptionnellement, le peuple déléguait la juridiction criminelle à des commissions (*quæstiones*) qui devinrent plus tard une institution permanente sous le nom de *quæstiones perpetuæ*. En outre, le sénat jugeait les crimes et malversations commis hors de Rome, exerçait un droit de contrôle sur l'administration des provinces, recherchait et punissait les exactions commises par les gouverneurs et les magistrats municipaux (2).

Telles furent à Rome les différentes juridictions criminelles. On le voit, l'administration de la justice criminelle ne rentrait en principe dans les pouvoirs d'aucun magistrat. Le droit qui appartenait aux édiles, de prononcer des amendes dans certains cas, n'apportait aucune dérogation à cette règle du droit public. Leur pouvoir de prononcer des amendes avait son origine dans le droit de coercition (*coercitio*) qui appartenait, à des degrés différents, à tous les magistrats ayant la *jurisdictio* (*jus dicendi et edicendi*), qu'ils fussent ou non revêtus de l'*imperium* (3). La *coercitio* était une attribution du pouvoir exécutif qui permettait aux magistrats de recourir à des moyens de contrainte pour assurer l'exécution de leurs ordres ; ils pouvaient en conséquence opérer des saisies de gages, infliger des amendes, et même user de la contrainte physique. Les édiles pouvaient donc réprimer toute infraction aux règlements administratifs et de police qu'ils avaient édictés, en prononçant des amendes contre les délinquants ; leur droit d'infliger des amendes était la conséquence de leur droit de police et de surveillance ; il ne s'étendait pas ordinairement à des matières étrangères à leurs fonctions, et était

---

(1) Tit. L., XXVI, 3. — (2) Walter, *Hist. du droit crim. chez les Rom.*; Laboulaye, *Essai sur les lois crim. des Rom.* — (3) L. 1 § 1 ; L. 5, D., *De offic. ejus cui mand.;* L. 2, D., *De jurisd.;* L. 2, D., *De in jus voc.;* Maynz, *Cours de dr. rom.*, I, p. 107 et 161.

entièrement distinct de l'exercice de la juridiction criminelle
proprement dite. Il était nécessaire en effet que les magistrats pussent faire respecter leur autorité et assurer, par des
répressions immédiates, le maintien de l'ordre et de la sécurité publique (1). Mais, si nous voyons les édiles prononcer
parfois des amendes dans des cas qui ne semblent pas rentrer dans la sphère de leurs attributions, ce n'était point
qu'ils fussent investis d'une juridiction criminelle véritable,
mais bien parce qu'ils agissaient alors en vertu d'une délégation spéciale du sénat ou du peuple ; on pourrait citer des
exemples nombreux de pareilles délégations données aux
magistrats (2).

La *lex Aternia Tarpeia de multa,* en 454 avant J.-C.,
détermina le montant de l'amende la plus élevée (*multa suprema*) que pourraient désormais prononcer les magistrats.
Il est croyable que cette loi, conformément à ce qui se passait si souvent en droit romain, n'investit pas les magistrats
d'un droit nouveau, mais qu'elle ne fît que consacrer et
réglementer en le délimitant un pouvoir que les nécessités
de la pratique leur avaient déjà attribué, et dont ils abusaient
peut-être, au mépris de la juridiction criminelle du peuple.
Lorsque Denys d'Halicarnasse dit qu'avant cette loi, le droit
de prononcer des amendes appartenait aux seuls consuls,
cela vient de ce qu'au commencement de la République, ils
étaient seuls investis de la juridiction criminelle (3) ; quant
aux autres magistrats, le droit de prononcer des amendes ne
leur avait pas encore été reconnu législativement. La *multa
suprema* déterminée par la *lex Aternia Tarpeia* était de deux
brebis et trente bœufs (4) ; aussi, lorsque les édiles voulaient

---

(1) Phil. Invernizi, *De publicis et criminalibus judiciis Romanorum,*
p. 56. — (2) Tit. L., IX, 26; X, 1 ; XXVIII, 10; XXIX, 20, 36; XXXI, 12;
XXXII, 26; XXXIII, 36; XXXIX, 3, 14, 41; XL, 19; XLII, 21; XLIII, 2. —
(3) Denys, X, 9, 6. — (4) Aul. G., XI, 1 ; Festus, v° *Æstimata, Peculatus.*
— Il semble qu'il y ait une excessive disproportion entre le nombre de brebis et
le nombre de bœufs qui composaient la *multa suprema ;* mais Aulu-Gelle nous
apprend que les brebis étaient rares en Italie, tandis que les bœufs y étaient très-
nombreux.

infliger une amende supérieure à cette valeur, ils ne la prononçaient pas eux-mêmes, mais ils introduisaient la cause devant le peuple, comme nous le verrons plus loin. Mais le prix des bestiaux était si variable que la peine déterminée par cette loi se trouvait très-inégale. Aussi, en 430 avant J.-C., la *lex Julia Papiria de multarum œstimatione* évalua la brebis à dix as et le bœuf à cent as, ce qui portait la *multa suprema* à 3020 as (1).

Le *jus multæ dictionis* appartenait aux édiles de la plèbe aussi bien qu'aux édiles curules ; de nombreux textes en font foi (2). Pour nous qui avons admis que les uns et les autres avaient le *jus edicendi, le jus multæ dictionis* en était le corollaire nécessaire ; il leur permettait de faire respecter et exécuter les ordres qu'ils avaient édictés. Mais, alors même qu'on aurait nié le droit des édiles de la plèbe de rendre des édits, nous ne croyons pas qu'on doive s'étonner qu'ils aient eu celui d'infliger des amendes. En effet, nous savons que, dans les cinq jours qui suivaient leur entrée en charge, les édiles curules et les édiles de la plèbe divisaient le territoire de Rome en quatre circonscriptions, et que chacun d'eux indistinctement se chargeait de l'administration et de la police de l'une de ces quatre divisions de la ville. Cette répartition de l'administration urbaine eût-elle été raisonnable et possible, si les deux catégories d'édiles avaient été investies de pouvoirs différents? Il est impossible d'admettre que dans les deux quartiers attribués aux édiles plébéiens, soit par l'accord des quatre édiles, soit par le sort, l'ordre et la sécurité publique aient pu être moins efficacement sauvegardés (3). Mais le

---

(1) Tit. L., IV, 30 ; Cic., *De rep.*, II, 35. — La *lex Julia Papiria* marque peut-être l'époque où les Romains commencèrent à se servir d'une monnaie véritable. Anciennement, la monnaie consistait en lingots aplatis de forme carrée longue, d'un poids considérable et d'une forte dimension ; ces lingots avaient pour types le bœuf, le mouton ou le porc, images qui rappelaient l'ancien mode d'échange et l'origine du mot *pecunia*. On remplaça plus tard les lingots par des pièces de forme lenticulaire, dont les plus anciennes qui aient été fondues à Rome ne paraissent pas antérieures à la *lex Julia Papiria* (Lenormant, *Dict. ant.*, vᵒ *As*). — (2) Tit. L., X, 23 ; XXX, 39 ; XXXIII, 42 ; Aul. G., X, 6. — (3) Zumpt, *Das criminalrecht der römischen republik*, II, p. 120-121.

5

droit de prononcer des amendes n'appartint pas aux édiles
plébéiens dès l'origine, par suite de l'état d'infériorité dans
lequel se trouvaient à ce moment ces magistrats ; il leur fut
sans doute accordé au moins tacitement, dès l'époque de la
création de l'édilité curule, afin d'établir l'égalité entre les
pouvoirs des édiles des deux ordres.

Le montant des amendes infligées par les édiles ou prononcées par le peuple sur la poursuite des édiles devenait
la propriété de l'Etat, et aurait dû en principe être versé dans
le trésor public, ou *ærarium* (1). Mais le plus souvent, la
*pecunia multatitia* servait à constituer un trésor particulier
pour les édiles et était employée par eux à célébrer les jeux
publics, à embellir la ville ou à construire des édifices
sacrés (2). De nombreux exemples nous montrent l'emploi
des amendes aux jeux publics (3). Nous pouvons citer aussi
quelques exemples de cas où le produit des amendes fut consacré à la construction ou à l'ornementation des temples, ou
à l'embellissement de la ville. Ainsi, en 457 de Rome, les
édiles curules firent construire la porte d'airain du Capitole,
firent faire des vases d'argent pour l'ornement de trois tables
placées dans le sanctuaire de Jupiter, élevèrent sur le faîte de
cet édifice une statue de ce dieu avec un quadrige (4) et firent
représenter les simulacres des deux enfants, fondateurs de
Rome, allaités par la louve, au pied du figuier ruminal ; de
plus, ils firent paver en pierres carrées la voie conduisant de
la porte Capène au temple de Mars (5). En 550, les édiles plébéiens placèrent dans le Capitole trois statues faites avec
l'argent des amendes (6) ; en 561, les édiles curules y firent
placer des quadriges dorés et douze boucliers dorés, en mémoire des douze anciles Saliens (7) ; les édiles curules de
l'année 564 y placèrent aussi douze boucliers dorés, et un
édile plébéien y fit élever la même année deux statues do-

---

(1) *Lex Acilia repetundarum*, l. 57 (Rudorff, *Ad leg. Aciliam*, p. 494) ;
Tit. L., XXXVIII, 60. — (2) Mommsen, II, p. 486. — (3) Tit. L., X, 23 ;
XXVII, 6 ; XXX, 39. — (4) Le symbole du quadrige se rattachait essentiellement
au culte de Jupiter (Preller, *Les dieux de l'ancienne Rome*, p. 153). — (5) Tit.
L., X, 23. — (6) Tit. L., XXX, 39. — (7) Tit. L,, XXXV, 41.

récs (1). Si les édiles contribuaient ainsi par leurs largesses
à la décoration du temple de Jupiter, c'est que Jupiter
Capitolin était adoré par les Romains comme le dieu suprême de l'Etat. Son temple était couvert d'inscriptions,
de trophées, de boucliers, de statues ; les monuments com-
mémoratifs y étaient si nombreux que les colonnes du sanctuaire avaient besoin d'être de temps à autre nettoyées et
regrattées, et le nombre des statues y devint si considérable qu'Auguste fut forcé d'en faire transporter un grand
nombre au Champ de Mars. Une autre divinité participait
principalement aussi aux libéralités des édiles, c'était Cérès.
En effet, en 457, les édiles plébéiens acquièrent avec des
sommes provenant d'amendes, des coupes d'or pour le
temple de Cérès (2) ; en 543, les édiles plébéiens firent placer des statues de bronze dans le même temple (3) ; d'autres édiles plébéiens, en 554, firent ériger trois statues de
bronze, représentant Cérès, Bacchus et Proserpine (4). Nous
remarquons que ces dons faits au temple de Cérès provenaient tous des édiles plébéiens, et il n'est pas difficile d'expliquer pourquoi ces magistrats honoraient particulièrement
cette déesse. Le culte de Cérès se trouvait rattaché par un
lien étroit aux attributions des édiles. Cérès était la déesse
des moissons, elle protégeait les récoltes, et c'était elle qu'on
invoquait dans les cas de stérilité et de disette. L'édilité plébéienne avait été instituée principalement pour veiller à
l'approvisionnement et au marché des blés ; aussi considé-
rait-on Cérès comme une déesse propice à la mission des
édiles, et de là venaient les honneurs publics que ceux-ci lui
rendaient. De là venait aussi que les édiles de la plèbe dirigeaient les jeux de Cérès. En outre, comme préposés à l'annona, ils avaient leur local officiel près ou dans l'intérieur du
temple de la déesse, et faisaient là leur police ou distribuaient
du blé et du pain entre les pauvres plébéiens ; ce fut aussi
dans le même temple que l'on plaça les plébiscites confiés à

(1) Tit. L., XXXVIII, 35. — (2) Tit. L., X, 23. — (3) Tit. L., XXVII, 6. —
(4) Tit. L., XXXIII, 25.

leur garde. Cérès et son temple devinrent donc bientôt le symbole des libertés plébéiennes, et l'on comprend que, dans le cas où les ordres des magistrats de la plèbe avaient été transgressés, la déesse eût sa part dans l'expiation. Quant au groupe des trois dieux mentionné plus haut, Cérès, Bacchus et Proserpine (Cérès, Liber et Libera), il constituait une triade de divinités inséparables qui avait été empruntée à la Grèce, et son culte était célébré dans le temple de Cérès même.

Enfin, le dernier exemple que nous citerons nous montre les édiles plébéiens consacrant le produit des amendes à la construction d'un temple dans l'île du dieu Faune (1). Le culte de ce dieu se rattachait encore aux attributions des édiles de la plèbe. Faunus était le génie protecteur des montagnes, des pâturages ; il présidait à la fécondation, et était le symbole de la sève vivifiante qui fait fructifier les germes confiés aux entrailles de la terre.

4° *Jus prensionis.* — Le *jus prensionis* était le droit qui appartenait à certains magistrats de faire saisir un homme présent et de le faire emprisonner (*in carcerem duci jubere*). Les magistrats usaient de ce droit contre ceux qui avaient méconnu leur autorité, ainsi qu'à l'égard des esclaves et des gens de basse condition qui s'étaient rendus coupables de délits peu graves ou de contraventions de police. Le *jus prensionis* était une conséquence de la *coercitio* attachée à toute magistrature ; mais il ne pouvait être exercé que par les magistrats qui avaient des *viatores*, sortes d'officiers subalternes chargés d'éxécuter leurs ordres. Il faut se garder de confondre le *jus prensionis* avec le *jus vocationis*. Le *jus vocationis* était le droit qui appartenait aux consuls et aux autres magistrats revêtus de l'*imperium* de faire citer devant eux un citoyen même absent, de le faire rechercher et saisir par leurs licteurs (*prendere, tenere, abducere*). Les magistrats qui n'avaient ni licteurs ni viateurs ne pouvaient par suite ni citer ni appréhender (2).

---

(1) Tit. L., XXXIII, 42; XXXIV, 53. — (2) Aul. G., XIII, 12 ; Humbert, (*Dict. ant.*, v° *Career*).

Les édiles n'eurent pas, dès le principe, de *viatores*, car ils n'étaient eux-mêmes que les auxiliaires des tribuns; ils ne pouvaient saisir ou citer qu'en exécution d'un ordre des tribuns ou des consuls. Mais plus tard, des textes et des inscriptions mentionnent des *viatores* des édiles. Ce fut, sans doute, au moment de la création de l'édilité curule, que les deux classes d'édiles reçurent le droit de s'adjoindre des *viatores ;* en même temps ils reçurent le *jus prensionis* qu'ils exerçaient déjà par délégation (1). En ce qui concerne spécialement les édiles plébéiens, une *lex Papiria* leur aurait concédé ce droit (2).

5° *Jus agendi cum populo* ou *cum plebe*. — Le *jus agendi cum populo* ou *cum plebe* était le droit de traiter avec le peuple, c'est-à-dire de soumettre à ses suffrages une mesure qu'il pouvait adopter ou rejeter. Il devait être distingué avec soin du *jus contionis* dont nous parlerons ensuite, et qui était le droit d'adresser la parole au peuple, de prononcer une harangue devant lui sans lui soumettre aucune question (3). Le droit de traiter avec le peuple (*cum populo*) était celui en vertu duquel les magistrats faisaient des propositions aux assemblées du peuple réuni en comices par tribus; le droit de traiter avec la plèbe (*cum plebe*), à la différence du précédent, ne permettait aux magistrats de porter leurs propositions que devant les *concilia plebis*. Le premier droit n'appartenait qu'à des magistrats patriciens, le second qu'à des magistrats plébéiens (4). Les édiles curules avaient le *jus agendi cum populo* (5), les édiles de la plèbe le *jus agendi cum plebe* (6).

Le droit de traiter, soit avec le peuple, soit avec la plèbe, comprenait celui de convoquer l'assemblée et de la présider (7). Les édiles ne réunissaient les assemblées du peuple que pour y porter des accusations publiques; nous ne les voyons jamais présider des comices électoraux ou législatifs (8).

---

(1) Aul. G., XIII, 13. — (2) Humbert, (*Dict. ant.*, v° *Ædilis*, p. 97). — (3) Cic., *De leg.*, III, 4; Aul. G., XIII, 15 ; Mommsen, I, p. 187. — (4) Mommsen, I, p. 190. — (5) Cic., *Verr.*, I, 12 ; Val. Max, VIII, 1, 7; Mommsen, I, p. 192. — (6) Willems, *Dr. publ.*, p. 167. — (7) Willems, *Dr. publ.*, p. 153 et 167. — (8) Willems, *Dr. publ.*, p. 167, 171-174, 179 ; Mommsen, I, p. 192.

Le *jus agendi cum populo*, pour les édiles curules, le *jus agendi cum plebe*, pour les édiles de la plèbe, conféraient donc à ces magistrats le pouvoir de se porter accusateurs et d'intenter des poursuites devant les tribunaux populaires. Mais dans quelles limites pouvaient-ils exercer ce droit?

Le *jus agendi cum populo* s'exerçait devant les comices par tribus, le *jus agendi cum plebe* devant les *concilia plebis*. Quelle était la juridiction criminelle de ces assemblées? Elles ne pouvaient prononcer que des amendes (1). En vain, à plusieurs reprises, s'étaient-elles arrogé le droit de juger les causes capitales; cette attribution leur fut enlevée par la loi des Douze Tables. La *lex Aternia Tarpeia de multa*, en déterminant le taux de la *multa suprema*, eut pour effet de préciser la juridiction criminelle des comices tributes. En conséquence, toutes les fois que le magistrat, l'édile notamment, jugeait que le coupable avait mérité une amende supérieure à celle qu'il pouvait infliger de sa propre autorité, il introduisait la cause directement devant le peuple (*multæ irrogatio*) (2). Du reste, prononçait-il lui-même une amende dont le chiffre dépassait les limites fixées par la *lex Aternia Tarpeia*, tout citoyen pouvait, en vertu du *jus provocationis*, faire appel devant les comices (3). Le droit d'accusation des édiles devant les comices ne leur permettait donc de requérir que des amendes.

L'édile qui voulait poursuivre une personne devant les comices pour la faire condamner à une amende, commençait par notifier à l'accusé le fait qui lui était reproché et par lui donner sommation de comparaître devant le peuple au jour fixé (*diei dictio*). Le plus souvent, l'accusé devait fournir caution (*vades publici*); sinon, il était incarcéré. Au jour fixé, l'édile, à la fois président et accusateur, réunissait le peuple dans la forme des *contiones;* il ouvrait la *contio* par l'acte d'accusation (*anquisitio*). Ces *contiones* préparatoires étaient, au moins au temps de Cicéron, au nombre de trois, à un

---

(1) Laboulaye, *Essai sur les lois crim. des Romains*, p. 126. — (2) Tit. L., X, 13; XXXIII, 42; XXXVIII, 35, etc.; Mommsen, I, p. 159, n. 2; Huschke, *Die multa und die sacr.*, p. 145. — (3) Willems, *Dr. publ.*, p. 178.

jour d'intervalle l'une de l'autre. Avant de tenir une quatrième audience, celle-ci définitive, on laissait passer un *trinundinum*. Le jour du jugement arrivé, l'édile formulait définitivement la prévention (*quarta accusatio*) et requérait la peine (*multæ irrogatio*) ; les témoins étaient entendus, les moyens d'accusation et de défense étaient produits, et l'assemblée allait aux voix sans désemparer. Le jugement que rendait alors le peuple était désigné par l'expression de *multæ certatio* (1). Ce n'est qu'à l'occasion de cette dernière et solennelle audience que s'exerçait vraiment le *jus agendi* des édiles.

Vers le VI⁰ siècle de Rome, les *quæstiones* prirent le caractère d'une institution régulière, et devinrent une des formes habituelles des jugements criminels. Mais nous n'aurons pas à examiner la procédure de l'accusation devant ces tribunaux, parce qu'elle n'appartenait en particulier ni aux édiles, ni à aucun autre magistrat, mais qu'elle était un droit pour tout sujet de Rome (2). Nous voulons seulement mentionner que la présidence de ces tribunaux était répartie entre les préteurs, et que, si le nombre de ces magistrats ne suffisait pas, elle était probablement déférée aux anciens édiles, à leur sortie de charge. Mommsen présume en effet que les édiles étaient de droit appelés à remplir ces fonctions dans l'année qui suivait leur magistrature ; du moins, dit-il, César devint *judex quæstionis* aussitôt après avoir géré l'édilité (3).

L'accusation était généralement portée devant les comices par les deux édiles concurremment ; c'est ce que nous voyons dans la plupart des cas que cite Tite-Live (4). Cependant, nous trouvons aussi des exemples qui prouvent que l'accusation pouvait être intentée aussi par un seul d'entre eux (5). Nous sommes autorisés à penser que ce second cas n'était pas la

---

(1) Cic., *Pro domo*, XVII; Laboulaye, *Essai sur les lois crim. des Rom.*, p. 137; Walter, *Hist. de la proc. civ. chez les Rom.*, p. 87; Maynz, *Cours de dr. rom.*, p. 164; Willems, *Dr. publ.*, p. 179; Huschke, *Die multa und die sacr.*, p. 218-219; et les sources qu'ils citent. — (2) Humbert (*Dict. ant.*, v⁰ Accusator). — (3) Mommsen, II, p. 576. — (4) Tit. L., X, 23; XXV, 2; XXVII, 6; XXX, 39; XXXIII, 42; XXXVIII, 35; Aul. G., X, 6. — (5) Tit. L., III, 31; X, 31; XXXVIII, 35; Val. Max., VIII, 1, 7.

règle ordinaire, car Tite-Live, dans un passage où il mentionne qu'un édile plébéien avait fait condamner quelqu'un sans le concours de son collègue, appuie visiblement sur cette idée que les deux édiles avaient accusé séparément, comme s'il voulait indiquer qu'il y eût là un fait anormal (1).

Il résulte aussi de plusieurs textes(2) que les édiles avaient le droit d'exercer des poursuites devant les comices par centuries, juridiction à laquelle était réservé le pouvoir de prononcer les peines autres que les peines pécuniaires. Anciennement, c'étaient les *duoviri perduellionis* ou les *quæstores parricidi* qui faisaient devant les tribunaux l'office de ministère public ; plus tard, ce furent les tribuns de la plèbe et aussi les édiles. Mais ce droit d'accusation ne constituait véritablement pas pour les édiles, pas plus que pour les tribuns, un *jus agendi* devant les comices par centuries, car ces magistrats n'ayant pas le droit de convoquer ni de présider les comices par centuries étaient obligés de demander au magistrat-président (consul ou préteur) les *auspicia* nécessaires et un jour déterminé (*diem comitiis petere*) (3).

6° *Jus contionis.* — Une *contio* était une assemblée provoquée par un magistrat dans le but, non d'obtenir du peuple une décision sur une affaire, mais de lui faire une communication verbale, ou de délibérer provisoirement sur une *rogatio* qui devait être ensuite soumise aux comices (4). Le *jus contionis* d'un magistrat ne s'étendait qu'aux matières pour lesquelles il avait le *jus agendi*.

Le *jus contionis* appartenait à tous les magistrats, tant patriciens que plébéiens, jusqu'aux questeurs inclusivement, en descendant l'ordre des magistratures ; il appartenait donc aux édiles curules et aux édiles plébéiens (5). Nous avons déjà vu que lorsqu'un édile accusait devant le peuple, l'audience où l'accusation était définitivement et formellement portée était précédée de plusieurs *contiones*.

(1) Tit. L., XXXVIII, 35; Huschke, *Die multa und die sacr.*, p. 199 et 200, n. 149. — (2) Tit. L., VIII, 22 ; XXV, 2 ; Val. Max., VI, 1, 7 ; Cic., *Verr.*, I, 12. — (3) Humbert (*Dict. ant.*, v° *Accusator*) ; Willems, *Dr. publ.*, p. 179. — (4) Aul. G., XIII, 15 ; Mommsen, I, p. 193. — (5) Mommsen, I, p. 195.

Mais le *jus contionis* ne pouvait être exercé par les divers magistrats qu'hiérarchiquement, par suite du *jus avocandi contionem* qui appartenait aux magistrats supérieurs à l'égard des magistrats qui se trouvaient au-dessous d'eux dans la série des honneurs. Le *jus avocandi contionem* était le droit donné aux magistrats supérieurs, d'empêcher la réunion de la *contio* convoquée par un magistrat qui leur était inférieur, lorsqu'ils voulaient eux-mêmes faire une communication au peuple (1). Aussi le *jus contionis* des édiles se trouvait-il restreint par le *jus avocandi contionem* de tous les magistrats qui leur étaient supérieurs. De leur côté, les édiles avaient-ils aussi le *jus avocandi contionem* à l'égard des magistrats placés au-dessous d'eux? C'est ce que nous ne saurions affirmer. Du reste, ces questions sont fort incertaines faute de preuves suffisantes.

La convocation pour la *contio* était faite dans la ville par un crieur public (*præco*) (2); en dehors de la ville, où l'on observait des formes militaires, elle était faite par un sonneur de cor (*classicus, cornicen*) (3). Régulièrement, ces assemblées se tenaient au forum, mais sans que ce fût là une nécessité légale; il est plus exact de dire qu'elles pouvaient avoir lieu en tout endroit, pourvu que ce soit en plein air. Une *contio* était, selon une expression de Maynz, une espèce de meeting officiel (4). Il n'était pas nécessaire de consulter les auspices pour la *contio*; cependant on ouvrait la réunion par une prière (*solenne precationis carmen*), au moins dans les temps anciens et dans les cas les plus importants (5). Le magistrat-président faisait alors à l'assemblée sa communication. S'il y avait lieu de délibérer, il donnait la parole *ad suadendum* ou *ad dissuadendum* (6), d'abord aux simples citoyens (*privati*), ensuite aux magistrats (7). Après ces délibérations, l'assemblée était dissoute (*submovere contionem*) (8).

7° *Jus auspiciorum.* — Chez les anciens, ce qui faisait le

---

(1) Aul. G., XIII, 15 ; Mommsen, I, p. 246-247. — (2) Festus, v° *Contio.* — (3) Tit. L., VII, 36 ; VIII, 7. — (4) Maynz, *Cours de dr. rom.*, I, p. 93. — (5) Tit. L., XXXIX, 15 ; Mommsen, I, p. 193-194. — (6) Quint., *Inst. or.*, II, 4. — (7) Dio Cass., XXXIX, 35 ; Tit. L., XLV, 21, 36, 40. — (8) Cic., *Pro Flac.*, 7.

lien de toute société, c'était un culte. De même que la famille
était la réunion de toutes les personnes qui observaient un
même culte privé, autour du même autel domestique et dans
l'enceinte de la même maison, de même la cité était la réunion d'un certain nombre d'individus placés sous la protection des mêmes dieux et se conformant aux mêmes rites
religieux. Aussi, n'y avait-il pas un seul acte de la vie privée
ou publique dans lequel on ne fît intervenir les dieux. Comme
on était dominé par cette croyance qu'ils étaient tour à tour
pour les hommes d'excellents protecteurs ou d'implacables
ennemis, on ne commençait aucun acte important, sans
s'être assuré qu'ils en aideraient l'accomplissement. On croyait
reconnaître des témoignages d'assentiment ou de défaveur
des dieux dans certains signes physiques empruntés à l'observation des phénomènes de la nature et dont l'interprétation
constituait la science augurale. Ces signes naturels étaient
les auspices ; il y avait les auspices privés (*auspicia privata*),
spéciaux à chaque famille, et les auspices publics (*auspicia
publica populi romani*) qui regardaient les intérêts de l'État (1).
Bien entendu, en ce qui concerne les édiles, il ne pouvait
s'agir que du droit de consulter les auspices publics; nous
laissons donc entièrement de côté les *auspicia privata*.

Sous le régime monarchique, le roi était seul détenteur du
droit d'auspices et le possédait dans toute sa plénitude. On
considérait ce droit comme dérivant de ces premiers signes
célestes par lesquels les dieux avaient autorisé Romulus à
fonder la ville et à gouverner le peuple romain (2). Le roi
pouvait au besoin déléguer le droit d'auspices sans l'aliéner
ni l'amoindrir. Nous voyons en effet que les premiers rois
instituèrent un collège d'augures (3) ; mais l'assistance de ces
auxiliaires n'était pas nécessaire pour la validité des auspices.
Sous la République, les magistrats, héritiers de la puissance
royale, avaient seuls en théorie le droit d'auspices ; mais,
comme ils n'étaient pas revêtus du même caractère sacerdo-

(1) Mommsen, I, p. 85. — (2) Mommsen, I, p. 87. — (3) Cic., *De rep.*, II,
9 ; Marquard, III, p. 232.

tal que les rois et que la courte durée de leur charge ne leur
permettait pas de se familiariser assez avec la science si com-
pliquée et si obscure de la divination, comme d'autre part le
collège des augures avait acquis plus d'influence et que l'art
augural était devenu plus difficile, ils durent subir l'assistance des augures dans les auspications. Cette assistance
n'était pas obligatoire pour le magistrat, et le droit de décider
si les auspices avaient été favorables ou non n'en appartenait
pas moins entièrement au magistrat lui-même ; seulement la
présence des augures était imposée par la coutume, et nous
voyons ordinairement que les magistrats s'adjoignaient un
membre du collège des augures qui dirigeait l'auspication, et
qu'ils ne manquaient pas de consulter le collège sacré s'il
s'élevait des doutes sur la régularité de la prise des *auspicia* (1).

Lorsque le nombre des magistratures se fut accru, qu'un
certain ordre honorifique se fut établi entre elles, et que celles
primitivement réservées aux patriciens furent ouvertes aux
deux ordres, il devint indispensable, en vue d'éviter des con-
flits, de régler la valeur relative des auspices de chaque
magistrat. Ce fut alors qu'on divisa les auspices en *auspicia
maxima* ou *majora* et *auspicia minora*. Les auspices majeurs appartinrent aux magistratures patriciennes majeures
(consulat, préture, dictature, censure) ; les auspices mineurs
aux magistratures patriciennes mineures (édilité curule,
questure) (2).

On le voit, on ne reconnaissait pas le droit d'auspices aux
magistratures plébéiennes proprement dites ; il y avait en
effet impossibilité théorique à le leur accorder, parce qu'elles ne
procédaient pas du pouvoir traditionnel et qu'elles avaient
été fondées en dehors des auspices. Mais, si d'une part l'aristocratie pouvait craindre que le droit d'auspices ne conférât
aux magistrats de la plèbe une autorité trop puissante, d'autre
part elle y voyait un moyen de subordonner leurs actes aux

---

(1) Tit., L., VIII, 23; Mommsen, 1, p. 102, n. 6; p. 112. — (2) Mommsen, 1,
p. 88-89.

règles augurales. Aussi, la collation des auspices aux tribuns et aux édiles de la plèbe paraît-elle avoir été décidée par la *lex Publilia Philonis* (1). Quoi qu'il en soit, les édiles de la plèbe eurent, comme les édiles curules, les auspices mineurs, sinon en théorie, au moins en fait.

Il y avait cinq genres d'auspices: 1° les *auspicia cœlestia*, tirés des phénomènes météorologiques ; 2° les *signa ex aribus*, indices fournis par le vol des oiseaux ; 3° les *auspicia e tripudiis*, présages tirés de l'appétit des oiseaux ; 4° les *auspicia ex quadrupedibus* ou *pedestria auspicia*, qui consistaient dans l'observation des mouvements et attitudes des quadrupèdes et reptiles ; 5° enfin, les *signa ex diris*, ou événements fortuits très-divers qui étaient considérés comme des marques de désapprobation divine (2).

Tels étaient les auspices d'une manière générale. Mais nous avons dit que les édiles n'avaient que les auspices mineurs ; qu'est-ce qui caractérisait ces sortes d'auspices? Les renseignements nous manquent pour apprécier les différences qui distinguaient les auspices mineurs des auspices majeurs ; aussi ne pouvons-nous formuler aucune règle à cet égard. Tout ce que nous pouvons dire, c'est que certains signes physiques étaient considérés comme plus importants dans leurs conséquences que certains autres, mais nous ne saurions affirmer qu'on pût trouver là un caractère distinctif entre les auspices majeurs et les auspices mineurs. Ainsi, la foudre était regardée comme le plus puissant des présages. De même, certains oiseaux avaient le privilège de fournir des indices plus exacts que d'autres ; c'est ainsi que, lorsqu'une corneille ou un pivert avait donné un auspice, et qu'un aigle en donnait ensuite un autre tout opposé, l'auspice de l'aigle prévalait (3).

Maintenant nous devons rechercher dans quels cas les édi-

(1) Bouché-Leclercq (*Dict. ant*, v° *Auspicia*, p. 581). — (2) Sur les *auspicia* et leurs différentes catégories: Bulengerus, *De auguris et auspiciis* (*Thes. ant. rom.* de Grævius, V, p. 406); Mommsen, I, p. 75-84 ; Bouché-Leclercq (*Dict. ant.*, v° *Augures*). — (3) Sen., *Nat. quœst.*, II, 32-34; Dio Cass., XXXVIII, 13 ; Dezobry, *Rome au siècle d'Aug.*, II, p. 79; Mommsen, I, p. 77, n. 1 ; p. 88, n. 3.

les faisaient usage de leur droit d'auspices. Déjà nous avons dit qu'à leur entrée en charge ils consultaient les auspices, pour savoir si les dieux donnaient leur assentiment à leur élection. Mais la principale application du droit d'auspices était le *jus obnuntiationis*. Comme ce droit n'appartenait qu'aux magistrats ayant déjà le droit d'auspices, nous le considérons comme une conséquence de ce dernier droit, et nous ne l'en séparons pas dans notre étude.

Le *jus obnuntiationis* était la simple déclaration par un magistrat qu'il observait le ciel, *se servasse* ou *servaturum de cœlo*. L'effet de cette déclaration était d'empêcher ou de dissoudre les comices. La raison en était qu'il fallait éviter toute collision des auspices, c'est-à-dire qu'il fallait prévenir le cas où deux magistrats consultant à la fois les dieux pour des raisons différentes, l'un d'eux viendrait à observer un de ces signes négatifs qui équivalaient à une interdiction générale au moins pour une journée de certains actes garantis par les auspices. Mais il faut remarquer que le *jus obnuntiationis* était limité en ce sens que les magistrats supérieurs pouvaient défendre aux magistrats inférieurs d'en user. De là venait que dans l'édit des consuls qui fixait le jour des comices par centuries, il était écrit : *ne quis magistratus minor de cœlo servasse velit* (1). Deux lois, portées vers 153 avant J.-C., la *lex Ælia* et la *lex Fufia* semblent avoir réglé l'*obnuntiatio* réciproque des magistratures patriciennes et plébéiennes. Mais comme, dans maintes circonstances, ceux qui voulaient s'opposer à l'adoption de certaines propositions ou à l'élection de certains magistrats annonçaient d'avance qu'ils observeraient le ciel tel jour, de sorte que le peuple ne pouvait rien décréter ce jour-là, le tribun Clodius, pour mettre fin à ces manœuvres politiques, proposa, en 58 avant J.-C., une loi portant qu'aucun magistrat n'observerait le ciel le jour où le peuple aurait une question à décider par ses suffrages (2).

---

(1) Aul. G., XIII, 15.— (2) Dio Cass.. XXXVIII, 13; Mommsen, I, p. 106-110.

Il résulte de cet exposé des différents pouvoirs qui appartenaient aux édiles qu'ils participaient bien, comme nous l'avons annoncé en commençant, à la totalité de la souveraineté publique. Si nous nous reportons en effet à la division moderne des pouvoirs publics, nous verrons qu'ils les possédaient tous : pouvoir législatif, pouvoir exécutif, pouvoir judiciaire, chacun au moins dans une certaine mesure.

Le pouvoir législatif était caractérisé chez eux par le *jus edicendi*. Ce n'était point qu'ils eussent d'une façon directe et réelle reçu le droit de faire des lois, car le peuple avait retenu ce pouvoir entre ses mains pour l'exercer dans les comices ; mais nous avons vu par quels procédés habiles ils avaient su, comme les préteurs, transformer un simple droit de réglementation administrative en un véritable pouvoir judiciaire. La coutume sanctionna cet envahissement des magistrats sur un pouvoir que le peuple semblait s'être réservé en propre ; c'est donc que le peuple ne trouvait pas mauvais que les magistrats prissent part eux aussi au pouvoir législatif. Cicéron range positivement les édits des magistrats parmi les sources du droit romain, et il en explique la validité d'après les principes du droit coutumier en général (1).

Le pouvoir exécutif était le caractère dominant de la puissance édilitienne. Dans toutes les matières qui ressortissaient à leur compétence, ils avaient des fonctions de surveillance et de police, et comme moyen pour en faciliter l'exécution, ils avaient le *jus edicendi* qui leur permettait de réglementer, dès leur entrée en charge, toutes les branches de l'administration confiées à leur soin. A l'égard des personnes qui ne se soumettaient pas aux ordres qu'ils donnaient, ils avaient, comme moyen de contrainte rentrant dans le pouvoir exécutif, le *jus prensionis*.

Les édiles participaient en troisième lieu au pouvoir judiciaire, tant civil que criminel. Comme juridiction civile, ils disaient le droit (*jus dicendi*) dans les procès relatifs aux matières rentrant dans leurs attributions. Comme juridiction

---

(1) Cic., *De invent.*, II, 22.

criminelle, ils étaient des juges, sinon théoriquement, au moins en fait, puisqu'ils prononçaient des peines dans les limites de la *coercitio (jus multæ dictionis)* ; mais leur principal rôle comme délégués du pouvoir criminel consistait à porter des accusations devant les assemblées du peuple réunies, soit sous la forme de *contiones (jus contionis)*, soit sous la forme de comices judiciaires *(jus agendi cum populo* ou *cum plebe)*.

Enfin, au pouvoir civil, les édiles réunissaient une certaine participation au pouvoir religieux et à l'exercice du culte public *(jus auspiciorum)*. Le pouvoir religieux faisait en effet partie à Rome des pouvoirs publics. « Celui qui représente « l'État ou une unité politique quelconque, dit Ihering, les « représente aussi vis-à-vis des dieux ; les fonctionnaires « sont des prêtres nés ; les fonctions religieuses constituent « toujours une partie nécessaire de leur office (1). »

Telle était, chez les édiles, cette indivisibilité des pouvoirs qui fut le caractère dominant des magistratures romaines. Toutes les natures de pouvoirs se trouvaient entre leurs mains réunies en un faisceau inséparable qui constituait leur *potestas*. S'ils n'avaient pas, dans chaque ordre de pouvoirs, une puissance aussi étendue que certains autres magistrats, comme les consuls et les préteurs, ils n'en étaient pas moins, au même titre qu'eux, les dépositaires de la souveraineté du peuple ; seulement, comme ils n'avaient pas des attributions générales, mais qu'ils avaient été seulement institués pour remplir certaines fonctions déterminées, leurs pouvoirs se trouvaient en fait limités par leurs attributions mêmes, et tout pouvoir dont l'exercice ne se trouvait pas justifié par les nécessités de leurs attributions était dans leurs mains inutile aussi bien qu'interdit.

Dès l'instant de leur création, les édiles curules eurent cet ensemble de pouvoirs que nous venons d'énumérer. La *potestas* formait un tout tellement indivisible, qu'à l'époque de la transformation de l'édilité de la plèbe en magistrature indé-

---

(1) Ihering, *Espr. du dr. rom.*, 1, p. 273.

pendante, les édiles de la plèbe durent être investis eux aussi
de tous les pouvoirs qui appartenaient aux autres magistrats
romains et qu'ils n'avaient exercés jusqu'alors que par délégation.


## SECTION III

### GARANTIES CONTRE LES ABUS DE POUVOIRS DES ÉDILES

Il existait, sous la République, trois garanties principales
contre les abus de pouvoirs des édiles. C'étaient : 1° le droit
de *veto ;* 2° l'intercession ; 3° la responsabilité au sortir de la
charge.

1° *Droit de veto.* — Le droit de *veto* était le pouvoir d'un
magistrat supérieur de s'opposer à l'accomplissement d'un
acte ordonné par un magistrat de rang inférieur. Il ne faut
pas confondre ce droit avec l'intercession. L'intercession était
le droit d'un magistrat de rang égal ou supérieur d'annuler,
de casser l'acte d'un magistrat de rang inférieur. Le premier
droit appartenait donc à la *major potestas* seule, le second
à la *par majorve potestas;* le *veto* était une mesure préventive qui empêchait qu'un acte arbitrairement ordonné
fût accompli, tandis que l'intercession était une mesure ré-
pressive qui avait pour but de détruire et de rendre non
avenu un acte déjà accompli. Cette distinction, souvent méconnue par les auteurs, a été indiquée par Mommsen d'une
façon très-nette et très-précise (1).

L'existence des droits de *veto* et d'intercession vient-elle
contredire ce que nous avons dit précédemment, à savoir
qu'il n'existait pas de hiérarchie entre les magistrats romains?
Nullement; ces garanties constitutionnelles contre les abus
de pouvoirs des magistrats étaient au contraire destinées à
remplacer par leurs effets la hiérarchie qui n'existait pas chez
les Romains. Qu'appelons-nous en effet dans nos sociétés

_____

(1) Mommsen, I, p. 245 ; M. Faure, *Hist. de la prét.*, p. 84-87.

actuelles la hiérarchie des fonctionnaires ? C'est le lien qui unit un fonctionnaire à ses supérieurs, et dont l'effet est de subordonner chacun de ses actes à leurs ordres et de les soumettre à leur surveillance constante. Cette position des fonctionnaires de nos jours aurait été aperçue par Ihering sous son vrai jour, si cet auteur l'avait décrite en termes moins exagérés. « Ils sont courbés, dit-il, sous le fardeau des lois, » des ordonnances, des instructions qui dirigent leurs moin- » dres pas, comme s'ils étaient frappés de cécité. Là où la loi » morte a laissé une lacune, où elle offre donc l'occasion » d'abandonner la décision à l'appréciation personnelle du » fonctionnaire, la défiance vient encore y mettre obstacle, » en lui imposant de faire un rapport et d'attendre que la » décision vienne de haut (1). » Il en était bien différemment à Rome. Ce qui caractérisait les actes de chaque magistrat romain, c'étaient l'indépendance absolue et la spontanéité. Le peuple, en nommant un magistrat, l'investissait de la plénitude de la puissance dont il usait librement, sans qu'aucun des magistrats supérieurs à lui en dignité pût lui dicter des ordres et imposer une direction à ses actes. Seulement, lorsqu'une mesure prise par un magistrat était visiblement mauvaise, lorsqu'un acte de sa gestion était condamnable ou présentait des conséquences dangereuses, il appartenait aux magistrats égaux ou supérieurs de s'opposer à l'exécution de cet ordre, de paralyser les effets de cet acte. C'était précisément parce que l'intervention des magistrats se heurtait contre un pouvoir absolu, qu'elle ne pouvait consister qu'à opposer une force de résistance purement négative, et qu'elle se bornait à entraver l'action du magistrat, sans jamais pouvoir forcer sa volonté en le contraignant à accomplir un acte déterminé.

A côté du droit de *veto* et d'intercession résultant de la *par majorve potestas,* se trouvait le droit de veto et d'intercession des tribuns, qui pouvait être exercé à l'encontre de tout magistrat, sauf du dictateur. Les tribuns, institués pour être les

---

(1) Ihering, *Espr. du dr. rom.,* II, p. 256.

défenseurs de la plèbe, puisaient dans cette origine une puissance irrésistible et exceptionnelle. Ils pouvaient arrêter court tout acte des magistrats quel qu'il fût, empêcher un conseil de réunir le sénat, suspendre les comices et, par conséquent, le vote des lois et la nomination des magistrats, empêcher l'exécution d'un jugement (1).

Le *veto* pouvait donc être opposé aux actes des édiles par les consuls ou les préteurs, parmi les magistrats supérieurs, et par les tribuns.

Les effets du *veto* pouvaient être variables. Le *veto* pouvait en effet avoir pour but: 1° soit d'empêcher un acte déterminé, ou une catégorie d'actes déterminés (2) ; 2° soit de suspendre les fonctions d'un magistrat en charge (3) ; 3° soit de suspendre entièrement l'exercice d'une certaine magistrature (4).

Le magistrat contre lequel le *veto* était prononcé venait-il à passer outre, il encourait une peine ; mais les actes qu'il avait accomplis au mépris de la prohibition n'étaient pas entachés de nullité, ce qui nous apporte une nouvelle preuve que le *veto* ne ressemblait en rien à un ordre hiérarchique. Le *veto* du reste n'était qu'une sorte d'interdiction temporaire qui pouvait être levée par son auteur lui-même, et qui du moins cessait toujours de produire ses effets à l'expiration de sa charge (5).

Ajoutons enfin que l'usage téméraire du *veto* contenait un abus des fonctions, et entraînait pour celui qui s'en était rendu coupable une responsabilité et une peine (6).

2° *Intercessio.* — Nous avons déjà défini l'*intercessio ;* c'était le droit d'un magistrat de rang égal ou supérieur d'annuler l'acte d'un magistrat de rang inférieur.

L'intercession dirigée contre un acte d'un édile pouvait donc provenir d'un consul, d'un préteur, ou d'un autre édile; elle pouvait aussi provenir d'un tribun. Les quelques observations que nous avons présentées pour expliquer l'existence

---

(1) Laboulaye, *Essai sur les lois crim. des Rom.*, p. 65 et s. — (2) Mommsen, 1, p. 246-247. — (3) Mommsen, I, p. 248. — (4) Mommsen, I, p. 250. — (5) Mommsen, I, p. 252. — (6) Tit. L., V, 29.

— 83 —

du droit de *veto* s'appliquent également à l'intercession des tribuns et à celle de la *major potestas*. Il nous faut dire quelques mots maintenant de l'intercession résultant de la *par potestas*.

Il était de règle générale chez les Romains que toutes les magistratures ordinaires fussent exercées par deux titulaires : la dualité donnait naissance, non pas à deux pouvoirs qui se détruisaient réciproquement, mais à l'exercice d'un pouvoir unique par deux personnes réunies, et par chacune d'elles séparément dans toute sa plénitude ; il s'en suivait que le magistrat qui, avant d'exécuter un acte, ne prenait pas soin de se concerter avec son collègue, pouvait voir son action paralysée par l'opposition de celui-ci (1). L'intercession d'un magistrat vis-à-vis de l'autre n'était pas seulement un droit, mais un devoir ; en négligeant de surveiller les actes de son collègue, et d'intercéder au besoin, il engageait sa responsabilité (2). Tout ceci est également applicable au cas où la fonction était gérée par plus de deux magistrats.

L'intercession était faite par le magistrat, soit de sa propre autorité, soit à la sollicitation d'une personne lésée. On nommait *appellatio* la demande par laquelle un particulier lésé s'adressait à un magistrat pour invoquer son intervention (*implorare auxilium, magistratum appellare*) (3). Aussi, cette institution revêtit-elle facilement les caractères d'une intervention indirecte dans l'administration de la justice et tint-elle lieu de l'appel sous la République. Mais, comme le résultat de cette opposition était purement négatif, elle équivalait à une simple cassation et non à une seconde instance, puisqu'elle ne substituait pas une décision nouvelle à l'acte qu'elle annulait (4).

Enfin, il est probable que l'intercession avait lieu d'édile à édile, sans qu'il y eût à faire de distinction entre les édiles curules et les édiles plébéiens. Nous avons pu en effet constater jusqu'ici que les deux classes d'édiles avaient toujours des pouvoirs égaux, et nous verrons que les différences qui

(1) Giraud, *Les Tables de Salp. et de Mal.*, p. 69. — (2) L. 9 § 8, D., *De adm. rer.* — (3) Mommsen, 1, p. 261. — (4) De Savigny, VI, append. XV.

existaient entre elles avaient trait principalement aux honneurs (1). Notons que l'intercession dérivant de la *par potestas* était à la fois une garantie constitutionnelle contre les abus de pouvoirs du magistrat à l'égard duquel elle était dirigée, et en même temps l'exercice d'un pouvoir de la part du magistrat opposant; l'intercession aurait donc pu, par l'une de ses faces, rentrer dans l'étude des pouvoirs des édiles.

3° *Responsabilité au sortir de la charge.* — Le peuple, en nommant un fonctionnaire, ne se donnait pas un serviteur, mais un maître en faveur duquel il se dessaisissait de son autorité. Aussitôt l'élection du magistrat, la volonté du peuple s'effaçait, pour toute la durée de la charge, devant la puissance absolue et inamovible qu'il lui avait conférée. Puis, lorsque le temps de la magistrature s'était écoulé, le peuple, ressaisissant son autorité, pouvait demander compte au magistrat de l'emploi qu'il avait fait du pouvoir qui lui avait été confié.

La responsabilité du magistrat, à l'expiration de ses fonctions, était civile (2) ou criminelle. Certaines lois judiciaires de Sylla furent destinées à assurer la responsabilité des magistrats, en punissant de peines criminelles les concussions et abus de pouvoirs (3).

Il existait bien encore certaines autres garanties contre les excès de pouvoir des magistrats, mais nous ne saurions les considérer comme des garanties normales (4); tout au moins n'eurent-elles jamais l'importance des précédentes. D'abord, c'étaient certaines garanties qui avaient pris leur source dans les croyances superstitieuses des Romains, comme la *nunciatio* des augures, et le *jus obnuntiationis* des magistrats, dont nous avons déjà eu occasion de parler; mais ce n'étaient pas là des garanties sérieuses, car on sait avec quelle merveilleuse souplesse la science augurale savait se prêter aux exigences de chaque situation, tout en paraissant se confor-

(1) Mommsen, II, p. 478. — (2) Paul, *Sent.*, V, 4, §§ 6 et 7; L. 32, D., *De inj. et fam. lib.*; Mommsen, I, p. 673-674. — (3) Laboulaye, *Essai sur les lois crim. des Rom.*, p. 266 et s. — (4) M. Faure, *Hist. de la prét.*, p. 84, n. 35.

mer ponctuellement à des règles immuables. En second lieu, le peuple prononçait parfois la destitution des magistrats indignes, mais on n'en peut citer que des exemples très-rares ; ce droit nous paraît du reste entièrement anomal, et tout à fait en contradiction avec les pouvoirs si étendus et si absolus que les Romains accordaient à leurs magistrats.

Du reste, de toutes les garanties constitutionnelles contre l'abus des fonctions dont il a été question jusqu'ici, aucune ne nous semble entièrement efficace ; elles ne nous apparaissent toutes que comme des garanties purement extérieures, restreintes et imparfaites, et impuissantes à résister aux abus et à la corruption. La vraie garantie, la seule, se trouvait en dehors de la constitution : elle consistait dans l'amour de la patrie, dans le respect des traditions, dans l'observation fidèle du *mos majorum*, dans le contrôle incessant auquel le magistrat était soumis de la part de ses concitoyens. Tels étaient les plus sûrs modérateurs de la puissance illimitée du magistrat ; ils suffirent pour maintenir l'harmonie entre les pouvoirs des différents magistrats, tant que ceux-ci ne furent guidés dans leurs actes que par des mœurs austères et un dévouement désintéressé à la chose publique. Mais lorsque la sévère discipline des temps antiques se fut relâchée, les garanties que la constitution romaine offrait contre les excès de pouvoir ne purent qu'imparfaitement remplacer celles qui avaient puisé leur force morale dans l'esprit de justice et de probité (1).

## SECTION IV

### DES ÉVÉNEMENTS QUI METTAIENT FIN AUX POUVOIRS DES ÉDILES

Les pouvoirs des édiles prenaient fin par les événements suivants :

1° *Par l'expiration du temps normal de la charge.* — La

---

(1) Ihering, *Espr. du dr. rom.*, II, p. 263 et s.

durée de l'édilité, comme celle de la plupart des magistratures romaines, était d'une année (1). La grandeur de la puissance, ainsi que le fait remarquer Montesquieu, était compensée par la briéveté de la durée.

Mais, comme l'expiration du temps fixé par la loi pour la durée des fonctions n'entraînait pas déchéance *ipse jure,* il fallait que l'édile vînt déposer solennellement devant le peuple romain les pouvoirs que celui-ci lui avait conférés. Le dernier jour où le magistrat exerçait ses fonctions, il convoquait, à cet effet, une *contio* solennelle et abdiquait, en jurant qu'il n'avait fait aucun acte contraire aux lois (2).

2° *Par la mort du titulaire.*

3° *Par son abdication volontaire avant l'expiration de ses fonctions.* — Cette abdication était, la plupart du temps, la conséquence de la découverte, par le collège des augures, d'un vice de forme dans l'élection du magistrat. Nous avons vu en effet que, dans ce cas, le sénat invitait le magistrat à se dessaisir de ses fonctions, sans pouvoir l'y contraindre.

4° *Par sa destitution.* — Les magistrats étaient quelquefois destitués par une loi spéciale du peuple ; mais nous avons déjà fait observer que ces cas de destitution étaient très-rares (3).

## SECTION V

### DES PRÉROGATIVES DES ÉDILES PENDANT LA DURÉE

#### DE LEUR CHARGE

Les édiles de la plèbe furent investis, au moment de leur création, de l'une des prérogatives les plus élevées qui pût appartenir à un magistrat romain, nous voulons parler de la *sacrosancta potestas;* en d'autres termes, ils étaient inviola-

---

(1) Mommsen, I, p. 575. — (2) Tit. L., XXIX, 37. — (3) Mommsen, I, p. 606-609.

bles, en ce sens que personne ne pouvait les faire arrêter, ni les citer devant le tribunal du peuple. Auxiliaires des tribuns, ils devaient nécessairement être protégés par la même inviolabilité qu'eux, afin de pouvoir sans entraves concourir eux aussi à la mission sacrée de défendre les droits de la plèbe (1).

Mais ils perdirent ce caractère d'inviolabilité lorsqu'ils se furent dégagés des liens de subordination qui les rattachaient au tribunat, et que, au moment de la création de l'édilité curule, ils constituèrent une magistrature municipale régulière et indépendante. A partir de ce moment, les magistrats supérieurs purent citer et faire arrêter, comme de simples particuliers, les édiles plébéiens aussi bien que les édiles curules (2).

Nous pensons, malgré l'opinion contraire de Mommsen (3), que les quatre édiles formaient ensemble un collège, où les curules portaient le titre de *majores*, et les plébéiens celui de *minores collegæ* (4). Ce qui nous le fait décider, c'est que nous avons reconnu que les uns et les autres avaient les mêmes pouvoirs, c'est que leurs attributions étaient les mêmes, c'est que, à leur entrée en charge, ils avaient l'habitude de répartir la ville de Rome en quatre quartiers qui constituaient le ressort administratif de chacun d'eux. Cette organisation, particulière au droit public romain, qui consistait à accorder aux différents titulaires d'une même fonction des pouvoirs égaux et concomitants, et à permettre à chacun d'eux d'exercer seul toute l'autorité attachée à la fonction, est précisément la collégialité (5). Malgré les incertitudes qui planent sur les rapports des deux édilités entre elles, nous croyons y retrouver tous les caractères de la collégialité. Ce lien entre les titulaires de la même charge était du reste tellement inhérent aux institutions romaines, que nous hésitons à penser qu'il y eût exception à cette règle en

---

(1) Tit. L., III, 55; Mommsen, II, p. 464-465. — (2) Aul. G., XIII, 13; Mommsen, II, p. 476. — (3) Mommsen, II, p. 477. — (4) Humbert *(Dict. ant.*, vᵒ *Ædiles*, p. 98). — (5) Nous croyons devoir, après M. Faure, adopter le mot *collégialité*, néologisme plein d'exactitude qui traduit le mot allemand *collegialität*, employé par Mommsen (I, p. 29 et s.).

ce qui concerne l'édilité. Enfin, les édiles de la plèbe et les édiles curules ne pouvaient constituer deux collèges séparés, car ces collèges ne se seraient trouvés composés que de deux membres, et nous savons qu'il fallait au moins trois membres pour composer un *collegium* (1).

Les édiles, magistrats inférieurs, n'avaient ni licteurs ni faisceaux, signes de la puissance souveraine qui étaient principalement réservés aux magistrats *cum imperio* (2).

Mais, s'ils n'étaient pas revêtus des honneurs suprêmes, les édiles étant des magistrats élus par le peuple, devaient cependant participer à la *majestas* du peuple. Celui qui ne respectait pas dans leur personne cette *majestas*, commettait un *crimen minutæ majestatis*. « *Majestatem minuere*, dit Cicéron, *est de dignitate, aut amplitudine, aut potestate populi, aut eorum, quibus populus potestatem dedit, aliquid derogare* (3). » Comme signe de cette *majestas*, les citoyens devaient aux magistrats certaines marques de respect ; ils devaient se lever à leur approche, leur céder le passage, se découvrir la tête, descendre de cheval (*assurgere, semita cedere, caput adaperire, equo desilire*) (4). Tite-Live nous rapporte que Cn. Flavius, édile curule, de l'ordre plébéien, étant venu visiter son collègue malade, et ayant trouvé dans l'appartement une troupe de jeunes nobles qui, d'un commun accord, ne se levèrent pas au moment de son arrivée, fit apporter là sa chaise curule, insigne de sa dignité, et s'y assit pour venger sa personne de leur mépris et soutenir l'honneur de sa magistrature, en contemplant l'embarras et le dépit de ses ennemis (5).

En raison de la *majestas* qui était attachée aux magistratures romaines, les magistrats inférieurs devaient aussi de la déférence à ceux qui leur étaient supérieurs dans l'ordre des charges (6).

---

(1) L. 85, *D.*, *De verb. sign.* — (2) Mommsen, I, p. 361 et s. — (3) Cic., *De inv.*, II, 17 ; Cf. Cic., *De or.*, II, 39 ; Aul. G., XIII, 13. — (4) Senec., *Ep.* LXIV ; Aul. G., II, 2 ; Tit. L., XXIV, 44 ; Mommsen, I, p. 381, n. 4. — (5) Tit. L., IX, 46 ; Val. Max., II, 5, 2 ; Aul. G., VI, 9. — (6) Mommsen, I, p. 381 et 382, n. 1.

Les privilèges honorifiques et les insignes des édiles curules et des édiles de la plèbe étaient bien différents ; la raison en était que les premiers appartenaient à cette catégorie de magistrats que l'on désignait sous le nom de curules, et auxquels ce titre conférait des honneurs spéciaux. Égaux en pouvoirs aux édiles curules, les édiles de la plèbe leur étaient cependant inférieurs en dignités ; les insignes honorifiques étaient à peu près la seule différence qui distinguât les deux classes d'édiles.

Nous allons énumérer les différents privilèges qui appartenaient aux édiles curules, à l'exclusion des édiles de la plèbe et en leur qualité de magistrats curules.

1° La *nobilitas.* — Avant l'admission des plébéiens au consulat (366 av. J.-C.), les patriciens étaient la seule noblesse de Rome. Jusque-là, la gestion des hautes magistratures ne créait donc point dans la société romaine de nouvelle classe privilégiée. Mais lorsque les plébéiens purent arriver aux plus hautes fonctions publiques, il se forma une nouvelle génération d'hommes qui put étaler avec un juste orgueil les images d'ancêtres illustres, et cette noblesse virile et régénérée put faire oublier l'ancienne noblesse patricienne qui, éloignée des affaires publiques par la victoire de la plèbe, se perdait dans l'obscurité et s'éteignait dans l'impuissance. L'éclat qui s'attachait à l'exercice des hautes magistratures amena alors ce résultat d'établir une distinction sociale entre les familles soit patriciennes, soit plébéiennes, qui comptaient parmi leurs membres des magistrats supérieurs, et les autres citoyens ; ces familles privilégiées étaient *nobiles*, les autres citoyens *ignobiles*. On comprend donc comment le citoyen même plébéien qui, le premier de sa famille, avait géré l'édilité curule ou toute autre magistrature curule, fondait la *nobilitas* de ses descendants et leur conférait le *jus imaginum* (1); nous ne disons pas qu'il devenait *nobilis* lui-même, car pour employer des termes vraiment exacts, il n'était en-

_____

(1) Cic., *Verr.*, II, 5, 14 ; Naudet, *De la noblesse et des récompenses d'honneur chez les Romains*, 1re part.; Mommsen, I, p. 431 et s.

core que *homo novus* (1), *auctor generis* (2). *princeps nobilitatis* (3).

Le *jus imaginum* était le droit de conserver à perpétuité les images de ses ancêtres. Ces *imagines* étaient des masques de cire (*ceræ*), peints d'après nature et adaptés à des bustes de manière à pouvoir en être détachés. Ces bustes masqués étaient renfermés dans des *armaria*, sortes de meubles que l'on plaçait sur les côtés (*alæ*) de l'*atrium*. Sur la base de chacun de ces bustes étaient inscrits les titres et les honneurs qui avaient été décernés à ceux qu'ils représentaient, et les hauts faits par lesquels ils s'étaient illustrés ; cette inscription portait les noms de *titulus*, *index* ou *elogium*. On constituait aussi l'arbre généalogique (*stemma*) de la famille, en reproduisant sur les murailles de l'atrium les inscriptions des divers bustes et en les réunissant par des lignes de couleur (*lineæ*), de manière à figurer les rameaux d'un arbre. On pouvait ainsi raconter aux visiteurs et aux étrangers l'histoire de ses ancêtres, en les désignant successivement sur le mur avec une longue baguette et en accompagnant le nom de chacun d'eux de la légende de ses exploits et de ses vertus. Plus les bustes d'une famille étaient nombreux, plus elle était considérée ; on disait *un homme de beaucoup d'images* (*homo multarum imaginum*), pour désigner un homme d'une antique noblesse. Les *armaria* n'étaient ouverts que dans des circonstances solennelles, notamment pour les funérailles de l'un des membres de la famille. Dans ces cérémonies, chacun des ancêtres du défunt était personnifié par un individu qui portait son masque de cire, à la manière des acteurs, et qui était revêtu des insignes qu'il avait reçus pendant sa vie et de vêtements tels que la ressemblance et l'illusion fussent aussi complètes que possible (4).

Un second attribut de la *nobilitas* était le *jus anuli aurei*, ou

---

(1) Tit. L., XXII, 34. — (2) Cic., *Verr.*, II, 5, 70. — (3) Tit. L., X, 8. — (4) Dezobry, *Rome au siècle d'Aug.*, III, p. 28 ; IV, p. 86-87 ; Marquardt, *Römische Privatalterthümer*, I, p. 241-250 ; Mommsen, I, p. 426-431 ; Anthony Rich, *Dict. des ant. rom.*, v° *Ala 2, Cera 1, Stemma* ; Saglio (*Dict. ant.*, v° *Armarium, Atrium, Cera*) ; Willems, *Dr. publ.*, p. 121-124.

droit de porter un anneau d'or, ornement réservé par les lois ou la coutume à certains citoyens que leur origine ou leur dignité distinguait de la masse populaire (1).

2° La *sella curulis.* — La chaise curule était un siège, avec ou sans dossier, soutenu sur quatre pieds courbes qui se croisaient deux à deux en forme d'X, et étaient disposés de telle sorte qu'ils pouvaient être pliés, afin de permettre qu'on pût le transporter facilement. Ce siège était recouvert de cuir et incrusté d'ivoire. L'usage en fut, dit-on, introduit à Rome par les Étrusques. Ce siège honorifique appartenait à tous les magistrats curules; ils s'en servaient au sénat, à la tribune, dans les tribunaux, aux jeux publics, et le transportaient où bon leur semblait ; exceptionnellement, dans les cérémonies funèbres, ils s'abstenaient de s'y asseoir, en signe de deuil (2). La chaise curule était généralement figurée sur les monnaies que faisaient frapper dans certains cas les édiles curules (3).

Les édiles de la plèbe, à la différence des édiles curules, n'avaient pour siège qu'un *subsellium.* Le *subsellium* était un petit banc carré, sans dossier, supporté par quatre pieds droits dont le haut débordait légèrement la plate-forme quadrillée à claire-voie. Lorsque ce banc était oblong et pouvait tenir deux personnes, il était appelé *bisellium ;* le *bisellium* était simplement une variété du *subsellium* et était assigné aux magistrats du même ordre (4). Bien que ces sièges fussent beaucoup moins honorifiques que les chaises curules, ils étaient cependant considérés comme une marque de dis-

---

(1) Plin., *Hist. nat.*, XXXIII, 6; Humbert *(Dict. ant.*, v° *Anulus aureus)* ; Willems, *Le Sénat*, 1, p. 147. — (2) Chimentellius, *Marmor Pisanum de honore bisellii*, cap. XI et XII (Grævius, *Thes. ant. rom.*, VII, p. 2057) ; Adam, *Ant. rom.*, II, p. 465; Anthony Rich, *Dict. des ant. rom. et grecq.*, v° Sella 2; Dezobry, *Rome au siècle d'Aug.*, I, p. 40 ; III, p. 251 ; Mommsen, I, p. 379 et s. — (3) Mommsen, *Hist. de la monnaie rom.*, II, p. 481 ; Humbert (*Dict. ant.*, v° *Ædiles*, p. 96). — (4) Chimentellius, *l. c.*, p. 2052-2057 ; De Lougpérier, *Recherches sur les insignes de la questure (Rev. archéol.*, 1868, XVIII° vol., p. 61 et s.) ; Dezobry, *l. c.*, II, p. 284; Auth. Rich, *Dict. des ant. rom. et gr.*, v^ls *Bisellium* et *Subsellium ;* Saglio (*Dict. ant.*, v° *Bisellium*): Mommsen, I, p. 388.

tinction, et les édiles de la plèbe en représentaient l'image sur les monnaies qu'ils frappaient en leur nom (1).

3° La *toga prætexta*. — La *toga prætexta* n'était autre chose que la toge ordinaire, ornée d'une bande de pourpre sur le bord de l'étoffe (2). Cet insigne appartenait aussi aux édiles curules (3).

4° Le *calceus patricius* ou *mulleus*. — Le *calceus patricius* était la chaussure réservée aux patriciens et, par suite, aux magistrats curules qui étaient, dans le principe, choisis exclusivement parmi les patriciens. Plus tard, le *calceus patricius* n'en demeura pas moins un insigne des magistratures curules, alors même qu'elles étaient gérées par des plébéiens. Le *calceus patricius* était une bottine de cuir rouge (*mulleus*, parce que sa couleur ressemblait à celle du poisson appelé *mullus*, en français rouget), attachée par quatre courroies noires qui montaient à mi-jambe et ornée d'une agrafe en forme de croissant (*luna, lunula*) (4).

5° Les *funales cerei*. — Les *funales cerei* étaient des flambeaux que l'on portait devant certains magistrats. Ils étaient ainsi nommés parce qu'ils étaient faits primitivement de petites cordes (*funes*) couvertes de cire ou de suif. Tous les magistrats qui portaient la *toga prætexta* et parmi eux les édiles curules avaient droit à cet honneur (5).

6° Le *tibicen*. — Enfin, une dernière distinction particulière aux édiles curules et à tous les magistrats qui pouvaient revêtir la *toga prætexta* était le droit de se faire précéder par un joueur de flûte (*tibicen*) (6).

---

(1) De Longpérier, *l. c.*, Pl. XVII, fig. 9. — (2) Dezobry, *l. c.*, p. 57 ; Anth. Rich, *Dict. des ant. rom. et gr.*, v° *Toga* 1 et 2 ; Mommsen, I, p. 402-404. — (3) Cic., *Verr.*, II, 5, 14. — (4) Festus, v° *Mullei* ; Borghesi, *Œuvr. compl.*, VI, p. 407-409 ; Anth. Rich, *Dict. des ant. rom. et gr.*, v^is *Calceus* 2, *Luno, Lunatus* ; Heuzey (*Dict. ant.*, v° *Calceus*) ; Mommsen, I, p. 407-408 ; Willems, *Le Sénat*, I, p. 123-128. — (5) Saglio (*Dict. ant.*, v° *Cera*) ; Mommsen, I, p. 408-409. — (6) Mommsen, I, p. 409.

## SECTION VI

L'étude des prérogatives attachées à l'édilité ne peut être complète que si l'on y ajoute un exposé des honneurs dont jouissaient les édiles à leur sortie de charge, et qui étaient la conséquence immédiate de la gestion de cette magistrature. Le principal avantage que les édiles retiraient de leur magistrature, disons-le de suite, était l'accès des plus hautes dignités de la République ; on n'y parvenait en effet régulièrement qu'après avoir parcouru tous les degrés dans la série des charges.

Voici quels étaient les honneurs et prérogatives qui appartenaient aux édiles à l'issue de leur magistrature :

1° *Récompenses publiques*. — Les magistrats qui avaient accompli leurs fonctions avec dévouement et qui avaient signalé leur passage aux affaires par des services éminents, recevaient quelquefois des récompenses exceptionnelles comme témoignage officiel de l'admiration et de la reconnaissance publiques. C'est ainsi que, pour célébrer les bienfaits d'un édile, le peuple érigea en son honneur, par une cotisation volontaire, une colonne surmontée d'un bœuf doré (1). D'autres fois, on élevait des statues aux magistrats ; l'édile Trébius qui avait fait de généreuses distributions de blé, reçut cet honneur, et lorsqu'il mourut, le peuple transporta lui-même son corps au bûcher (2).

Une autre fois, un sénatus-consulte décida, pour honorer la mémoire d'un édile de la plèbe et rappeler le souvenir de ses bienfaits, qu'un monument funèbre serait élevé aux frais

(1) Tit. L., IV, 16. — (2) Plin., *Hist. nat.*, XVIII, 4.

de l'État pour lui et pour sa postérité. C'est ce que rappelle l'inscription suivante :

G. POBLICIO L. F. BIBVLO AED PL. HONORIS
VIRTVTISQVE CAVSSA SENATVS
CONSVLTO POPVLIQ. IVSSV LOCVS
MONVMENTI QVO IPSE POSTEREIQVE
EIVS INFERRENTVR PVBLICE DATVS EST (1).

2° *Jus sententiæ dicendæ.* — Le *jus sententiæ dicendæ* était le droit conféré à des magistrats sortant de charge d'exercer les droits sénatoriaux jusqu'à la prochaine révision de la liste sénatoriale, et, à ce titre, de dire leur avis sur les questions soumises au sénat. Mais l'exercice de ce droit ne les instituait pas sénateurs ; il était simplement la conséquence des charges qu'ils avaient gérées au nom du peuple romain (2). Aussi la formule traditionnelle pour convoquer les membres du sénat était-elle : *Senatores quibusque in senatu sententiam dicere licet* (3).

De tout temps, la gestion d'une magistrature curule a conféré au titulaire sorti de charge le droit de siéger au sénat. Les édiles curules avaient donc le *jus sententiæ dicendæ* jusqu'au moment où la première révision de la liste sénatoriale par l'autorité compétente leur enlevait l'exercice des droits sénatoriaux ou les faisait entrer dans le sénat comme membres effectifs, ainsi que nous le verrons tout à l'heure.

Mais le *jus sententiæ dicendæ* était, dans l'origine, refusé aux magistrats non curules, par conséquent aux magistrats plébéiens, tels que édiles de la plèbe, tribuns de la plèbe, questeurs. Il ne leur fut attribué que plus tard. Cette extension du *jus sententiæ* était, paraît-il, un fait accompli à l'époque qui a suivi immédiatement la dictature de Sylla. Le *plebiscitum Atinium* l'avait conféré aux tribuns du peuple entre les années 120 et 115 avant J.-C. ; la *lex Cornelia de XX quæstoribus* le conféra aux questeurs en 81 avant J.-C. A quelle

(1) Orelli, 4698. — (2) Aul. G., III, 18. — (3) Festus, v° *Senatores.*

époque les édiles de la plèbe avaient-ils acquis ce même droit? Il est difficile de le préciser, mais nous pouvons au moins donner une date relative.

D'abord, remarquons que les édiles plébéiens, anciennement au-dessous des tribuns de la plèbe dont ils étaient les auxiliaires, avaient, dès le IIIe siècle avant J.-C., pris le pas sur eux, dans l'ordre des magistratures, et suivaient immédiatement les édiles curules. Aussi semble-t-il nécessaire *a priori* que l'édilité de la plèbe ait, de toutes les magistratures non curules, conféré la première le *jus sententiæ*.

Nous ignorons quand et par quelle loi l'édilité de la plèbe acquit le *jus sententiæ;* mais ce que nous savons, c'est qu'en 123 ou 122 avant J.-C., l'édilité de la plèbe conférait déjà le *jus sententiæ*, tandis que le tribunat et la questure ne le conféraient pas encore. En effet, la *lex Acilia repetundarum,* de 123 ou 122 avant J.-C., désignant les citoyens parmi lesquels il était défendu au préteur de choisir les jurés pour les *quæstiones,* faisait porter cette exclusion sur deux catégories de citoyens ; la première était composée d'un certain nombre de magistrats, la seconde comprenait tous les citoyens qui siégeaient au sénat (1), ces derniers se trouvant exclus conformément à la *lex Sempronia* de l'an 123. Or, les magistratures curules et l'édilité de la plèbe entraînaient l'incapacité d'être membre du jury de la *quæstio*. Nous ne les trouvons pas portés dans l'énumération de magistrats de la *lex Acilia;* c'est donc qu'ils étaient compris dans le terme *queive in senatu siet fueritve*. Nous en concluons que les édiles de la plèbe avaient, dès 123 ou 122, le droit de siéger au sénat comme les édiles curules. Au contraire, nous trouvons inscrits, au nombre des magistrats non sénateurs, les tribuns et les questeurs qui n'eurent le même droit que plus tard (2).

Sous l'Empire, on vit aussi certains personnages siéger au sénat avec le titre d'*ædilitii* sans avoir jamais été édiles. Le prince concédait parfois à un citoyen, par une faveur toute spéciale et en dehors des règles ordinaires, le droit de prendre

---

(1) *Lex Acilia rep.*, l. 16 (*Corp. inscr. lat.*, I, p. 59). — (2) Willems, *Le Sénat*, I, p. 225-234.

place au sénat, avec le rang de préteur, de tribun, d'édile ou de questeur. Le citoyen investi de l'honneur de siéger au sénat comme édile était appelé *œdilis adlectus* (1). Quelquefois aussi, le sénat, de concert avec le prince, accordait seulement les *ornamenta* ou *insignia œdilitia*, sans que cette distinction entraînât nécessairement le droit de siéger au sénat (2).

3º *Droit d'être porté sur l'album senatorium.* — De tout temps, avons-nous dit, le citoyen qui avait géré une magistrature curule, obtenait le droit de siéger au sénat. Pour priver l'édile curule de ses droits sénatoriaux, il fallait un motif d'exclusion grave ; aussi, à la première révision de la *lectio senatus*, l'ex-édile curule était-il inscrit sur la liste sénatoriale (3).

Entre les années 318 et 312 avant J.-C., le *plebiscitum Ovinium* transféra aux censeurs la *lectio senatus*, ou rédaction de la liste sénatoriale, qui avait jusque-là appartenu de droit aux consuls, dictateurs et tribuns consulaires. Ce plébiscite prescrivit en même temps aux censeurs *ut ex omni ordine optimum quemque in senatu legerent* (4), c'est-à-dire de composer le sénat, en choisissant parmi tous les ordres des anciens magistrats, jusques et y compris l'ordre des *quæstorii* (5). Les ex-édiles de la plèbe eurent donc, à partir de cette époque, le droit d'être portés sur la liste sénatoriale, aussi bien que les édiles curules.

Lorsqu'un ex-magistrat exerçait déjà les droits sénatoriaux en vertu du *jus sententiæ*, il était assimilé au sénateur effectif ; aussi, lorsqu'il n'était pas inscrit sur l'*album senatorium*, il était considéré comme exclu du sénat. Il suffisait de l'avis favorable d'un seul censeur pour maintenir un sénateur, tandis qu'il fallait la volonté concomitante des deux pour accorder les droits sénatoriaux à un non-sénateur (6). L'extension du *jus sententiæ* aux édiles plébéiens eut donc pour ces magistrats une grande importance puisque la protection d'un seul

---

(1) Gruter, 318, 7. — (2) Humbert (*Dict. ant.*, vº Adlectio I). — (3) Willems, *l. c.*, p. 64, 65, 89 et 90. — (4) Festus, vº *Prœteriti senatores.* — (5) Willems, *Le Sénat*, I, p. 153-173. — (6) Mommsen, II, p. 413 et s.

censeur devenait dès lors suffisante pour les maintenir au sénat.

Les censeurs excluaient les anciens édiles de la liste sénatoriale, lorsqu'ils avaient commis, dans leur vie privée ou publique, des infractions au *mos majorum*. Les censeurs étaient en effet en quelque sorte les gardiens des mœurs publiques, et toute latitude leur était laissée pour écarter les magistrats qui ne les avaient pas respectées (1).

Les anciens édiles qui siégeaient au sénat, soit qu'ils n'eussent encore que le *jus sententiæ*, soit qu'ils eussent été définitivement portés sur la liste sénatoriale, y occupaient un rang correspondant à celui qui leur était assigné dans la série des charges. Aussi, lorsque les auteurs anciens énumèrent les différentes catégories de sénateurs, ils les classent toujours d'après leur rang dans les dignités. C'est ainsi que Tite-Live mentionne parmi les Romains tués à la bataille de Cannes : « *Consulares quidam prætoriique et ædilitii... octoginta præterea aut senatores aut*, etc. (2) » De même, Eutrope, citant les principaux citoyens qui avaient péri dans la guerre civile entre Marius et Sylla, dit : « *Viros consulares XXIV, prætorios VII, ædilitios LX, senatores fere CC* (3). » Ceux que nous voyons désignés dans ces deux passages par le simple titre de *senatores* étaient les sénateurs non-curules, appelés aussi *pedarii*. Les différentes énumérations de la série des sénateurs, parvenues jusqu'à nous, ne distinguent pas toujours entre l'édilité curule et l'édilité plébéienne. Mais toutes les fois que la distinction est faite, l'édilité curule précède l'édilité plébéienne (4). C'est qu'en effet les édiles curules étaient le dernier ordre des sénateurs curules, et les édiles de la plèbe étaient le premier ordre des sénateurs pédaires. Le président du sénat demandait l'avis des sénateurs en observant les rangs de classement de la liste sénatoriale (5).

*4° Droit de parvenir aux honneurs supérieurs.* — L'édilité curule et l'édilité de la plèbe ouvraient la voie aux honneurs

---

(1) Willems, *Le Sénat*, I, p. 245-246. — (2) Tit. L., XXII, 49. — (3) Eutrope, V, 6. — (4) *Lex Jul. mun.*, l. 24 (*Corp. inscr. lat.*, I, p. 120). — (5) Aul. G., XIV, 7.

supérieurs. Ceux qui avaient géré l'une ou l'autre de ces magistratures devenaient généralement préteurs, puis consuls ; quelquefois encore ils pouvaient s'élever à différentes autres fonctions. L'histoire de Rome en fournit de nombreuses preuves, comme nous allons le montrer.

De 366 avant J.-C., date de la création de l'édilité curule, à 331, nous ne connaissons les noms que de quatre édiles curules. Ceux de l'année 366 sont devenus plus tard, l'un dictateur, *magister equitum*, puis consul, l'autre *magister equitum* et censeur ; celui de 364, consul seulement ; celui de 331, *magister equitum*, consul, puis dictateur (1).

Nous trouvons plus tard le nom d'un ancien édile curule devenu censeur en 312, consul en 307. Les consuls des années 298, 293, 283 avaient aussi été édiles curules. De 299 à 295, sur 4 édiles curules, 3 sont devenus ensuite consuls. Les consuls des années 259 et 216 avaient aussi été édiles curules (2).

Des 24 édiles curules patriciens dont nous ayons conservé les noms entre les années 215 à 187 avant J.-C., 17 sont arrivés au consulat, 4 à la préture seulement, 3 n'ont pas dépassé l'édilité ; mais parmi ces derniers, l'un est devenu sénateur et pontife, et un autre tribun militaire. Des 25 édiles curules plébéiens que nous connaissons parmi ceux qui ont géré cette magistrature pendant la même période environ, c'est-à-dire de 216 à 182, 16 ont été consuls, 8 préteurs seulement, un seul n'a pas dépassé l'édilité ; et si ce dernier n'est pas parvenu aux honneurs supérieurs, on peut en trouver le motif dans ce fait que ses scribes et ses *viatores* furent condamnés pour un vol de deniers publics et que leur infamie vint le flétrir lui-même (3).

Nous ne voulons pas pousser plus loin cet exposé des différentes magistratures qui étaient occupées par les édiles curules postérieurement à la gestion de l'édilité. Nous croyons avoir démontré par un nombre d'exemples suffisants que l'édilité curule préparait l'accès de la préture et du consulat.

---

(1) Willems, *Le Sénat*, I, p. 90 bis. — (2) Willems, *l. c.*, p. 94. — (3) Willems, *l. c.*, p. 372-375 ; Tit. L., XXX, 39.

Nous allons montrer maintenant que l'édilité de la plèbe permettait aussi l'obtention des mêmes dignités, au moins le plus fréquemment. Si en effet nous envisageons, par exemple, la période écoulée entre les années 216 et 185 avant J.-C., nous remarquons que sur 39 édiles de la plèbe qui nous sont connus (en laissant de côté deux d'entre eux qui passèrent de l'édilité plébéienne à l'édilité curule), 9 arrivèrent au consulat, 23 à la préture seulement et 7 ne dépassèrent pas l'édilité (1).

Du reste, si tous les édiles, soit curules, soit plébéiens, ne parvenaient pas jusqu'au consulat, on pouvait l'attribuer aux causes suivantes :

1° L'ex-édile pouvait décéder avant d'avoir eu le temps de briguer le consulat.

2° Le nombre des édiles était de beaucoup supérieur à celui des consuls. Très-fréquemment en effet le consulat était conféré plusieurs fois de suite à des généraux qui avaient remporté des victoires. Rarement au contraire l'édilité était gérée deux fois par le même citoyen.

3° La *patrum auctoritas* (2) avait pu être refusée par le sénat à l'ex-édile qui voulait se porter candidat aux magistratures élues par les comices centuriates, comme la préture et le consulat. Ce fut probablement pour cette cause que Cn. Flavius et Q. Anicius, édiles curules en 304 avant J.-C., ne parvinrent pas à ces magistratures (3).

Le délai après lequel l'ancien édile pouvait devenir préteur ne fut pas toujours le même.

Si d'abord nous recherchons quel intervalle séparait ordinairement la gestion de l'édilité curule de celle de la préture, nous trouvons que l'un des édiles de 215 et les deux édiles de 214 sont arrivés immédiatement à la préture. Mais

---

(1) Willems, *l. c.*, p. 378-380. — (2) La *patrum auctoritas* était la ratification que le sénat devait donner aux élections faites par les comices centuriates pour qu'elles fussent valables ; elle suivit d'abord l'élection jusqu'à ce que la *Lex Mænia*, portée probablement en 338 avant J.-C., ordonnât de faire précéder la *patrum auctoritas* « *in incertum comitiorum eventum* » (Willems, *Dr. publ.*, p. 171-172). — (3) Plin., *Hist. nat.*, XXXIII, 6 ; Willems, *Le Sénat*, I, p. 93.

il semble qu'à dater de 209, un intervalle d'au moins un an ait été prescrit, car parmi 29 édiles curules qui ont exercé leur charge entre les années 209 et 182, et qui ont obtenu ensuite la préture, 25 y sont arrivés après l'intervalle d'un an, 3 après l'intervalle de deux ans, un après un intervalle de quinze ans. En 180, fut portée la *lex Villia annalis* qui introduisit l'intervalle de deux ans, ou *biennium,* entre la gestion de deux magistratures patriciennes ordinaires ; aussi, à partir de cette époque, la préture ne put-elle être gérée que deux ans après l'édilité curule (1).

Les édiles de la plèbe, durant la période qui a précédé la *lex Villia,* paraissent avoir pu briguer la préture dès l'expiration de leur magistrature. En effet, sur 32 édiles de la plèbe qui ont exercé leur charge entre les années 213 et 185 avant J.-C. et qui sont parvenus préteurs, 17 l'ont été sans qu'il se soit écoulé aucun délai entre les deux magistratures ; pour la plupart des autres, l'intervalle a varié entre un et cinq ans (2). Il est probable que la *lex Villia* changea peu leur situation, car le *biennium* introduit par cette loi ne s'appliquait pas entre les magistratures plébéiennes (3) ; tout au plus, cette loi put-elle imposer aux anciens édiles de la plèbe qui briguaient la préture l'observation d'un délai nécessaire aux formalités de la candidature.

Rarement, les anciens édiles de la plèbe briguaient, à leur sortie de charge, l'édilité curule. Cependant, on peut citer le double exemple de C. Servilius et de Q. Cæcilius Metellus qui, édiles de la plèbe en 209 avant J.-C. (4), furent édiles curules l'année suivante (5).

Il était également très-rare que l'édilité curule fut gérée deux fois de suite par la même personne. Cependant, Appius Claudius fut deux fois édile curule, comme cela résulte de son *Elogium* inscrit sur une table de marbre (6).

---

(1) Willems, *Le Sénat,* I, p. 372-376. — (2) Willems, *l. c.,* p. 378-379. — (3) Mommsen, I, p. 515. — (4) Tit. L., XXVII, 21. — (5) Tit. L., XXVII, 33 et 36. — (6) *Corp. inscr. lat.,* p. 287, Elogium XXVIII.

# CHAPITRE IV

## Des attributions des édiles.

Nous avons exposé les différents pouvoirs qui appartenaient aux édiles, et nous avons montré qu'à part certains pouvoirs exceptionnels, comme le commandement des armées, ils embrassaient entre leurs mains la presque totalité de la puissance publique; nous avons fait observer que, du reste, si leur autorité se trouvait sur quelques points limitée, cette limitation provenait de ce que leurs attributions n'étaient pas générales, mais réduites à la connaissance de certaines parties déterminées de l'administration publique, et n'impliquait nullement qu'ils eussent reçu une délégation moindre de la puissance souveraine du peuple. C'est cette sphère de l'activité des édiles qu'il nous faut maintenant chercher à délimiter; dans chaque branche d'affaires qui ressortissait à leur compétence, nous verrons qu'ils mettaient en action les différents pouvoirs dont ils jouissaient, et les appliquaient tour à tour selon les nécessités de leurs fonctions. Afin d'apporter plus de méthode dans l'exposé des attributions des édiles, nous grouperons en plusieurs sections les différentes matières administratives ou de police dont la connaissance leur appartenait.

Nous désignerons souvent des groupes d'attributions particulières aux édiles par l'expression de *police*, et ce terme sera employé dans l'intitulé de plusieurs sections de ce chapitre. Nous disons plus; à part deux ou trois sections peut-être, toutes les autres auraient pu rigoureusement recevoir cette dénomination de fonctions de police. C'est qu'en effet les fonctions des édiles étaient principalement des fonctions de police.

Mais nous devons expliquer ce que nous entendons ici par le mot police. Ce n'est d'une manière exclusive ni ce que nous appelons aujourd'hui la *police administrative*, ou police préventive, qui tend à maintenir l'ordre public et la sûreté individuelle ; ni la *police judiciaire* qui recherche les délits que la police administrative n'a pu empêcher de commettre, et en livre les auteurs aux tribunaux chargés par la loi de les punir. C'est tout cela, et plus encore ; c'est à la fois la police administrative et judiciaire, jointe à l'exercice de pouvoirs de l'ordre législatif et judiciaire. Nous entendons donc ici par police (*cura*) l'application à certaines matières de l'ensemble des pouvoirs des édiles, dans un but de surveillance et de répression.

## SECTION Iʳᵉ

### SÉCURITÉ PUBLIQUE ET POLICE GÉNÉRALE

La principale préoccupation des édiles devait être de veiller à la sûreté publique, et pour cela de procéder à la recherche et à l'arrestation des voleurs, malfaiteurs et criminels de toutes sortes. En voici un exemple :

En 424 de Rome, la mortalité avait augmenté d'une façon inquiétante, et un grand nombre de citoyens éminents avaient péri victimes de maladies dont les symptômes rappelaient ceux de l'empoisonnement. Aidé par les dénonciations d'une esclave, l'édile curule Fabius Maximus découvrit que la cause de cette mortalité était due à la perversité de femmes qui, malgré leur qualité de matrones romaines, s'attaquaient à la vie des principaux citoyens ; vingt matrones environ, chez qui on avait trouvé des poisons cachés, furent saisies par le viateur de l'édile, et cette première capture fut suivie d'un nombre d'arrestations bien plus grand encore, car il y eut cent soixante-dix matrones condamnées pour participation à ce crime (1).

Les édiles surveillaient aussi les charlatans qui trouvaient à Rome un grand crédit auprès des superstitieux. Ainsi Agrippa, étant édile, bannit de Rome les astrologues et les magiciens (2). C'étaient sans doute des disciples des anciens Chaldéens qui, moyennant une bonne rémunération, prétendaient prédire l'avenir d'après le cours des astres et dressaient des horoscopes merveilleux sur les événements heureux ou malheureux réservés à ceux qui venaient les consulter (3).

Nous voyons par cet exemple que les édiles cherchaient à protéger la crédulité publique contre les manœuvres de la magie et du mensonge ; cependant eux-mêmes ont appliqué souvent des dispositions législatives empreintes de la superstition la plus grossière. Ainsi, Sp. Albinus, édile curule, cita devant le peuple un affranchi dont les récoltes étaient plus abondantes que celles de ses voisins, en l'accusant d'attirer les moissons par des sortilèges; la loi des Douze Tables en effet déclarait coupable celui qui, par enchantement, avait flétri les récoltes ou les avait attirées d'un champ dans un autre (4). Mais l'accusé ayant apporté sur la place publique tous ses instruments de labour, de forts hoyaux, des socs pesants, des outils solides et bien faits, et ayant amené ses bœufs robustes et ses gens de service vigoureux, s'adressa au peuple en ces termes empreints d'une éloquence naïve et d'une simplicité rustique : « Romains, dit-il, voici mes sortilèges ; que ne puis-je aussi vous « montrer ou amener sur cette place mes fatigues, mes veilles et « mes sueurs ! » Il fut absous d'une voix unanime (5). Le bon sens triomphait, dans cette décision du peuple, sur les vains préjugés de la superstition. Mais il n'en était pas toujours ainsi ; les esprits des Romains étaient facilement accessibles aux idées de merveilleux, et nous savons que tout ce qui paraissait tenir du prodige (*prodigium*, *portentum*) était l'objet de la persécu-

---

(1) Tit. L., VIII, 18. — (2) Dio Cass., XLIX, 43. — (3) Lenormant (*Dict. ant.*, vᵒ *Chaldæi*). — (4) *Qui fruges excantasset... eve alienam segetem pellexeris* (Ortolan, I, p. 115). — (5) Plin., *Hist. nat.*, XVIII, 8 ; Mommsen, II, p. 483.

tion des édiles (1). Le poète Martial, raillant la faiblesse d'une femme qui cherchait à réparer les outrages du temps par un fard trompeur, lui décoche ce trait moqueur :

Audiat ædilis ne te videatque caveto ;
Portentum est quoties cæpit imago loqui.

« Prends garde que l'édile ne t'entende ou ne te voie ; un portrait qui parle, c'est un prodige. »

Parmi les attributions générales des édiles, nous pouvons ranger la surveillance qu'ils exerçaient sur l'application des lois prohibitives ou restrictives de l'intérêt (*usura*). Nous avons de nombreux exemples de jugements prononcés contre des usuriers, sur la poursuite des édiles (2). D'après la loi des Douze Tables, l'intérêt de l'argent ne pouvait excéder une once, c'est-à-dire un douzième du capital par an (*unciarium fœnus*) ; la peine contre l'usurier qui dépassait cet intérêt était du quadruple (3).

C'est probablement aussi en raison de leurs attributions de police générale que les édiles surveillaient l'application des lois sur l'*ager publicus* et sur les pâturages publics.

En 376 avant J.-C., Licinius Stolo, dans le but de favoriser la division du sol, et de substituer pour la culture les hommes libres aux esclaves, fit rendre une loi célèbre d'après laquelle nul ne pouvait posséder plus de cinq cents *jugera* des terres du domaine public, ni envoyer plus de cent têtes de gros bétail et cinq cents de petit sur les pâturages publics. Parmi les autres dispositions de cette loi devait se trouver aussi l'injonction aux fermiers du domaine d'avoir à payer exactement leurs dîmes ou redevances. Les édiles avaient été chargés de faire respecter ces prescriptions de la loi agraire et d'intenter des poursuites contre tous ceux qui ne les auraient pas observées.

Les Romains, toujours experts lorsqu'il s'agissait de frauder la loi, trouvèrent le moyen d'éluder la première disposition de

---

(1) Mommsen, II, p. 498. — (2) Tit. L., VII, 28 ; X, 23 ; XXXV, 41 ; Mommsen, II, p. 483. — (3) Ortolan, I, p. 117.

la loi Licinienne sans la violer ouvertement. Ils faisaient des cessions fictives de terres, soit à des parents, soit à des amis, de manière à ne paraître conserver que l'étendue de terres autorisée par la loi, tandis qu'en réalité ils en conservaient bien davantage. Le premier exemple de la violation de cette loi fut donné par son auteur lui-même, Licinius Stolo (1). En 296, les édiles mirent en jugement un grand nombre de citoyens, parce qu'ils possédaient plus de terre que la loi ne le permettait ; et ils furent presque tous condamnés, nous dit Tite-Live, ce qui devint un frein puissant aux envahissements de la cupidité (2).

De même, Tite-Live cite également un certain nombre de condamnations que les édiles avaient prononcées ou fait prononcer contre les fermiers des pâturages publics, soit qu'ils eussent laissé paître sur les terres publiques plus de troupeaux que leur droit ne le comportait, soit qu'ils eussent négligé d'obtempérer à toute autre injonction de la loi Licinienne (3).

Enfin, nous rattachons aux attributions de police générale des édiles la surveillance qu'ils exerçaient sur les écrits qui se publiaient à Rome, et les mesures d'exécution auxquelles ils procédaient en cette matière sur l'ordre des magistrats supérieurs. Ainsi, Germanicus, ayant appris que des libelles diffamatoires avaient été composés contre quelques citoyens, fit rechercher ceux de ces ouvrages qui existaient à Rome et les fit brûler par les édiles (4). De même, sous le règne de Tibère, un certain Cremutius Cordus, poursuivi par la haine implacable de Séjan, fut contraint de se donner la mort, et on ordonna aux édiles de brûler ses écrits, parce que, dans une histoire d'Auguste qu'il avait autrefois composée, et qu'Auguste cependant avait lue lui-même, il avait

---

(1) Tit. L., VII, 16. — (2) Tit. L., X, 13. — (3) Tit. L., X, 23, 47 ; XXXIII, 42 ; XXXV, 10 ; Mommsen, II, p. 484 ; Cf. Ovid., *Fast.*, V, 283-290. — Sur la *Lex Licinia* : Giraud, *Droit de propriété*, I, p. 159 et s.; Dureau de la Malle, *Écon. pol. des Romains*, I, p. 235 ; I, p. 258 ; Macé, *Lois agraires*, p. 203 et s.; Laboulaye, *Des lois agraires (Rev. de législ.*, 1846, II, p. 385) ; Humbert (*Dict. ant.*, vᵢˢ *Ager publicus, Agrariæ leges*). — (4) Dio Cass., LVI, 27.

loué Cassius et Brutus et blâmé le sénat et le peuple, et que, sans dire aucun mal de César ni d'Auguste, il ne les avait pas exaltés (1).

## SECTION II

### POLICE DU CULTE

Chez les Romains, la religion se mêlait intimement à la politique, non point pour la dominer ou pour lui disputer le pouvoir, car les sacerdoces ne constituaient pas une caste séparée, mais pour contribuer avec elle à l'administration de la chose publique. Les sacerdoces, le commandement et la politique, tout était confondu : l'augure pouvait dissoudre les assemblées publiques, le magistrat avait le droit de consulter les auspices, les fonctions sacerdotales pouvaient être cumulées avec les magistratures. Il y avait en un mot une alliance nécessaire entre le culte et le gouvernement, tour à tour protecteurs et protégés à l'égard l'un de l'autre. Aussi, lorsque la plèbe eut conquis le droit de participer au pouvoir politique par l'accès aux magistratures, elle comprit que sa victoire demeurerait incomplète, si elle ne revendiquait pas en outre sa part dans le pouvoir religieux qui avait été jusque-là le privilège des familles patriciennes ; et elle réclama le partage du pontificat entre les deux ordres.

Cette union du culte et de l'État était la conséquence des anciennes croyances légendaires qui se rattachaient à la fondation de Rome. L'emplacement de la ville avait été choisi conformément aux indices fournis par les dieux eux-mêmes; ces dieux furent les dieux protecteurs de la cité. Romulus le premier éleva un autel, et y alluma du feu; ce fut le foyer de la cité. Ainsi s'était formé le culte national de Rome, qu'il importait de perpétuer pour que les dieux ne cessassent pas de protéger la ville.

(1) Dio Cass., LVII, 24.

Le soin de défendre la religion nationale ( *patr ritus, sacra publica, focus publicus*) contre l'invasion des religions et des superstitions étrangères appartenait au sénat et aux magistrats, notamment aux édiles (1).

Les édiles devaient veiller à ce qu'on n'adorât que les dieux de Rome, à ce qu'on ne leur rendît d'autre culte que le culte national. « *Datum inde negotium œdilibus*, lisons-nous dans » Tite-Live, *ut animadverterent, ne qui, nisi romani dii, neu* » *quo alio more, quam patrio, colerentur* (2). » Si l'autorité des édiles était méconnue et si leurs efforts étaient impuissants pour vaincre l'opiniâtreté des novateurs, alors le sénat déléguait à un magistrat supérieur, comme le préteur de la ville, un pouvoir extraordinaire à l'effet d'enrayer le mal (3).

Ce furent encore les édiles qui furent chargés, en 566 de Rome, de réprimer ces trop fameuses fêtes orgiastiques du culte de Bacchus, que Tite-Live a qualifiées de conjurations clandestines. Les Bacchanales avaient été introduites en Étrurie d'abord, à Rome ensuite, par un Grec de basse condition, sans doute un de ces individus sans aveu qui faisaient le métier de devin ambulant. Sous prétexte de célébrer les mystères dionysiaques, tout ce qu'il y avait à Rome de femmes impudiques et d'hommes perdus de débauches se réunissait en secret pour se livrer aux plus abominables orgies et pour commettre, à la faveur des ténèbres de la nuit, les crimes les plus audacieux. Ces honteuses associations ayant été découvertes, les consuls ordonnèrent aux édiles curules de rechercher tous les ministres de ce culte, de les faire arrêter et de les retenir, sans toutefois les traiter comme prisonniers, pour être interrogés en temps et lieu ; et aux édiles de la plèbe, de veiller à ce qu'il ne se fît aucun sacrifice secret (4). Un grand procès fut organisé qui comprit sept mille accusés et amena de nombreuses condamnations capitales. En même temps, le sénat rendit un sénatus-

---

(1) Mommsen, II, p. 498. — (2) Tit. L., IV, 30. — (3) Tit. L., XXV, 1. — (4) Tit. L., XXXIX, 14.

consulte resté célèbre qui interdit les Bacchanales sous les peines les plus sévères (1).

## SECTION III

### POLICE DES MŒURS

Le luxe romain, qui devait atteindre dans les premiers siècles de l'Empire un si scandaleux développement, avait déjà pris sous la République des proportions si exorbitantes que l'Etat s'était alarmé des déréglements qui en étaient résultés et avait essayé à plusieurs reprises d'imposer un frein au débordement d'une somptuosité corruptrice. Un certain nombre de lois, dites lois *somptuaires*, furent successivement rendues ; elles tendaient principalement à limiter le luxe de la table, celui de l'habillement et de la parure, celui de l'ameublement, celui des esclaves et des maisons de campagne (2). Les édiles étaient chargés de veiller à leur exécution. Mais ces lois étaient impuissantes à déraciner ce goût immodéré du luxe qui avait pénétré si profondément dans les mœurs ; aussi Tibère, tout en louant le zèle avec lequel les édiles s'acquittaient de leurs fonctions, ne voulut point poursuivre l'exécution de certaines lois contre le luxe des festins, ouvertement et impunément violées, disant qu'il valait mieux fermer les yeux sur ces désordres, que de tenter des réformes qui seraient demeurées sans succès (3). Les édiles cessèrent à partir de cette époque de surveiller le luxe ; les lois somptuaires devenaient lettre morte.

---

(1) Ti. L., XXXIX, 8-19; *Corp. inscr. lat.*, I, p. 43-44; Lenormant (*Dict. ant.*, v° *Bacchanalia*). — (2) On trouve de très-curieux détails sur le luxe romain dans : Dezobry, *Rome au siècle d'Aug.*, III, p. 509-529; IV, p. 1-15; Friedlænder, *Civilisation et mœurs romaines du règne d'Auguste à la fin des Antonins*, trad. par Vogel, III, p. 3-160. — (3) Tac., *Ann.*, III, 52-55; Mommsen, II, p. 493.

Les édiles surveillaient aussi les auberges et cabarets (*po-pina*) et interposaient leur autorité toutes les fois qu'il s'y produisait du tapage ou du scandale (1). L'empereur Tibère jugea convenable de charger les édiles de contenir à tel point les cabarets et mauvais lieux, qu'ils ne permissent pas même d'y exposer en vente de la pâtisserie (2). Nous ne pouvons savoir si le motif de cette prescription était de protéger la santé pu-blique, ou si, au contraire, la pâtisserie romaine était à ce point exquise que les lois somptuaires l'eussent considérée comme un objet de luxe capable d'amollir les mœurs ; aussi avouons-nous que l'opportunité de cette mesure nous a échappé totalement. Non moins déraisonnable nous semble cette déci-sion de l'empereur Claude qui enleva aux édiles la surveillance des cabarets, parce que l'un d'eux avait puni ses fermiers qui, contre les règlements, vendaient des mets cuits, et, de plus, qu'il avait fait fouetter de verges l'intendant qui intervenait pour eux (3).

Mais, ce qui nous semble avoir eu plus de raison d'être, c'est que les édiles recherchaient dans les cabarets les indi-vidus qui s'y livraient à des jeux de hasard, et leur infligeaient des châtiments sévères (4). On avait en effet rendu, sous la République, une loi que Plaute qualifie de *lex talaria*, c'est-à-dire loi touchant le jeu de dés ; elle prohibait les jeux de hasard et portait contre les infracteurs une peine du quadru-ple des valeurs engagées. Il paraît que cette loi cessait de s'appliquer pendant le temps des Saturnales. En outre, l'édit du préteur contenait, contre ceux qui tenaient des maisons de jeu ou offraient un refuge aux joueurs, des dispositions sévères que les édiles devaient faire appliquer (5). Lorsque c'étaient des esclaves qui étaient saisis agitant le cornet à dés (*fritillus*), ils étaient punis avec une excessive rigueur, car les édiles les faisaient précipiter dans un cloaque (6).

Enfin, pour compléter l'énumération des lieux dont les édiles avaient la surveillance, il faut ajouter les maisons de

(1) Mommsen, II, p. 499. — (2) Suet., *Tib.*, 34. — (3) Suet., *Claud.*, 38. — (4) Martial, V, 84; Mommsen, II, p. 499, n. 4. — (5) Humbert (*Dict. ant.*, v° *Alea*). — (6) Martial, XIV, 1.

prostitution (1), *loca œdilem metuentia,* dit Sénèque (2). Il ne
conviendrait point au caractère de notre étude sur l'édilité d'in-
sister trop longuement sur le sujet de la prostitution, tristement
célèbre pourtant dans les annales de Rome; aussi n'en dirons-
nous que ce qui sera nécessaire pour préciser les attributions des
édiles sur ce point. Les courtisanes, pour avoir le droit d'exercer leur profession, étaient obligées de venir faire enregistrer
leurs noms sur des registres que tenaient à cet effet les édiles (3). « Nos ancêtres, dit Tacite, avaient prescrit cette décla-
» ration, parce qu'ils croyaient que les impudiques seraient
» assez punies par l'aveu même de leur honte (4). » Toutes
celles qui voulaient se soustraire à cette humiliante déclaration étaient poursuivies par les édiles, qui les accusaient
devant le peuple et les faisaient condamner à des amendes
ou au bannissement; la discipline antique ne tolérait pas que
les femmes alliassent les bénéfices du libertinage avec la dignité de matrone (5). Cette flétrissure publique imposée par la
loi fut tout d'abord suffisante pour retenir toutes celles qui
n'étaient pas la lie du peuple. Mais la corruption devint plus
tard si grande que des femmes d'un rang élevé ne rougis-
saient pas, pour satisfaire leurs passions désordonnées, de
solliciter des édiles leur inscription sur le registre de honte
et d'infamie, et de souiller ainsi les noms des plus illustres
familles romaines. Cette dépravation des hautes classes de la
société romaine était telle que, sous le règne de Tibère, on
dut rendre un sénatus-consulte pour défendre le métier de
courtisane à toute femme qui avait pour aïeul, pour père ou

---

(1) Mommsen, II, p. 484 et 500. — (2) Sen., *De vita beata,* 7. — (3) Il faut
remarquer que les courtisanes devaient venir se déclarer chez les édiles; car
il était interdit à ces magistrats, gardiens de la morale publique, d'entrer
dans la demeure de femmes de mauvaise vie, sous peine de souillure. Aussi
les tribuns défendirent-ils à l'édile curule Hostilius Mancinus de citer devant le
peuple une courtisane qui l'avait blessé à la tête, en lui jetant une pierre pour
l'empêcher d'entrer chez elle de force. (Aul. G., IV, 14.) — (4) Tac., *Ann.,* II,
85. — (5) Tit. L., XXV, 2; Tac., *Ann.,* II, 85. — Fabius Gurges, étant édile
curule, condamna à l'amende diverses dames qui s'étaient déshonorées, et de
l'argent provenu de ces amendes, il fit bâtir un temple à Vénus (Tit. L.,
X, 31).

pour mari un chevalier romain (1). Aucune turpitude ne fut
inconnue à cette société dégénérée qui donna l'exemple de
tous les vices après avoir donné celui de toutes les vertus et
de toutes les grandeurs : les palais des empereurs étaient le
théâtre des plus scandaleuses débauches ; Julie, fille d'Auguste, portait ses prostitutions jusque sur la place publique ;
Messaline quittait la demeure des Césars pour descendre dans
la rue et se livrer aux excès d'une infâme luxure avec les
plus vils d'entre les Romains. Que l'on était loin du temps où
la vertueuse Lucrèce se poignardait pour ne pas survivre à
l'outrage du dernier des Tarquins ! Aussi la surveillance exercée par les édiles sur la prostitution avait pu être, pendant un
temps, utile et efficace ; ils avaient pu protéger la décence publique en assignant aux courtisanes des quartiers retirés, et
en les obligeant à quitter les ornements qui distinguaient les
femmes de conduite régulière (2). Mais le rôle des édiles devint
fatalement inutile dans les dernières années de la République et après l'avènement de l'Empire ; leurs efforts étaient impuissants à lutter contre la dissolution des mœurs qui gagnait
toutes les classes ; leur autorité venait se heurter contre la
corruption de ceux mêmes qui tenaient en leurs mains les destinées du peuple romain (3).

Non-seulement les édiles surveillaient les prostituées et les
femmes de mauvaise vie, mais encore tous les actes immoraux
et illicites pouvaient être l'objet de leurs poursuites ; ils étaient
chargés comme les censeurs, mais à un titre moindre, du
*regimen morum disciplinæque romanæ*. Ainsi, ils réprimaient
la bigamie (4), le *stuprum* commis avec une *materfamilias* (5).
Une autre fois, nous voyons un édile curule citer devant le
peuple un des tribuns, l'accusant d'avoir sollicité son fils à
une infamie ; en vain le tribun implora-t-il la protection de
ses collègues, ceux-ci refusèrent unanimement de s'opposer à

---

(1) Tac., *Ann.*, II, 85. — (2) Juven., *Sat.*, II, v. 69 ; Horat., *Sat.*, I, 2,
v. 63. — (3) Pour plus de détails sur ces questions, on peut consulter : Naudet,
*De la police chez les Rom.*, 1re part., p. 866-874 ; Martial, t. II, Edition Panc-
koucke, Notes, p. 394-409. — (4) Aul. G., XVI, 7 ; Humbert (*Dict. ant.*, v° *Bi-
gamia* II). — (5) Tit. L., VIII, 21.

des poursuites qui intéressaient les bonnes mœurs (1). La *lex Julia de adulteriis*, en 736 de Rome (18 av. J.-C.), avait rangé ces différents délits dans la catégorie des crimes d'adultère ou de *stuprum*, et avait édicté des peines sévères à l'égard de ceux qui s'en étaient rendus coupables (2).

Ce n'étaient pas seulement les actions criminelles que les édiles poursuivaient, mais ils punissaient même les paroles scandaleuses ou insolentes prononcées en public. Témoin ce fait que rapporte Aulu-Gelle (3). Une dame noble, fille d'Appius Cécus, fut, au sortir d'un spectacle, bousculée par la foule. Lorsqu'elle se fut tirée d'embarras, elle se plaignit d'avoir été maltraitée : « Que me serait-il arrivé ! dit-elle ; combien j'au- » rais été pressée avec plus de force et de violence si P. Clau- » dius, mon frère, n'avait pas perdu dans un combat naval, » avec ses vaisseaux, un grand nombre de citoyens ? Certes, » j'aurais péri étouffée par la foule. Plût aux dieux, dit-elle, » que mon frère revînt à la vie pour conduire une nouvelle » flotte en Sicile, et faire périr cette multitude qui m'a traitée » si indignement ! » Pour ce propos si cruel et si peu digne d'une dame romaine, C. Fundanius et Tib. Sempronius, édiles plébéiens, lui infligèrent une amende de vingt-cinq mille as.

## SECTION IV

### POLICE ET ENTRETIEN DES VOIES PUBLIQUES

L'activité et le mouvement qui règnent dans une grande cité peuvent la faire comparer à une immense fourmilière humaine où s'agitent et s'entrecroisent des milliers d'individus qui vont en tous sens où les appellent leurs fonctions ou leurs affaires privées, leur commerce ou leur industrie, leurs études ou leurs plaisirs. Il importe que cette foule sans cesse

(1) Val. Max., VI, 1, 7; Mommsen, II, p. 483. — (2) Humbert (*Dict. ant.*, v° *Adulterium II*). — (3) Aul. G., X, 6.

renouvelée et toujours mouvante puisse circuler en toute
sécurité, et soit mise à l'abri de ces accidents multiples qui
résultent trop souvent de l'encombrement et du tumulte de
la voie publique. Qui ne se souvient de cette peinture peu
rassurante qu'a tracée Boileau des embarras de notre capitale?
*Avant lui Juvénal avait dit en latin*, avec une verve satirique
non moins acerbe, que Rome était aussi la ville du monde la
plus désagréable, et qu'on courait le risque d'y être à chaque
instant taché, éclaboussé, conspué, renversé, écrasé, brûlé,
volé ou battu. Si l'on ne s'en rapportait qu'à la description de
Juvénal, on accuserait volontiers les édiles d'une négligence
coupable ; nous allons voir au contraire avec quel soin ils
veillaient à la propreté, à la sûreté et à l'entretien des rues
de Rome.

Le principal document qui nous fait connaître le rôle des
édiles dans la police urbaine est le monument législatif
connu sous le nom de Table d'Héraclée, ou de *lex Julia
municipalis*. Cette loi a été rendue, en l'an 709 de Rome, sous
le quatrième consulat de Jules César ; elle contient des dispositions sur la police des rues de Rome (1).

C'étaient les censeurs qui étaient principalement chargés
de l'entreprise des travaux publics ; aussi l'entretien des voies
publiques leur était-il particulièrement confié. Ils faisaient
paver, redresser et border les rues et chemins (2) ; ils faisaient
percer des voies nouvelles (3). Les édiles n'avaient en général à jouer qu'un rôle secondaire ; ils s'occupaient de l'exécution des travaux, et des travaux courants d'entretien. Peut-
être les fonctions des censeurs en matière de travaux publics
passèrent-ils insensiblement aux édiles, et ceux-ci finirent-ils
par posséder seuls des attributions qu'ils n'avaient primitivement qu'en second ordre. On peut citer à l'appui le cas où les
édiles établirent une pente ou montée (*clivus publicus*), pour
faire parvenir les voitures sur l'Aventin (4). Nous allons voir
aussi que la *lex Julia municipalis* leur donna, en matière de

---

(1) *Corp. inscr. lat.*, I, p. 119 et s. — (2) Tit. L., XXXIX, 44 ; XLI, 27. —
(3) Tit. L., IX, 43. — (4) Humbert (*Dict. ant.*, v° *Édiles*).

pavage, certaines attributions qui paraissaient réservées auparavant aux censeurs.

Dans les rues pavées, les frais de pavage étaient à la charge des riverains. Ils devaient entretenir devant leurs maisons le pavé et les sentiers dallés pour les piétons, c'est-à-dire les *marges* qui bordaient la voie publique, en ayant soin de maintenir les pierres unies de telle sorte que les eaux pussent s'écouler librement (1). Lorsqu'une maison se trouvait vis-à-vis d'un temple ou d'un autre édifice public, la moitié de la dépense était supportée par le trésor de l'Etat (2). Les riverains, soit dans la ville, soit dans les faubourgs jusqu'à une distance de mille pas (3), devaient exécuter les travaux dès que les édiles les jugeaient nécessaires ; s'ils négligeaient de les faire, les édiles les faisaient adjuger à un entrepreneur. Les édiles devaient annoncer l'adjudication au moins dix jours à l'avance, par un écriteau apposé dans le forum, devant leur tribunal, et portant la désignation des lieux à réparer et la mention du jour où les travaux seraient criés pour être adjugés. Cet écriteau était en outre dénoncé devant la maison du propriétaire en défaut, ou de ses procurateurs, s'il était absent. L'adjudication avait lieu publiquement, sur le forum, par les soins d'un magistrat chargé du trésor, ordinairement du questeur urbain. La somme pour laquelle les travaux avaient été adjugés était inscrite sur des livres d'impôts à recouvrer ; si le propriétaire ou son *procurator* ne l'avait pas versée dans un délai de trente jours entre les mains de l'adjudicataire, ou s'il n'avait pas fourni caution, il était condamné à payer la moitié en sus, à titre de peine (4).

Dans les chemins non pavés, les édiles avaient le soin de faire répandre des pierres (*viam consternere*),·pour empêcher que la chaussée ne fût incessamment détrempée par les eaux pluviales (5).

Après le soin du pavage, venait celui du nettoyage (*viam purgare*) que les édiles partageaient avec les Quatuorvirs et

(1) *Lex Jul. mun.*, l. 20-23. — (2) *Lex Jul. mun.*, l. 29-31. — (3) *Lex Jul. mun.*, l. 26. — (4) *Lex Jul. mun.*, l. 32-43. — (5) *Lex Jul. mun.*, l. 53-55.

les Duumvirs (1). Ils faisaient enlever la boue et les immondices qui s'amassaient sur la voie publique, et veillaient à ce que personne n'y déposât des décombres, des ordures, des cadavres d'animaux, ou tout autre objet nuisible (2). Ils obligeaient les habitants à balayer la rue devant leur demeure, à nettoyer le ruisseau et à arroser pour abattre la poussière (3). Suétone rapporte que l'empereur Caligula, ayant trouvé dans les rues de Rome de grands amas de boue, fit venir Vespasien, depuis empereur, et qui pour lors était édile, s'emporta contre lui de ce qu'on avait négligé de balayer les rues, et ordonna de lui jeter de la boue, pour n'avoir pas veillé avec assez d'attention à la propreté des rues, selon le devoir de sa charge (4).

Les édiles veillaient à ce que les portiques et lieux publics ne fussent pas envahis ou obstrués par aucune construction particulière. Quiconque détériorait la voie publique ou y faisait des excavations, ou encore avançait une construction hors de l'alignement, était sévèrement puni : s'il était esclave, tout passant pouvait le bâtonner ; si c'était un homme libre, le premier venu pouvait le dénoncer à l'édile qui le condamnait à l'amende et ordonnait la destruction de l'ouvrage (5). Les édiles empêchaient également que les rues ne fussent occupées ou barrées par qui que ce fût, de manière à empêcher que le peuple n'en ait la libre jouissance ; à moins de concessions spéciales faites par des lois, des plébiscites ou des sénatus-consultes (6). Ainsi, nous lisons au Digeste qu'un édile fit briser des lits qu'un particulier avait laissés sur la voie publique après les avoir achetés (7). Ceux qui avaient des boutiques ou des fabriques ne pouvaient non plus jeter de débris sur la voie publique ni rien exposer devant leur façade. Cependant, on laissait à certains industriels une liberté plus grande, nécessitée par la nature de leur métier : ainsi le foulon pouvait étendre sur rue ses étoffes humides, le

---

(1) *Lex Jul. mun.*, l. 50-52. — (2) L. un. § 5, D., *De via publ.* — (3) Plaute , *Stich.*, II, 2, 26-30 ; L. un. § 3, D, *De via publ.* — (4) Suet., *Vesp.*, 5. — (5) L. un. § 2 D., *De via publ.* — (6) *Lex Jul. mun.*, l. 68-72. — (7) L. 12 et 13, D., *De peric. et com. rei vend.*

charron déposer des chars devant sa porte, pourvu que leur
étalage laissât le passage libre pour une voiture (1). Lorsqu'il
s'agissait de donner des jeux au peuple ou d'en faire les pré-
paratifs, il était exceptionnellement permis d'occuper partie
ou totalité de la voie publique ou d'un portique (2).

A toutes ces prescriptions, la *lex Julia municipalis* ajoutait
encore certaines dispositions sur la circulation des voitures
dans les rues de Rome ; elles étaient dictées par un sentiment de prudence que nos mœurs ne connaissent heureuse-
ment plus, et sacrifiaient d'une manière par trop exagérée
l'utilité des véhicules de toutes sortes à la sécurité des piétons. Dans toutes les rues de la ville et dans les faubourgs,
personne, depuis le lever du soleil jusqu'à la dixième heure,
ne pouvait faire circuler aucune voiture, à moins que ce ne
fût pour transporter les matériaux nécessaires à la construction d'un temple ou d'un édifice public, ou pour enlever d'un
lieu public des matériaux de démolition ; encore fallait-il
être muni d'une autorisation préalable. Il y avait encore
exception pour les vestales, le roi des sacrifices et les flami-
nes, qui pouvaient se servir de voitures dans la ville, pour se
rendre aux cérémonies publiques du peuple romain ; de
même, la prohibition ne s'appliquait pas aux voitures em-
ployées dans les triomphes, dans la pompe des jeux du cirque, et dans tous les autres jeux célébrés à Rome ou dans les
faubourgs. Les voitures introduites de nuit pouvaient, pendant la durée de la journée, stationner avec leur attelage dans
l'intérieur de Rome, soit vides, soit chargées de matériaux à
emporter, de fumier par exemple (3). Les édiles devaient surveiller l'observation de ces diverses prescriptions.

Les édiles empêchaient les attroupements et les rixes sur la
voie publique (4).

Enfin, le Digeste nous a conservé un des chefs de l'édit des
édiles par lequel ils défendaient de laisser courir des animaux dangereux sur la voie publique. On ne pouvait pas

---

(1) L. un. § 4, D., *De via publ.* — (2) *Lex Jul. mun.*, 1. 77-79. — (3) *Lex
Jul. mun.*, 1. 56-67. — (4) L. un. § 5, D., *De via publ.*

avoir dans les rues ni dans les endroits fréquentés un chien, un verrat, un sanglier, un loup, un ours, une panthère, un lion, ni aucun autre animal nuisible, soit en liberté, soit même attaché de façon à ne pouvoir causer aucun dommage (1).

Il paraît que les chiens des Romains étaient d'humeur assez irascible, en raison de l'éducation particulière qu'ils recevaient pour remplir le rôle de gardiens et effrayer les voleurs par leurs aboiements. Certaines personnes, pour être en état de défense, se faisaient aussi suivre par d'énormes molosses qui se jetaient parfois sur les passants et les déchiraient à belles dents. On comprend qu'il était utile de protéger les citoyens paisibles contre les agressions de ces terribles animaux. Quant aux porcs, on en rencontrait, paraît-il, en assez grand nombre dans les rues de Rome, et ils se ruaient par troupes, tout couverts de boue, à travers la foule des promeneurs (2). Ce qui surtout était peu rassurant, c'est qu'ils étaient souvent sans conducteur, en sorte que personne ne modérait leurs allures furieuses ; selon le témoignage de Pline, ces animaux contractaient aisément l'habitude d'aller au marché et de revenir à la maison sans guide (3).

Mais qu'était-il besoin de la prohibition de conduire dans les rues des lions, des panthères et autres animaux féroces? De tels cas nous sembleraient trop rares de nos jours pour être prévus d'avance; à Rome, au contraire, il n'était pas inutile de les réglementer et de garantir la sûreté des passants qui aurait pu être fréquemment compromise. Nous verrons en effet, en parlant des jeux publics que donnaient les édiles, qu'ils faisaient venir à grands frais de tous les points du monde un très-grand nombre d'animaux féroces pour les spectacles sanglants du cirque ou de l'amphithéâtre. On les transportait, il est vrai, le plus souvent dans des cages de fer, mais quelques précautions que l'on prît pour la garde de ces animaux, il arrivait quelquefois qu'ils s'échapaient, et commettaient dans

---

(1) L. 40 § 1 ; L. 41, D., *De œd. ed.* ; Inst., IV, 9 § 1. — (2) Hor., *Ep.*, II, 2, 75. — (3) Plin., *Hist. nat.*, VIII, 77.

la ville les plus horribles massacres. Mais il est probable
que cette clause de l'édit fut souvent violée, car nous verrons
combien ce luxe dangereux que déployaient les magistrats
dans les jeux s'accrut vers la fin de la République, et surtout
sous l'Empire. Qui ne se rappelle aussi la touchante histoire
d'Androclès épargné dans l'arène par le lion dont il avait
guéri la blessure? Dans ce cas encore, il fut peu tenu compte de
l'édit des édiles, puisqu'il put impunément parcourir les rues
de Rome en tenant le lion attaché par une faible courroie (1).

Maintenant que nous avons justifié l'utilité du chef de l'édit
relatif aux bêtes féroces, voyons quelle pénalité lui servait de
sanction. L'édit distinguait trois cas (2) :

1° Un homme libre a péri par suite de la contravention.
Son héritier avait une action pour obtenir deux cents solides ;
elle ne lui était pas donnée en sa qualité d'héritier, mais
comme au premier venu d'entre les citoyens, parce que l'action était pénale et populaire (3). Cette somme lui était attribuée non point comme indemnité pour le préjudice causé,
car le corps d'un homme libre n'était point susceptible d'estimation (4), mais simplement à titre de peine.

2° Un homme libre a reçu quelque dommage. Il faut entendre ici par dommage, non point celui qui a été causé à la
chose de l'homme libre, par exemple si ses vêtements ont été
déchirés ou gâtés, mais le dommage qui a été causé à sa
personne même, par exemple s'il a été blessé (5). Le propriétaire de l'animal était assigné comme coupable de quasi-
délit, et condamné à tout ce qui paraissait au juge être juste
et équitable, *quanti bonum æquum judici videbitur*. Le juge
tenait compte, dans son évaluation, des frais de toutes sortes
qu'avaient nécessités les soins donnés au blessé, des honoraires payés au médecin, et des pertes qui étaient résultées
pour lui de son incapacité de travailler (6).

3° Pour tout autre dommage que les précédents, la condam-

---

(1) Aul. G., V, 14. — (2) L. 42, D., *De æd. ed.;* Inst., IV, 9 § 1. — (3) Ar-
gum. L. 5 § 5, D., *De his qui effud. vel dejec.* — (4) L 3, D., *Si quadrupes
paup.;* L. 1 § 5, D., *De his qui eff. vel dej.* — (5) L. 1 § 6, D., *De his qui eff.
vel dej.* — (6) L. 3, D., *Si quadr. paup.;* L. 7, D., *De his qui eff. vel dej.*

nation était du double du montant du dommage causé. Il y avait lieu à cette condamnation, soit qu'une chose inanimée eût été endommagée ou détruite, soit qu'un esclave eût été tué ou blessé. Dans l'estimation de la blessure causée à un esclave, on se basait sur la dépréciation apportée à sa valeur vénale.

A ces actions édilitiennes, Justinien avait encore ajouté l'action *de pauperie* ; car jamais le concours, pour le même objet, de plusieurs actions pénales ne faisait que l'exercice de l'une empêchât l'exercice de l'autre (1).

## SECTION V

### SALUBRITÉ PUBLIQUE

La salubrité et l'hygiène publique rentraient aussi dans les attributions des édiles ; ils avaient notamment à s'occuper des bains publics et des aqueducs.

Dans les premiers temps de la République, les établissements publics de bains (*balnearia*) étaient en très-petit nombre et ne se faisaient remarquer ni par la commodité des salles ni par le luxe de la décoration. On y entrait pour le quart d'un as (*res quadrantaria*), et ils avaient pour objet l'utilité et non l'agrément. Mais on pénétrait avec plaisir dans ces réduits obscurs, fait remarquer Sénèque, parce qu'on savait que des édiles, tels que Caton, Fabius Maximus, ou l'un des Cornelius, en avaient la police ; ces édiles respectables regardaient comme un des devoirs de leur charge d'entrer dans les lieux fréquentés par le peuple, de veiller à leur propreté, et d'y maintenir une température utile et salubre (2).

La même surveillance ne fut sans doute pas exercée plus tard par les édiles, car Sénèque qui nous rapporte avec quel

(1) Inst., IV, 9 § 1. — (2) Sen., *Epist.* 86 ; *De vita beata*, 7 ; Mommsen, II, p. 499 ; Cf. Orelli, 3772.

luxe étaient construits de son temps les établissements de bains, où l'on se rendait en foule, non plus par besoin, mais par mode et désœuvrement, jette en arrière un regard de regret sur le zèle des anciens édiles. De nos jours, dit-il, la température des bains est « une température d'incendie, telle » qu'un esclave convaincu de quelque crime devrait être » condamné à être baigné vif. Je ne vois plus de différence » entre un bain chaud et un bain brûlant (1). »

Passons à la surveillance des édiles sur les aqueducs.

Pendant de nombreux siècles, les habitants de Rome se contentèrent, pour leurs besoins journaliers, des eaux du Tibre, de celles des puits et citernes, et de celles de quelques rares sources qui existaient à l'intérieur de la ville. Mais les eaux du Tibre étaient fréquemment troublées par les pluies et devenaient tièdes en été, et le nombre des fontaines était trop minime pour suffire à la consommation d'une aussi grande ville. La salubrité publique pouvait souffrir d'un pareil état de choses. En l'an de Rome 442, les censeurs Appius Claudius et C. Plautius conçurent les premiers le projet de conduire à Rome une source qui en était éloignée de plus de onze milles, et qui était assez abondante pour fournir de l'eau à tous les habitants. Pour cela, on détourna le cours d'eau, et on le fit couler, selon les inégalités du terrain, tantôt dans des conduits souterrains, tantôt sur des rigoles supportées par des arcades en maçonnerie (2). Par la suite, un très-grand nombre d'autres aqueducs furent établis pour le service des eaux de la ville.

Les eaux courantes appartenaient aux riverains ; aussi, pour établir un aqueduc, fallait-il recourir à une véritable expropriation pour cause d'utilité publique. On achetait le ruisseau avec le terrain sur lequel il passait afin de pouvoir y faire les travaux nécessaires de dérivation et de conduite (3).

---

(1) Sen., *Ep.* 86. — Sur les bains des Romains, on peut consulter : Dezobry, *Rome au siècle d'Aug.*, I, p. 138-148 ; Saglio (*Dict. ant.*, v° *Balneum.*) — (2) Frontin., *De aquæd.*, 4. 5. — (3) Frontin., *De aq.*, 128 ; De Fresquet, *Principes de l'expropr. pour cause d'utilité publ. à Rome (Rev. hist. de dr. fr. et étr.*, 1860, t. VI, p. 103).

Lorsque la canalisation des eaux était terminée, une partie était distribuée dans les fontaines, bains et abreuvoirs, l'autre était mise à la disposition des particuliers qui pouvaient acheter des concessions moyennant une redevance payée au trésor public (1).

Le droit de donner ou de vendre de l'eau, c'est-à-dire l'administration des aqueducs, appartenait principalement aux censeurs (2); à leur défaut, c'étaient les édiles qui étaient chargés de ces fonctions (3). Afin d'empêcher les dégradations des aqueducs, ou les détournements illicites d'eaux, les édiles curules étaient chargés de préposer dans chaque quartier à la surveillance des fontaines deux citoyens, habitants ou propriétaires (4).

Agrippa étant édile, en l'an 719 de Rome, construisit un aqueduc célèbre qui reçut le nom d'*Aqua Julia*. Cet aqueduc nécessita des ouvrages considérables, car son parcours était de 15426 pas, dont 7000 avaient exigé des constructions ou des arcades au-dessus du sol. Agrippa, pendant le temps de son édilité, restaura aussi les aqueducs presque en ruine de l'Appia, de l'Anio, de la Marcia, et apporta un soin particulier à pourvoir la ville de bon nombre de fontaines (5). Aussi, après le temps de l'édilité d'Agrippa, Auguste, pour le récompenser d'avoir accompli des ouvrages aussi remarquables avec une généreuse magnificence, le chargea de l'intendance perpétuelle des eaux (6). Auguste, après la mort d'Agrippa, constitua le régime des eaux sur une base nouvelle; il en confia l'administration à Messala Corvinus, ancien consul, avec des droits très-étendus, et le titre de *curator aquarum* qui fut désormais attaché à cette fonction (12 ap. J.-C.) (7). Les édiles perdaient ainsi toute participation à l'administration des eaux (8).

---

(1) Frontin., *De aq.*, 106-110. — (2) Tit. L., XXXIX, 44. — (3) Frontin., *De aq.*, 95. — (4) Frontin., *De aq.*, 97. — (5) Frontin., *De aq.*, 9. — (6) Frontin., *De aq.*, 98. — (7) Frontin., *De aq.*, 99-102. — (8) On peut consulter sur l'administration des eaux à Rome : Dureau de la Malle, *Econ. po'. des Rom.*, II, p. 475-479; Dezobry, *Rome au siècle d'Aug.*, III, p. 97-108; Humbert (*Dict. ant.*, vº Aqua II); Thierry et Labatut (*Dict. ant.*, vº *Aquæductus*).

## SECTION VI

### FUNÉRAILLES

Nous avons déjà vu que les édiles avaient mission de réprimer tout luxe immodéré et de veiller à l'application des lois somptuaires. Ce fut à l'occasion des funérailles que furent portées les premières lois somptuaires, parce que ces cérémonies étaient l'occasion pour les riches familles romaines de déployer une pompe orgueilleuse et un luxe extrême.

L'inégalité la plus frappante existait entre les funérailles des riches et celles des pauvres. Les petits plébéiens mouraient, sans même qu'un cyprès placé devant leur porte indiquât qu'il y avait un mort dans la maison, et leurs corps étaient jetés pêle-mêle dans des petits puits, construits et voûtés comme des citernes, par des agents libitinaires (*vespillones*) voleurs et brutaux ; au contraire, les dépouilles des riches romains étaient portées au bûcher avec un appareil fastueux, leur corps était déposé sur un lit de parade richement orné de fleurs et de couronnes, le cortège de leurs funérailles se composait de mimes, de pleureuses, de joueurs de flûte, de personnages revêtus des masques des ancêtres, d'appariteurs portant les insignes du défunt, et de la foule considérable de leurs parents, de leurs amis, de leurs clients, de leurs affranchis (1).

Les décemvirs les premiers songèrent à modérer ce luxe exorbitant qui s'accordait si peu avec la simplicité primitive des anciens âges. Cicéron nous a conservé la plupart des chefs de la loi des Douze Tables relatifs aux funérailles. Elle défendait de polir le bois du bûcher, d'arroser le bûcher ou le cadavre avec du vin parfumé, de la myrrhe ou d'autres

(1) On trouve de nombreux détails sur les funérailles chez les Romains dans : Marquardt, *Römische privatalterthümer*, I, p. 351 et s.

liqueurs précieuses (1), de faire usage de cassolettes de parfums et de grandes couronnes, d'enfouir de l'or dans les sépulcres, de célébrer des banquets funèbres, de dresser plusieurs lits pour le même mort, de recueillir les os du défunt pour renouveler plusieurs fois la cérémonie de ses funérailles ; il était défendu aux femmes de se livrer à de trop grandes lamentations et de se déchirer le visage ; enfin les Douze Tables défendaient de jeter sur le bûcher plus de trois robes de deuil (*ricinia*) et autant de bandes de pourpre, et de faire accompagner les funérailles par plus de dix joueurs de flûte (2).

Les édiles étaient chargés de veiller à l'exécution de ces dispositions somptuaires. Pendant de nombreuses années, le texte même de la loi des Douze Tables dut suffire pour rappeler aux citoyens les prohibitions qu'elle imposait ; car on eut longtemps coutume de faire apprendre aux enfants les Douze Tables, comme un chant solennel (3). Mais lorsque, par suite des progrès du luxe, ces prescriptions furent plus fréquemment transgressées, les édiles reproduisirent dans leurs édits ces règlements méconnus, afin que chacun pût les lire sur l'*album* et que ceux qui y contrevenaient ne pussent se prévaloir de leur ignorance.

Ainsi Appius Claudius Cæcus qui avait déjà, étant censeur, interdit aux musiciens, à cause de leurs mœurs irrégulières et licencieuses, de prendre part aux banquets sacrés, fit revivre, lorsqu'il fut parvenu à l'édilité, l'ancienne loi qui défendait d'employer plus de dix flûtistes aux convois de funérailles. Ceux-ci, souffrant avec peine d'être exclus des festins publics, et étant menacés même dans leur existence par les restrictions que la loi apportait à l'exercice de leur profession, s'exilèrent en masse à Tibur. Mais, à Rome, on ne touchait pas impunément à un collège de joueurs de flûte. Ces musiciens y étaient en grand honneur et figuraient dans de nombreuses cérémonies ; la flûte faisait entendre ses sons dans les

---

(1) Festus, v° *Murrata potio.* — (2) Cic., *De legib.*, II, 23-25. — (3) Cic., *De leg.*, II, 23.

temples, dans les jeux, dans les funérailles. La retraite d'artistes aussi indispensables produisit parmi le peuple une fâcheuse impression. Ce fut au point que le sénat s'alarma de l'incident, et qu'il envoya prier les habitants de Tibur de faire leur possible pour que ces hommes revinssent à Rome. Les Tiburtins ne purent les y décider par la persuasion ; alors ils employèrent un stratagème. On les invita à un grand festin, où le vin leur fut prodigué si généreusement, qu'ils s'endormirent profondément ; quand ils furent ainsi plongés dans un lourd sommeil, on les jeta sur des chariots et on les transporta à Rome. Ce fut ainsi que les modulations de la flûte, si chères aux Romains, leur furent rendues ; mais en dépit de la loi des Douze Tables et des prescriptions des édiles, le sénat, craignant de voir les flûtistes déserter de nouveau, leur restitua tous leurs anciens privilèges (1).

Nous apprenons encore par Cicéron (2) que les édiles s'étaient occupés, dans leurs édits, de réduire la pompe et le luxe des funérailles. Voici à l'occasion de quels faits il a été amené à parler de ce détail. Servius Sulpicius, l'un des députés envoyés auprès d'Antoine, citoyen éminent sur lequel le sénat avait fondé de grandes espérances, était parti malade, et mourut à son arrivée au camp devant Modène. Le consul Pansa proposa d'honorer sa mémoire par des funérailles publiques et de lui ériger un mausolée et une statue ; Servilius, qui opina après le consul, approuva les deux premières parties de la proposition, mais s'opposa à la troisième. Alors Cicéron intervint dans le débat, et prononça une éloquente harangue pour obtenir que l'on rendît à Servius Sulpicius tous les honneurs publics ; il termina en proposant au sénat de rendre un décret ainsi conçu : « … Attendu que précédem- » ment l'autorité du sénat est intervenue dans les honneurs » funèbres rendus à de courageux citoyens, il décrète » que les funérailles de Serv. Sulpicius se feront avec la plus » grande pompe ; et attendu que Serv. Sulpicius Rufus, fils » de Quintus, de la tribu Lemonia, a, par ses services, mérité

---

(1) Tit. L., IX, 30 ; Ovide, *Fastes*, VI, 657-692. — (2) Cic., *Phil.*, IX.

» de l'État cette honorable distinction, le sénat décrète et es-
» time qu'il est dans l'intérêt public d'inviter les édiles curules
» à suspendre en faveur de Serv. Sulpicius Rufus, fils de Quin-
» tus, de la tribu Lemonia, l'exécution de leur édit relatif
» aux funérailles; en conséquence, le consul Pansa désignera,
» soit dans le champ Esquilin, soit dans tel autre lieu qu'il
» jugera convenable, un espace de trente pieds carrés où
» Serv. Sulpicius sera inhumé; et le tombeau restera en toute
» propriété à lui, à ses enfants et à ses descendants, avec tous
» les plus beaux privilèges publics qui peuvent y être atta-
» chés (1). »

Nous avons aussi quelques traces des règlements et de la
surveillance des édiles sur les funérailles dans des inscriptions
anciennes.

Sous le règne d'Auguste, les héritiers du préteur C. Cestius
lui avaient fait ériger, pour se conformer à ses volontés, un
superbe monument funèbre qui existe encore, et dont on peut
voir une reproduction dans le recueil de Gruter (2). Une inscription qui se trouvait gravée sur une statue de ce même C.
Cestius nous apprend que les prescriptions du défunt excé-
daient de beaucoup la dépense qu'il était permis de faire pour
les tombeaux et que les édiles n'autorisèrent pas à déposer
son corps dans ce sépulcre. Cette inscription semble même
indiquer que les héritiers de Cestius avaient été condamnés à
une amende qui leur fut remise par le crédit d'Agrippa, et
elle paraît avoir eu pour but de conserver la mémoire de ce
bienfait; c'est du moins l'interprétation à laquelle se sont
arrêtés les auteurs (3). Voici, du reste, le texte même de cette
inscription :

M. VALERIVS MESSALLA CORVINVS || P. RVTILIVS LVPVS L. IVNIVS
SILANVS || L. PONTIVS MELA D. MARIVS || NIGER HEREDES C. CESTI
ET || L. CESTIVS QVAE EX PARTE AD || EVM FRATRIS HEREDITAS || M.
AGRIPPAE MVNERE PER || VENIT || EX EA PECVNIA QVAM || PRO SVIS

---

(1) Cic., *Phil.*, IX, 7. — (2) Gruter, 185, 1. — (3) Bouchaud, *Des édits des
édiles,* p. 185; Labatut, *Les funérailles chez les Rom.*, p. 20 et 24.

PARTIBVS RECEPER. || EX VENDITIONE ATTALICOR. || QVAE EIS PER
EDICTVM || AEDILIS IN SEPVL || CRVM C. CESTI EX TESTAMENTO || EIVS
INFERRE NON LICVIT (1).

On le voit, on ne pouvait déposer un corps dans un tombeau
qu'après avoir obtenu l'autorisation des édiles. Nous en avons
encore la preuve par cette autre inscription funéraire :

> ..... IN HOC MONVMENTO SIVE
> SEPVLC. CORP. PER AEDIL. INFERRI LICEBIT (2).

Les mêmes attributions appartenaient aux tribuns de la
plèbe, car nous avons également une inscription qui porte :

> ISDEM. CORPORIBVS. TRALATIS. PERM. TRIB. PL.... (3).

On a contesté que les édiles aient rendu un édit sur les
funérailles ; quant à nous, nous ne comprenons pas que des
débats aient pu s'engager sur ce point. L'édit des édiles ne
nous apparaît point comme une ordonnance ne portant que
sur certaines matières limitativement déterminées, mais
comme un moyen mis entre les mains des édiles de réglementer les différentes catégories d'affaires rentrant dans
leurs attributions. Tel édile a pu rappeler à son entrée en
charge certaines règles relatives aux funérailles, tel autre
avait plus particulièrement insisté sur les obligations des
citoyens concernant le nettoyage ou le pavage des rues. Les
édits des différents édiles étaient diversement rédigés, et présentaient des développements plus longs sur une matière,
toutes les fois que les lois ou édits précédents la concernant
avaient été fréquemment enfreints ou ne renfermaient à cet
égard que des règles insuffisantes. Cette diversité des dispositions renfermées dans les édits successifs était nécessaire
pour une bonne administration. Seulement, les édiles avaient
le soin, chaque année, de reproduire dans leur édit les pres-

---

(1) Orelli, 48. — (2) Orelli, 4355. — (3) Gruter, 662, 8.

criptions les plus importantes et les plus utiles, dues à leurs
prédécesseurs; de là est né l'édit perpétuel. De ce qu'il ne
nous est parvenu aucun passage d'un édit relatif aux funérailles, peut-on conclure que jamais un édile n'ait traité de
cette question dans son édit? Cet argument négatif est sans
portée. Savons-nous même si l'édit perpétuel ne contenait
pas quelques chefs sur ce point? Nous l'ignorons, mais ne
nous suffit-il pas d'avoir lu les mots *per edictum œdilis*, dans
une inscription que nous venons de citer, pour être assurés
que les édiles avaient réglementé, dans leur édit, la police
des funérailles, comme ils pouvaient y réglementer tout ce
qui faisait partie de leurs attributions?

## SECTION VII

### TRAVAUX PUBLICS

La direction et l'entreprise des travaux publics appartenaient en principe, nous l'avons dit déjà, aux censeurs. C'é-
taient eux qui construisaient et amélioraient les édifices publics; à cet effet, ils pouvaient disposer du trésor de l'État,
prendre des engagements pour lui, conclure des traités. Les attributions des édiles en matière de travaux publics étaient ordinairement limitées à la surveillance des édifices. De même qu'ils
avaient l'entretien des rues, ils devaient aussi veiller à la conservation des bâtiments publics et privés. Mais ils ne faisaient
pas de constructions aux frais de l'État; ils ne pouvaient disposer
du trésor public que pour des dépenses de minime importance,
comme pour les travaux de réparations; encore fallait-il sans
doute qu'ils eussent reçu une délégation à cet effet. Toutes les fois
qu'ils voulaient exécuter certains ouvrages d'embellissement ou
d'utilité qu'ils n'avaient pas eu mission de faire, ils devaient en
supporter les frais; ainsi Agrippa, pendant son édilité, répara
tous les édifices publics et toutes les routes sans rien recevoir

du trésor (1). Cependant nous avons vu que le produit des amendes que les édiles prononçaient ou qui étaient prononcées par le peuple sur leur poursuite, était laissé entre leurs mains au lieu d'être versé à l'*œrarium*, et pouvait être employé par eux à des constructions nouvelles ou à l'embellissement de la ville (2). Un texte de Papinien nous montre aussi qu'ils étaient chargés d'établir des ponts (3).

Les édiles veillaient à l'entretien des temples (4), et d'une manière générale de tous les bâtiments, tant publics que privés. Ils ordonnaient la réparation ou la démolition des maisons qui menaçaient ruine (5). Enfin, ils devaient prévenir les incendies et y apporter les secours nécessaires (6); ils avaient, à cet effet, sous leurs ordres, les triumvirs nocturnes.

## SECTION VIII

### APPROVISIONNEMENTS PUBLICS

La partie des attributions des édiles qui concerne les approvisionnements publics était appelée la *cura annonæ*. Le mot *annona* se rencontre dans l'histoire des institutions romaines avec plusieurs significations différentes. Dans son acception primitive, il désignait le produit de la récolte d'une année ; *annona* dérive en effet de *annus*, année. Ici, nous devons entendre par *annona* l'approvisionnement des céréales dans les greniers publics de Rome (7).

---

(1) Dio Cass., XLIX, 43. — (2) Humbert (*Dict. ant.*, v° *Censor*); Mommsen, II, p. 500-501. — (3) L. un., pr., D., *De via publ. et si quid.* — (4) Cic., *Verr.*, II, 5, 14. — (5) L. un., § 1, D., *De via publ. et si quid.* — (6) Dio Cass., LIII, 24. — (7) L'*annona* avait dans l'administration romaine une importance telle qu'elle fut personnifiée par l'art et qu'on en vint à la considérer comme une divinité. Nous trouvons en effet dans une inscription ces mots : *annonæ sanctæ* (Orelli, 1810). Mais ce fut surtout sur les monnaies, et principalement sur celles des empereurs que la personnification de l'*annona* fut souvent représentée, accompagnée de cette légende : *annona Augusti* (Saglio, *Dict. ant.*, v° *Annona*).

Le peuple romain fut, à son origine, un peuple de laboureurs qui ne laissait la charrue que pour guerroyer contre les tribus voisines. Quelques jugères de terre étaient l'unique fortune de chaque citoyen ; le travail de ses bras lui procurait des ressources suffisantes pour vivre. Mais cette *aurea mediocritas* ne devait pas durer longtemps, et des influences nombreuses amenèrent promptement à Rome une disproportion excessive entre les conditions sociales. Les conquêtes et les expéditions lointaines privaient les campagnes d'agriculteurs ; les généraux revenaient chargés des riches dépouilles des vaincus ; les territoires conquis devenaient l'apanage et la proie des principaux citoyens ; le nombre des grands domaines (*latifundia*) ne cessait de s'augmenter ; qu'on ajoute à cela le mépris des Romains pour le commerce et l'industrie, la rapacité cruelle des créanciers, le nombre des esclaves qui dispensait les grands de recourir aux services du peuple, et l'on aura un aperçu de ces causes multiples auxquelles furent dus, d'une part chez l'aristocratie, le développement d'un luxe effréné et hautain, d'autre part chez les plébéiens, l'accroissement de la pauvreté et de l'indigence. Il était à redouter que quelque jour cette multitude famélique et oisive ne brisât les chaînes de son asservissement ; il fallait la contenir en la nourrissant, la sécurité de l'État l'exigeait. Divers modes de secours furent organisés dans ce but ; nous ne parlerons que de ceux dont la direction fut confiée aux édiles, c'est-à-dire des approvisionnements publics et des distributions de vivres qui en sont la conséquence.

En temps ordinaire, le marché de Rome était suffisamment approvisionné par les marchands de blé (*negotiatores*). Mais lorsque la récolte avait été mauvaise, ou que les communications entre Rome et les provinces s'étaient trouvées interrompues par la guerre, il importait de prévenir des disettes dont les conséquences auraient pu être fatales (1). Dans ce but, les édiles achetaient des blés en Sardaigne, en Sicile ou en Afrique (2) ; la corporation des *navicularii* les amenait au port

---

(1) Denys, VI, 6, 16 ; VII, 1, 3 ; Tit. L., II, 9, 34 ; X, 11. — (2) Tit. L., XXXI, 50 ; XXXIII, 42.

d'Ostie, et de là ils étaient transportés jusqu'à Rome par la corporation des bateliers du Tibre, ou *caudicarii*, et renfermés dans des greniers publics (*horrea publica*). Les édiles les revendaient ensuite au prix de revient, et ils mettaient obstacle par cette concurrence à la cherté des blés. En outre, ils établissaient par leur édit un maximum de prix de vente qui ne devait pas être dépassé par les marchands de céréales, et ils prononçaient des amendes contre les accapareurs qui faisaient hausser le prix des denrées (1).

Le maintien de prix modérés résultant de l'affluence des denrées pouvait déjà être considéré, selon une expression de Pline, comme une libéralité continuelle, *instar perpetui congiarii* (2). Mais les édiles firent plus encore. Dans le but de gagner les faveurs du peuple et de signaler leur magistrature par des munificences, ils firent des distributions de blé, à titre de largesse (*largitio*), à un prix inférieur au cours normal. Ainsi, l'an 260 de Rome, Marcius distribua du blé au prix d'un as le *modius* (3). En 314, L. Minucius Augurinus (4) et à peu près en même temps Trébius (5) vendirent du blé dans les mêmes conditions. En 549 et 551, les édiles donnèrent un *modius* de blé pour quatre as (6); la libéralité ne devait être moindre qu'en apparence, car il faut tenir compte des variations dans le prix des blés. Dans les années 553 et 557, les édiles purent se montrer plus larges, car ils ne demandèrent que deux as par modius (7); l'an 580, M. Seius n'en demanda même qu'un seul (8). Le père de ce même Seius avait, pendant toute son édilité, maintenu la taxe de l'huile à un dixième d'as la livre (9). On voit par là que la sollicitude des édiles s'étendait à des denrées de toute nature.

Mais ce n'étaient là que des bienfaits purement éventuels et dont tout le mérite devait être rapporté à la générosité des

---

(1) Tit. L., IV, 12; XXXVIII, 35; Plaute, *Rudens,* II, 3, 42; Plin., *Hist. nat.,* XV, 1.— (2) Plin., *Pan. Traj.,* XXVIII. — (3) Plin., *Hist. nat.,* XVIII, 4. — On évalue le *modius* à huit litres huit décilitres. — (4) Tit. L., IV, 16. — (5) Plin., *Hist. nat.,* XVIII, 4. — (6) Tit. L., XXX, 26; XXXI, 4. — (7) Tit. L., XXXI, 50; XXXIII, 42. — (8) Cic., *De off.,* II, 17. — (9) Plin., *Hist. nat.,* XV, 1.

édiles. L'an 631 de Rome (123 av. J.-C.), les distributions de blé à prix réduit devinrent une institution régulière par suite d'une *lex Sempronia frumentaria* due à C. Gracchus. Des greniers publics (*horrea Semproniana*) furent établis à cet effet, et chaque mois, on faisait des livraisons de blé à tous les citoyens qui se présentaient, moyennant le prix de six as et un tiers le *modius* (1), prix qui représentait environ la moitié du cours du marché. Tour à tour abrogées et rétablies par suite des vicissitudes de la lutte entre les patriciens et les plébéiens, les dispositions de cette loi furent enfin rendues définitives, l'an 73 av. J.-C., par la *lex Cassia Terentia* (2). En 78, une *lex frumentaria Octavia* que Cicéron qualifia d'utile et de modérée avait limité à cinq le nombre des *modii* qu'une même personne pouvait recevoir (3), et avait décidé que les citoyens romains domiciliés à Rome seraient seuls admis à bénéficier des distributions (4).

La *cura frumenti populo dividundi* faisait nécessairement partie dans le principe de la *cura annonœ* et rentrait dans les attributions des édiles. Mais, par la suite, divers magistrats furent préposés à cette fonction, jusqu'au moment où César créa pour la remplir les *œdiles ceriales*.

C'était faire beaucoup pour le peuple que de lui assurer du pain et des denrées à prix réduit ; l'Etat cependant ne s'en tint pas là, et il ne tarda pas à prendre à sa charge d'une façon complète la nourriture du peuple. L'an 58 av. J.-C., la *lex frumentaria Clodia*, du nom du tribun Clodius Pulcher, le même qui exila Cicéron, rendit gratuites les distributions au profit de la *plebs urbana* (5). Il est permis de supposer que les citoyens indigents seuls y participaient ; mais le nombre en était encore considérable, car César réduisit le chiffre de ceux qui prenaient part aux *frumentationes* de 320 000 à 150 000 (6), et Auguste le porta ensuite à 200 000 (7). Malheureusement on ne saurait voir dans ces dépenses

---

(1) Cic., *Pro Sext.*, 25, 48; *De off.*, II, 21; *Tusc.*, III, 20. — (2) Cic., *Verr.*, II, 3, 70; II, 5, 21. — (3) Cic., *De off.*, II, 21; *Brutus*, 62. — (4) Sen., *De benef.*, IV, 28.—(5) Dio Cass., XXXVIII, 13; Cic., *Pro Sext.*, 25. —(6) Suet., *Cæsar*, 41 ; Dio Cass., XLIII, 21. — (7) Suet., *Oct.*, 40; Dio Cass., LV, 10.

ruineuses ni la manifestation de sentiments philanthropiques
ni l'essai d'institutions de bienfaisance destinées à soulager et
à diminuer l'indigence ; le sénat et les patriciens n'avaient
d'autre but que de baillonner une foule tumultueuse dont ils
redoutaient les clameurs, et de capter ses faveurs à force de
largesses. L'avilissement et la corruption du peuple furent
la conséquence fatale de ces calculs ambitieux et égoïstes : et
le despotisme ne connut plus d'obstacles, car le peuple avait
aliéné sa dignité et ses droits, à condition qu'on le nourrît et
qu'on l'amusât. Mais ce serait nous écarter de notre sujet que
de prolonger plus avant dans l'histoire cet aperçu de l'organisation des secours publics à Rome, car les attributions des
édiles relatives à la *cura annonæ* finirent avec la République.
Auguste en effet confia à quatre curateurs ou *præfecti frumenti dandi* le soin de faire les distributions gratuites (1),
et, vers la fin de son règne, il créa un *præfectus annonæ*,
charge qui comprenait à la fois la *cura annonæ* et la *cura
frumenti* (2).

Notons enfin que, malgré les distributions que l'État faisait
gratuitement, les édiles n'en continuèrent pas moins à s'attacher la reconnaissance populaire par des gratifications extraordinaires faites à leurs frais ; c'est ce qu'on désignait
sous les noms de *largitiones* et de *congiaria*. Elles avaient
lieu surtout à l'occasion des fêtes données par les édiles. Ainsi
Agrippa, gendre d'Auguste, donna, pendant son édilité, des
jeux magnifiques pendant lesquels il y eut des distributions
d'huile et de sel ; en outre, il y eut pendant toute l'année des
bains gratuits tant pour les hommes que pour les femmes, et
pendant les fêtes, des barbiers se tenaient gratuitement à la
disposition de tous ceux à qui leurs services pouvaient être utiles
ou agréables (3). Ce singulier détail n'offre point pour nous un
simple intérêt de curiosité ; il montre quels procédés ingé-
nieux et quelles flatteries délicates savaient employer les magistrats romains pour devenir les favoris du peuple.

---

(1) Suet., *Oct.*, 37 ; Dio Cass., LIV, 1, 17 ; LXXVIII, 22. — (2) Dio Cass.,
LII, 24, 33 ; L. 1 § 18, D., *De exerc. act.* ; L. 8, D., *Quod cum eo, qui in al.
pot.* ; L. 13, D., *De accus. et inscript.* — (3) Dio Cass., XLIX, 43.

# SECTION IX

## MARCHÉS

Jamais les Romains n'eurent la pensée d'encourager et de protéger le commerce et l'industrie. L'agriculture et les armes étaient, chez eux, les seuls métiers qui leur parussent dignes d'être exercés par un citoyen jouissant de la plénitude de ses droits de cité ; quant au commerce et aux professions industrielles, ils étaient, par un préjugé funeste, abandonnés aux petites gens et aux esclaves. « On regarde comme bas et sor-
» dides, disait Cicéron, les métiers de mercenaires et de tous
» ceux dont on achète le travail et non le talent, car le salaire
» seul est pour eux un contrat de servitude..... Tous les ou-
» vriers en général exercent une profession vile et sordide ; il ne
» peut sortir rien de noble d'une boutique ou d'un atelier. Enfin
» on ne peut avoir trop de mépris pour ces métiers pourvoyeurs
» de nos débauches, comme le dit Térence, tels que les pêcheurs,
» les bouchers, les poissonniers, les cuisiniers et les pâtis-
» siers..... Le petit commerce est regardé comme une profes-
» sion sordide ; le commerce en grand n'est pas entièrement
» blâmable, surtout si, bornant son avidité pour le gain, il
» consacre à la terre et convertit en biens fonds des capitaux
» acquis sans déloyauté (1). » C'est ce qui explique pourquoi tous les actes du pouvoir tendaient à rabaisser le commerce comme vil et à s'opposer à son développement ; on l'entourait d'une surveillance minutieuse, on le tenait en défiance, on apportait des restrictions à la vente, tantôt par des tarifs et des monopoles, tantôt par certaines lois prohibitives comme les lois somptuaires.

La surveillance des édiles sur le commerce était restreinte

---

(1) Cic., *De off.*, I, 42.

à la police des marchés, et ne s'étendait guère au-delà des
ventes de denrées usuelles, d'esclaves et de bestiaux.

Les édiles devaient s'assurer de l'exactitude des poids et des
mesures employés sur le marché. Festus nous apprend que
deux tribuns de la plèbe portèrent une loi tendant à rendre
uniformes les poids et mesures, et à déterminer la valeur de
chacun d'eux ; et que cette loi avait prévu le cas où le magistrat vérificateur lui-même aurait commis une fraude : il était
passible d'une amende considérable, et si en outre quelqu'un
voulait le vouer aux dieux infernaux, c'était chose permise (1).
Nous savons aussi que la *lex Cornelia de falsis* (672 de Rome)
prononçait la peine du double contre le vendeur ou l'acheteur qui falsifiait les poids ou les mesures, et que plus tard un
décret de l'empereur Hadrien les condamna à être déportés
dans une île (2). Toutes les mesures fausses que trouvaient les
édiles devaient être brisées par ces magistrats (3).

La vérification des poids et des mesures se faisait en les
comparant à des étalons qui étaient gardés dans des édifices
publics, pour les poids dans le temple d'Ops, pour les mesures de capacité dans le temple de Jupiter Capitolin, et pour
celles de longueur dans le temple de Junon Moneta (4).

Les édiles surveillaient la qualité des vivres et leur prix ;
ils prohibaient la mise en vente des denrées gâtées ou nuisibles, et les faisaient détruire. Ils faisaient jeter les poissons
qui n'étaient pas frais, et sévissaient contre les bouchers qui
trompaient sur la qualité des viandes (5). En outre, ils main-
tenaient le prix de certaines denrées au moyen de tarifs. Nous
avons déjà vu qu'ils veillaient à ce que les marchés de Rome
fussent approvisionnés de blé, et qu'ils frappaient d'amendes
les accapareurs qui en faisaient hausser le prix.

C'était probablement à l'occasion de leurs attributions de
surveillance des marchés, que les édiles s'étaient occupés,
dans leur édit, de la castration des esclaves. Nous lisons dans

(1) Festus, v° *Publica pondera.* — (2) L. 6 §§ 1 et 2, D., *De extraord.
crim.*; L. 32 § 1, D., *De lege Cornel. de falsis.* — (3) L. 13 § 8, D., *Loc.
cond.* — (4) Dezobry, *Rome au siècle d'Aug.*, I, p. 235 et 339. — (5) Plaute,
*Capt.*, IV, 2.

Ulpien : « *Si puerum quis castraverit, et pretiosiorem fecerit,*
» *Vivianus scribit, cessare Aquiliam : sed injuriarum erit*
» *agendum, aut ex edicto œdilium, aut in quadruplum* (1). »
Ici, la loi Aquilia cessait de s'appliquer parce que, bien qu'un
fait eût été accompli *injuria*, il n'y avait pas eu de *damnum*,
en ce sens que le propriétaire de l'esclave n'avait pas éprouvé
de préjudice ; au contraire, on suppose qu'il en est résulté
une augmentation de valeur (2). Mais elle était remplacée par
trois actions : l'action d'injures, parce qu'il y avait eu outrage
en la personne du maître (*contumelia*) ; une action au quadruple (3) ; et enfin une action dérivant de l'édit des édiles,
mais sur laquelle les renseignements nous font défaut.

Mais où le rôle des édiles fut important, en ce qui concerne
la police des marchés, ce fut dans les ventes d'esclaves et
d'animaux domestiques. Les édiles avaient rendu, sur cette
matière, des édits fort importants qui furent incorporés dans
l'édit perpétuel, et où ils avaient fondé une théorie toute nouvelle relative aux vices rédhitoires de la chose vendue. De
toutes les œuvres accomplies par les édiles, aucune n'a laissé
dans le droit de traces plus profondes ; l'édit des édiles sur la
vente est un monument législatif impérissable dont l'influence s'est fait sentir jusque sur notre législation actuelle.
Aussi, croyons-nous devoir consacrer quelques développements à cette matière, si intéressante au point de vue du
droit civil, et, tout au moins, chercher à faire ressortir l'utilité qui s'attachait à la création d'actions nouvelles par les
édiles.

## DE L'ÉDIT DES ÉDILES EN MATIÈRE DE VENTE ET DES ACTIONS ÉDILITIENNES

L'édit des édiles s'est occupé, en matière de vente, de l'obligation de garantir des vices de la chose vendue.

---

(1) L. 27 § 28, D., *Ad legem Aquil.* — (2) Suet., *Domit.*, 7 ; Quintil., *Inst.*,
V, 12. — (3) « *Unde sit hæc actio in quadruplum, ignoro.* » (Pothier, I,
p. 281, note *h*.)

Un titre important du Digeste, *De œdilitio edicto, et redhibitione, et quanti minoris* (XXI, 1), nous a conservé les principales dispositions de l'édit. Il ne vise en réalité que les ventes d'esclaves, *mancipia*, et de certains animaux, *jumenta, pecora* (1).

Le commerce des esclaves avait à Rome une importance considérable (2). En effet les esclaves représentaient souvent la majeure partie de la fortune des citoyens romains : il remplissaient dans le service de la maison des fonctions très-diverses, et leur nombre était souvent si grand qu'un esclave spécial était chargé de les nommer au maître (3). Les riches Romains mettaient tout leur amour-propre à avoir des esclaves remarquables autant par leur beauté que par leur constitution forte et vigoureuse, exempts de maladies et de difformités, bien dressés, dépourvus de vices ; le nombre et les qualités des esclaves étaient la marque de l'opulence et de la distinction. Aussi que d'attention ne devait-on pas apporter dans de tels achats, quelles précautions pouvaient être superflues ! Malgré tous leurs soins, les acheteurs n'étaient cependant pas à l'abri des artifices et des duperies des marchands d'esclaves (*mangones*) ; ceux-ci savaient donner de l'embonpoint aux esclaves maigres en leur frottant le corps de térébenthine(4), retarder chez les jeunes esclaves les premières apparences de la puberté (5), cacher sous des ornements les défauts physiques (6). On voit par là combien il était utile que les édiles intervinssent et imposassent aux vendeurs d'esclaves une sorte de probité forcée.

Tels furent les motifs qui nécessitèrent les mesures prises par les édiles dans leur édit. D'abord applicables seulement aux esclaves et à certains animaux, les dispositions de l'édit furent étendues ensuite par la jurisprudence aux choses de

(1) L. 1 § 1 ; L. 38, D., *De œdil. ed.* — (2) On trouve des détails curieux sur les ventes d'esclaves dans : Dezobry, *Rome au siècle d'Aug.*, t. I, lettre XXII ; Wallon, *Hist. de l'esclavage dans l'ant.*, t. II. ch. II. — (3) Plin., *Hist. nat.*, XXXIII, 6. — (4) Plin., *Hist. nat.*, XXIV, 22. —(5) Plin., *Hist. nat.*, XXX, 13; XXXII, 47. — (6) Sen., *Ep.* LXXX.

toute nature, mobilières ou immobilières (1) ; cette extension n'avait du reste rien de contraire aux habitudes du droit romain (2).

Déjà, le droit civil avait imposé au vendeur certaines obligations relatives à la garantie des vices de l'objet vendu ; mais, afin de mieux protéger l'acheteur contre la fraude et la mauvaise foi du vendeur, les édiles ont étendu et précisé ces obligations, et ils les ont sanctionnées d'une façon plus sévère et plus efficace en créant des actions nouvelles. Avant d'aborder l'étude de ces actions, nous devons rechercher comment la garantie des vices était réglée antérieurement à leur création ; il nous sera alors possible de montrer l'utilité et l'importance des modifications que le droit civil a subies sur ce point sous l'influence de l'édit des édiles.

D'après le droit civil, les obligations du vendeur étaient les suivantes : livrer la possession, promettre garantie de l'éviction, et s'abstenir de tout dol (3). On peut aussi, en réunissant les deux obligations de livrer et de garantir, dire, sous une forme plus simple, que le vendeur devait faire avoir la chose à l'acheteur, *præstare debet emptori rem habere licere* (4). Quant à l'obligation de ne pas commettre de dol, elle était inhérente à tous les contrats de bonne foi, et elle découlait du contrat même de vente. Faire avoir la chose à l'acheteur, s'abstenir de tout dol, telles étaient les obligations du vendeur.

Par suite, les obligations dont le vendeur était tenu en vertu du contrat même de vente, relativement aux qualités et aux vices de la chose, étaient les suivantes :

1° Il était responsable de l'exactitude de toutes les affirmations et promesses, *dicta et promissa*, qu'il avait faites au sujet des qualités et de l'état de la chose (5).

2° Il répondait des charges et des défauts de la chose qu'il connaissait et qu'il n'avait pas révélés (6).

3° Il était tenu des défauts cachés qui pouvaient empêcher

---

(1) L. 1 pr. ; L. 63, D., *De ædil. ed.* — (2) L. 13, D., *De leg.* — (3) L. 1 pr., D., *De rerum perm.* — (4) L. 30 § 1, D., *De act. empt. et vend.* — (5) L. 19 §§ 2 et 3, D., *De æd. ed.* — (6) L. 4 § 4, D., *De æd. ed.*

l'acheteur d'avoir la chose; ainsi l'acheteur avait un recours contre son vendeur, lorsque l'esclave était *fugitivus* ou lorsqu'il était sous le coup d'une *noxa*. Mais peu importait que le vendeur connût ou non ces défauts, car sa responsabilité dérivait de l'obligation *præstare emptori habere licere*, et non de l'obligation de ne pas commettre de dol; c'est ce qui avait fait dire à Ulpien : *quasi evictionis nomine tenetur venditor*(1). Cependant lorsque le vendeur ignorait ces défauts, il n'était tenu que *ipsius rei nomine*, c'est-à-dire de la moins-value que le vice apportait à la chose ; au contraire, s'il connaissait le vice, il était tenu de *damno quod ex eo contigit*, c'est-à-dire de tout le dommage causé par la chose (2).

Comment ces obligations étaient-elles sanctionnées ?

L'acheteur avait l'action *ex empto*, née du contrat lui-même, par laquelle il obtenait l'exécution de toutes les obligations quelconques résultant de la vente.

Mais, en règle générale, l'acheteur ne pouvait pas obtenir par l'action *empti* la rescision du contrat. Il n'avait le droit de réclamer que le *quanti minoris emisset si scisset*, c'est-à-dire la moins-value; et aussi la réparation de tout le dommage causé par la chose, car l'action *empti* avait toujours pour but le *id quod interest* (3).

L'action *empti* ne tendait à la résolution de la vente qu'autant que le dol du vendeur pouvait être considéré comme un *dolus causam dans contractui*, c'est-à-dire lorsque la fraude dont il s'était rendu coupable avait déterminé l'acheteur à conclure un marché qu'il n'aurait pas accepté(4). Le consentement surpris ainsi par dol ne rendait pas le contrat inexistant, mais comme la vente était un contrat de bonne foi, l'action née du contrat lui-même fournissait un moyen de le faire rescinder (5).

A l'action *ex empto* s'ajoutait l'action *ex stipulatu*, lorsque l'acheteur avait stipulé une somme pour le cas où la chose

(1) L. 13 § 1, D., *De act. empt. et vend.* — (2) L. 45, D., *De contr. empt.* — (3) L. 23, C., *De evict.* — (4) L. 11 §§ 3 et 5, D., *De act. emp. et vend.;* Molitor, *Les oblig. en dr. rom.*, 1, p. 547. — (5) Van Wetter, *Cours élém. de dr. rom.*, I, § 212; Maynz, *Cours de dr. rom.*, II, § 202, Observation.

serait entachée de vices. Les parties étaient libres en effet de faire au sujet de la vente telles conventions qu'elles jugeaient utiles.

Cet usage paraît remonter à la loi des Douze Tables ; d'après Cicéron, elle avait statué que, dans la vente des biens fonds, l'acheteur *qui inficiatus esset,* c'est-à-dire qui déniait ses affirmations, serait condamné au double. La vente, comme tous les contrats, était de droit strict à cette époque ; elle se faisait par une *mancipatio,* et le vendeur était tenu dans la mesure de ses affirmations (*nuncupatio*), mais jamais au-delà. C'est donc tout manquement aux engagements compris dans la *lex mancipii* qui entraînait pour le vendeur la *pœna dupli.*

Plus tard, la vente devint un contrat de bonne foi. Alors, les jurisconsultes exigèrent que le vendeur déclarât expressément les vices qu'il connaissait, et ils étendirent la peine du double au cas où le vendeur avait caché sciemment l'existence des défauts de la chose (1).

Dès lors, presque toutes les ventes furent accompagnées d'une stipulation pour garantir des vices ; elle était ordinairement du double, comme celle qui avait pour but de garantir de l'éviction. Cet usage se généralisa tellement qu'on finit par considérer la *stipulatio duplæ* comme une obligation dérivée du contrat même et sanctionnée par l'action *ex empto* (2).

Ainsi, en vertu du droit civil, l'acheteur avait à sa disposition l'action *empti* et l'action *ex stipulatu* pour poursuivre le vendeur, relativement à la garantie des vices de la chose.

Nous allons dire quelles innovations le droit édilitien est venu apporter en cette matière.

D'après le droit civil, avons-nous dit, le vendeur n'était tenu de garantir que des vices qu'il avait connus. Il n'était tenu des défauts qu'il ne connaissait pas qu'autant qu'ils étaient un obstacle à l'*habere licere.* Ce n'était pas demander assez : la preuve que le vendeur connaissait les vices n'était

---

(1) Cic., *De off.*, III, 16 ; De Caqueray, *Explic. des passages de droit privé contenus dans les œuvr. de Cicéron,* p. 329 et 489. — (2) L. 31 § 20, D., *De æd. ed.*

pas toujours facile à faire, et le vendeur usait de ruses nombreuses pour la rendre impossible. Aussi les édiles exigèrent-ils que le vendeur répondît même des vices qu'il ne connaissait pas et qui existaient au moment de la vente ; il était réputé en faute de ne pas les avoir connus (1). *Scire debuit de sanitate*, dit Cicéron en parlant d'un marchand d'esclaves (2). Ainsi, en vertu du droit civil, on n'était tenu que de la *promissio* et de la *scientia* ; en vertu de l'édit des édiles, on fut tenu même de son ignorance.

En outre, les édiles rendirent obligatoire la stipulation dont la vente était ordinairement accompagnée, et qui avait pour but de garantir des vices (3). Il est difficile de reconnaître les règles précises de cette stipulation, à cause des différences nombreuses que présentent les formules qui sont parvenues jusqu'à nous. Il nous semble qu'on pourrait sans trop d'incertitude attribuer la cause de ces variations à l'influence des usages locaux qui devait s'exercer à Rome comme de nos jours sur certaines matières. Ne voyons-nous pas en effet que, dans un passage de Gaius, il est question de coutumes locales à l'occasion de la vente (4)? C'était peut-être là la raison pour laquelle le montant de la stipulation était si variable. Tantôt en effet la stipulation a l'apparence d'une *stipulatio incerta*, pouvant aboutir à la réparation de tout le dommage (5). Tantôt c'est une *stipulatio simplex* obligeant le vendeur à restituer seulement le montant du prix (6). Enfin, de nombreux textes nous parlent tantôt de stipulation du simple, tantôt de stipulation du double (7). Ce qui nous permet de croire que les édiles, tout en rendant la stipulation obligatoire, n'avaient pas pu en déterminer le montant. Vers le VIᵉ siècle, le jurisconsulte Manilius rédigea pour ces stipulations des formules spéciales, *Manilianæ venalium vendendorum leges* (8).

---

(1) L. 1 § 2, D., *De æd. ed.* — (2) Cic., *De off.*, III, 17. — (3) Théophile, sur le § 2 des Inst., III, 18. — (4) L. 6, D., *De evict.* — (5) Varron, *De re rustica*, II, 2-8. — (6) Giraud, *Enchiridion*, p. 652. — (7) L. 11 § 1 ; L. 16 § 2 ; L. 32 pr., D., *De evict.; I.* 49, D., *De fam. erc.;* Varron, *De re rustica*, II, 10. — (8) Cic., *De orat.*, I, 58.

Voilà en quoi les obligations du vendeur furent modifiées. En outre, les édiles, par leur édit, les sanctionnèrent d'une manière plus étendue et plus sûre.

Remarquons d'abord que les actions du droit civil furent maintenues avec tous leurs effets et concoururent avec les actions créées par les édiles (1).L'édile, en effet, n'avait pas le pouvoir d'abroger le droit civil ; son rôle se bornait, comme celui du préteur, à le corriger et à le compléter.

Cette sanction nouvelle apportée par les édiles consista en deux actions auxquelles leur origine a fait donner le nom d'actions *édilitiennes*, ce furent l'action *redhibitoria,* et l'action *œstimatoria* ou *quanti minoris*.

L'action *redhibitoria* tendait à résoudre le contrat et à remettre les parties dans la situation où elles se seraient trouvées si la vente n'avait pas eu lieu (2).

L'action *œstimatoria* ou *quanti minoris* permettait à l'acheteur d'obtenir une réduction du prix proportionnée à la diminution de valeur de la chose (3).

Nous ferons ressortir l'utilité de la création de ces actions en comparant leurs effets avec ceux des actions du droit civil.

Toutes les fois que le vendeur avait négligé de faire connaître à l'acheteur les vices dont la chose était affectée, il s'exposait à être poursuivi par les actions édilitiennes. Au contraire, en avait-il fait la déclaration, il était à l'abri de tout reproche. Ce n'est pas à dire cependant que l'existence de tout défaut, quel qu'il fût, permît à l'acheteur d'user de ces actions; il résultait de l'édit des édiles que certaines conditions devaient se trouver réunies pour que le vice allégué fût un vice *rédhibitoire*, c'est-à-dire un vice susceptible d'amener la rédhibition de la vente ; c'est ce que nous exposerons plus loin. Mais toutes les fois que l'acheteur éprouvait un préjudice par suite d'un vice dont le vendeur n'était pas tenu en vertu de l'édit de faire déclaration, il conservait néanmoins l'action *empti*, et le juge statuait *ex æquo et bono* sur l'indemnité qui devait lui être accordée.

---

(1) L. 19 § 2, D., *De æd. ed.* — (2) L. 1 § 1; L. 38 pr., D., *De æd. ed.* — (3) L. 38 pr., D., *De æd. ed.*

On peut se demander quelle était, en vue de cette hypothèse, l'utilité des actions édilitiennes. Elles n'étaient pas destinées en effet à remplacer l'action *ex empto*, mais à concourir avec elle. Or, l'action *ex empto* était perpétuelle, tandis que les actions édilitiennes étaient temporaires ; de plus, elle avait sur l'action *quanti minoris* l'avantage d'indemniser pleinement l'acheteur. Nous répondons que, tandis que l'action *ex empto* n'amenait que rarement la résolution de la vente, et seulement *officio judicis* (1), l'action *redhibitoria* avait pour but nécessaire cette résolution. En outre, avec les actions édilitiennes, il n'y avait pas à prouver la mauvaise foi du vendeur : elles étaient donc principalement utiles lorsque la bonne foi du vendeur était certaine ou qu'il était difficile de prouver sa mauvaise foi.

Les actions édilitiennes servaient aussi à sanctionner l'obligation imposée par les édiles au vendeur de promettre la garantie des vices. Si le vendeur refusait cette promesse, il tombait aussitôt sous le coup des actions édilitiennes, alors même qu'aucun vice ne se révélait (2), et l'acheteur pouvait, pour ce seul fait, obtenir la résolution de la vente.

Mais supposons que la promesse ait été faite. L'acheteur aura à la fois à son service l'action *ex stipulatu* et les actions édilitiennes. Quels avantages spéciaux lui procurera chacune de ces actions ?

L'action *ex stipulatu* était perpétuelle, comme toutes les actions du droit civil. Comparée à l'action *quanti minoris*, elle avait sur elle l'avantage d'indemniser en général plus complètement l'acheteur, parce que la stipulation portait presque toujours sur le montant du prix ou sur le double. Comparée à l'action *redhibitoria*, elle était préférable en ce que l'aliénation de la chose n'était pas un obstacle à son exercice et que l'acheteur ne se trouvait tenu à aucune prestation. Lorsque la stipulation avait été du double, il paraît probable que l'acheteur devait restituer la chose et le vendeur donner le double du prix (3) ; dans ce cas, c'était une sorte de forfait

---

(1) Paul, II, 17 § 6. — (2) L. 28, D., *De æd. ed.* — (3) L. 58 § 1, D., *De æd. ed.* ; Accarias, II, p. 456.

antérieur à la vente qui procurait à l'acheteur à titre de dommages-intérêts une somme égale au montant du prix, et qui permettait d'éviter les difficultés d'appréciation qu'aurait amenées l'action *redhibitoria*. L'action *ex stipulatu* semble donc offrir des avantages plus nombreux que les actions édilitiennes. Mais il existe nécessairement des cas où les actions édilitiennes conservaient leur utilité, sinon les édiles se fussent mis en contradiction avec eux-mêmes. Ces cas ne sont pas indiqués clairement par les textes. On peut dire cependant que dans les cas de stipulation du double, l'action *redhibitoria* était plus avantageuse que l'action *ex stipulatu* si le dommage causé par l'objet vendu dépassait le montant du prix. On pourrait trouver encore des applications utiles des actions édilitiennes toutes les fois qu'un vice, prévu par l'édit des édiles, ne pouvait pas donner lieu à poursuite en vertu de la stipulation des parties : on devait en effet s'en tenir aux paroles mêmes prononcées dans la stipulation, et nous avons dit combien elle variait dans son contenu et dans sa forme. Enfin, il semblerait que lorsqu'un vice consistait plutôt dans la menace que dans la réalisation d'un dommage, par exemple lorsque le marchand a vendu un esclave qu'il savait être voleur, l'acheteur ne pouvait intenter l'action *ex stipulatu* avant que le dommage fût causé ; dans ce cas, les actions édilitiennes étaient évidemment recevables de suite (1); mais la solution de cette question dépendait ici encore de la manière dont la stipulation avait été formulée.

Lorsque le vendeur avait fait, sur les vices et qualités de la chose, des déclarations mensongères, il pouvait encore être poursuivi par les actions édilitiennes. Déjà, l'acheteur pouvait user de l'action *ex empto*, mais les actions édilitiennes étaient souvent plus efficaces. Ainsi, en supposant que la déclaration du vendeur ne fût qu'inexacte et non mensongère, on obtenait par l'action *redhibitoria* la rédhibition de la vente à laquelle n'aurait pas abouti l'action *ex empto* (2).

---

(1) L. 4 pr., D., *De act. empt.*; Accarias, II, p. 456, n. 1. — (2) Accarias, II, p. 456.

Quant à l'action *quanti minoris*, son avantage sur l'action *ex empto* était qu'elle pouvait être renouvelée, tandis que celle-ci s'épuisait de suite, à moins qu'on n'eût pris soin d'en limiter les effets par une *præscriptio* (1).

Ainsi les obligations du vendeur relatives à la garantie des vices de la chose étaient sanctionnées par les actions *ex empto* et *ex stipulatu* qui venaient du droit civil, et par les actions *redhibitoria* et *quanti minoris*, qui dérivaient de l'édit des édiles.

Nous allons maintenant consacrer quelques développements aux actions édilitiennes qui rentrent seuls dans les limites de notre sujet.

**Des différences qui existaient entre l'action redhibitoria et l'action quanti minoris.** — Ces deux actions avaient entre elles certaines différences importantes que nous devons signaler.

1° L'action *redhibitoria* tendait à la résolution de la vente ; les parties étaient replacées dans la situation où elles se seraient trouvées si la vente n'avait pas eu lieu. L'action *quanti minoris* laissait subsister le contrat ; elle aboutissait à une réduction de prix.

Il pouvait arriver cependant que les deux actions se confondissent. Si en effet l'acheteur, intentant l'action *quanti minoris*, retenait ou réclamait tout le prix, il devait restituer la chose. Dans ce cas, on le voit, il y avait une véritable rédhibition de la vente ; c'est pour cela que l'on a pu dire que l'action *quanti minoris* contenait l'action rédhibitoire (2), et que l'on désignait parfois ces deux actions sous le nom générique de *redhibitoriæ actiones* (3).

2° L'action *redhibitoria* ne pouvait plus être exercée par l'acheteur qui avait aliéné la chose ou l'avait grevée d'un droit d'usufruit (4) ; mais l'action *quanti minoris* lui était toujours conservée.

3° L'action *redhibitoria* durait six mois seulement, à cause

(1) Gaius, IV, § 131. — (2) L. 25 § 1, D., *De exc. rei jud.* — (3) L. 19 § 2, D., *De æd. ed.* — (4) L. 43 § 8, D., *De æd. ed.*

de la gravité de ses effets ; l'action *quanti minoris* durait un an (1).

4° L'action *redhibitoria*, lorsqu'elle avait été exercée une fois avec succès, ne pouvait plus être intentée une seconde fois ; elle n'aurait plus eu de raison d'être, car l'acheteur se trouvait déjà pleinement désintéressé (2). Cependant il pouvait se réserver, au moyen d'une *præscriptio*, le droit de l'intenter à nouveau (3). Au contraire, l'action *quanti minoris* était de droit susceptible d'être renouvelée chaque fois qu'un nouveau vice se manifestait (4).

**Des causes qui donnaient lieu aux actions édilitiennes.** — Nous avons déjà eu occasion d'en signaler par avance quelques-unes ; nous en donnerons maintenant une énumération complète.

I. — La première cause donnant lieu, soit à l'action *redhibitoria*, soit à l'action *quanti minoris,* au choix de l'acheteur (5), était la découverte après la vente d'un vice que le vendeur n'avait pas déclaré.

D'une manière générale les vices rédhibitoires étaient ceux qui rendaient la chose impropre à l'usage auquel elle était destinée, ou qui en diminuaient sensiblement la valeur. En examinant les cas qui ont été spécialement prévus par les textes, relativement aux ventes d'esclaves, d'animaux et d'immeubles, nous trouverons cette règle constamment appliquée.

*Des vices rédhibitoires chez les esclaves.* — Anciennement, on suspendait au cou des esclaves que l'on mettait en vente un écriteau contenant l'énumération de leurs vices. C'était également le mode employé pour déclarer leurs qualités (6). Plus tard, on exigea que le vendeur les énonçât à haute voix (7). Quelquefois, des signes extérieurs servaient à désigner certains vices : ainsi, l'esclave qui portait des chaînes avait subi un emprisonnement (8), l'esclave ceint d'une couronne était un prisonnier de guerre (9).

---

(1) L. 19 § 6, D., *De æd. ed.* — (2) Accarias, II, p. 454. — — (3) L. 48 § 7, D., *De æd. ed.;* Maynz, *Cours de dr. rom.,* I, § 62, n. 13. — (4) L. 31 § 16, D., *De æd. ed.;* L. 32 § 1, D., *De evict.* — (5) L. 48 § 1, D., *De æd. ed.* — (6) Aul. G., IV, 2. — (7) L. 32; L. 48 § 3, D., *De æd. ed.* — (8) L. 48 § 3, D., *eod. tit.* — (9) Aul. G., VII, 4.

Donnaient lieu aux actions édilitiennes, faute de ces déclarations, les vices qui empêchaient les esclaves de rendre les services qu'on attendait d'eux en les achetant, soit que ces vices provinssent d'une maladie, *morbus* (1), soit qu'ils résultassent d'un défaut permanent de leur conformation physique, *vitium* (2). Tels étaient le mutisme (3), la myopie (4), la faiblesse de vue appelée *luscitio* (5), la fièvre tierce ou quarte, la goutte, l'épilepsie (6), les clous, les polypes (7), les varices (8), l'haleine fétide résultant d'une maladie grave (9), l'inégalité des hanches ou des jambes (10) ; pour les femmes, la stérilité et l'avortement, lorsqu'ils provenaient d'un vice des organes (11). Ce ne sont pas là les seuls exemples que nous présente le titre *De œdilitio edicto*, il en contient d'autres encore ; nous nous bornons à les indiquer par des renvois, car il ne nous semble pas utile, au point de vue de l'étude juridique de cette question, de pousser plus loin cette triste énumération des infirmités humaines (12).

Les affections morales n'entraînaient pas, en principe, la rédhibition de la vente (13). Cependant, on admet que les actions édilitiennes seraient recevables par suite de la découverte d'un vice moral dans deux cas :

1° Lorsque l'édit des édiles l'aurait expressément décidé. C'est ce qui avait lieu si l'esclave était *fugitivus, erro, noxa non solutus*.

L'esclave *fugitivus* était celui qui tentait de s'enfuir de la

---

(1) Peu importait du reste que ce fût une maladie grave et incurable, *morbus sonticus*, ou une maladie simplement passagère (L. 4 § 5 ; L. 6 pr. ; L. 65 § 1, D., *De œd. ed.* — (2) L. 101 § 2, D., *De verb. sign.*; L. 1 § 7, D., *De œd. ed.*; Aul. G., IV, 2. — (3) L. 9, D., *De œd. ed.* — (4) L. 10 § 3, D., *eod. tit.* — (5) L. 10 § 4, D., *eod. tit.* — (6) L. 53, D., *eod. tit.* — Dans les marchés, on reconnaissait si un esclave était atteint d'épilepsie, en lui faisant sentir une certaine pierre préalablement échauffée, *incensus gagates lapis*, ainsi nommée parce qu'elle se trouvait sur les bords du fleuve Gagès, en Lycie. (Apulée, *Apol.*; Plin., *Hist. nat.*, XXXVI, 34.) — (7) L. 12 pr., D., *De œd. ed.* — (8) L. 50, D., *eod. tit.* — (9) L. 12 § 4, D., *eod. tit.* — (10) L. 12 § 1, D., *eod. tit.* — (11) L. 14 pr. et § 3, D., *eod. tit.* — (12) L. 7 ; L. 10 pr. et § 1 ; L. 12 § 3; L. 13 ; L. 14 §§ 2, 4, 5, 6, 7, 8 ; L. 15, D., *eod. tit.* — (13) L. 4 §§ 3 et 4, D., *eod. tit.*

maison de son maître afin de se soustraire pour toujours à sa puissance (1). Il ne suffisait pas pour qu'un esclave fût *fugitivus* qu'il eût formé le projet de s'enfuir, il fallait que son intention se fût nettement manifestée par un commencement de fuite (2). A cette condition devait s'en joindre une autre : le but de sa fuite devait être de se dérober à l'autorité de son maître ; l'esclave n'était pas *fugitivus* s'il avait cédé à la peur ou à la contrainte, s'il avait voulu échapper à un danger, éviter les mauvais traitements d'un précepteur, en un mot s'il avait été guidé par tout autre motif que celui de quitter son maître sans esprit de retour (3).

On comprend aisément combien l'habitude de fuir des esclaves avait dû à juste titre préoccuper les magistrats, si l'on songe aux dangers auxquels fut exposé l'Etat, lorsque, dans les guerres serviles, des hordes d'esclaves fugitifs portèrent la dévastation dans l'Italie, et infligèrent aux armées romaines de si fréquentes et si honteuses défaites.

L'esclave *erro* était simplement musard et coureur ; on ne doit pas le confondre avec le *fugitivus* (4).

Enfin, les actions édilitiennes étaient recevables lorsque l'esclave était *noxa non solutus ;* voici quel était le sens de ces mots. Lorsqu'un esclave avait commis un délit, le maître du délinquant était condamné à indemniser la personne victime du délit, ou, s'il l'aimait mieux, il était libéré envers elle en lui faisant l'abandon de l'esclave (5); l'action en vertu de laquelle le maître avait été condamné était dite alors *noxale.* L'objet de la *noxa*, c'était l'esclave lui-même qui avait nui, et il était *noxa non solutus*, tant qu'il n'y avait pas eu réparation du délit de l'une de ces deux façons. Mais, comme le maître était soumis à l'action noxale plutôt comme possesseur de l'esclave que comme propriétaire, s'il venait à le vendre, l'action passait contre l'acheteur. Il était donc de toute équité que le marché pût être résilié dans ce cas (6). Il faut assimi-

---

(1) L. 17 pr. et §§ 1, 2, 10, D., *De æd. ed.* — (2) L. 225, D., *De verb. sign.;* L. 17 §§ 4, 8, 9, 13, 15, D., De *æd. ed.* —(3) L. 17 §§ 3, 4, 5, 6, 7, 11, 12, 16 ; L. 43 §§ 1, 2, 3, D., *eod. tit.* — (4) L. 17 § 14, D., *eod. tit.* — (5) Inst., IV, 8. — (6) L. 17 § 18, D., *De æd. ed.*

er au cas de l'esclave *noxa non solutus* tous les cas où l'acheteur d'un esclave ne pouvait pas en disposer librement (1).

Il faut compter encore au nombre des vices rédhibitoires le fait de la part de l'esclave d'avoir commis un délit entraînant une condamnation capitale, pourvu que ce délit ait été commis par vol et méchanceté et non par méprise ou par cas fortuit (2) ; et le fait d'avoir essayé de se donner la mort, excepté si la tentative de suicide avait été le résultat de souffrances physiques (3).

2° Les actions édilitiennes étaient également recevables lorsque le vice moral n'était qu'une conséquence d'une maladie physique (4). C'est ce qui arrivait lorsque l'esclave, au milieu d'une fièvre ardente, prononçait des paroles extravagantes (5).

Au contraire, il y avait des vices, physiques ou moraux, pour lesquels le défaut de déclaration ne donnait pas lieu aux actions édilitiennes, mais seulement à l'action *ex empto*. C'étaient :

1° Les difformités légères et les maladies sans gravité qui n'empêchaient pas l'esclave de se livrer au travail auquel il était destiné, et qui par conséquent ne produisaient pas une véritable incapacité (6). Telles étaient une fièvre légère, une blessure insignifiante (7), une faible inflammation des yeux, une douleur de dent ou d'oreille (8). Il en était de même si l'esclave avait plus de dix doigts aux mains ou aux pieds (9), s'il avait quelque disparité dans les yeux, la mâchoire ou les bras (10), s'il était bègue ou atteint d'autres défauts de prononciation (11), s'il lui manquait une dent (12). Enfin, nous ne ferons que renvoyer aux textes de notre titre pour les autres exemples qu'il renferme (13).

2° Les maladies ou les vices, même graves, qui se manifes-

---

(3) L. 17 § 19, D., *De œd. ed.* — (2) L. 23 § 2, D., *eod. tit.* — (3) L. 43 § 4, D., *eod. tit.* — (4) L. 4 § 4, D., *eod. tit.* — (5) L. 1 § 9; L. 4 §§ 1 et 4, D., *eod. tit.* — (6) L. 1 § 8; L. 5, D., *eod. tit.* — (7) L. 1 § 8, D., *eod. tit.* — (8) L. 4 § 6, D., *eod. tit.* — (9) L. 10 § 2, D., *eod. tit.* — (10) L. 12 § 1, D., *eod. tit.* — (11) L. 10 § 5, D., *eod. tit.* — (12) L. 11 D., *eod. tit.* — (13) L. 1 § 8; L. 3; L. 4 § 6; L. 6 §§ 1, 2; L. 10 §§ 2 et 5; L. 12 §§ 2, 3, 4, D., *eod. tit.*

taient par des signes extérieurs si visibles qu'il n'était pas possible à l'acheteur de ne pas les découvrir (1). Il en était ainsi lorsque l'esclave était aveugle ou encore lorsqu'il portait une cicatrice apparente sur la tête ou sur toute autre partie du corps (2).

3° Les vices moraux autres que ceux que nous avons classés plus haut parmi les vices rédhibitoires. L'énumération en serait donc inutile. Cependant, comme notre titre du Digeste en a donné de nombreux exemples, nous ne pouvons nous empêcher d'en citer quelques-uns. Ainsi, il n'y avait pas d'action rédhibitoire si le vendeur s'apercevait que l'esclave était léger, superstitieux, irascible, orgueilleux (3); qu'il était outre mesure timide, envieux, avare (4), mélancolique (5) ou violent (6). Pas d'action non plus s'il aimait le jeu, le vin et la bonne chère, ou s'il était porté à tromper, à mentir ou à quereller (7); enfin, s'il avait volé son maître, le vendeur n'était pas non plus tenu de le déclarer (8). Tous ces vices, du reste, étaient trop fréquents chez les esclaves pour que le vendeur pût être contraint, sous peine de résiliation du marché, de les faire connaître à l'acheteur ; l'esclavage, en mettant l'homme au rang des choses et en faisant de lui un instrument pour son maître, lui avait fatalement enlevé tout sentiment de moralité (9).

*Des vices rédhibitoires chez les animaux.* — L'édit des édiles ne paraît pas s'être appliqué d'une manière générale à toutes les ventes d'animaux, mais seulement aux ventes des animaux désignés sous le nom de *jumenta* et de *pecora* (10). *Jumenta*, c'étaient les bêtes de somme ou de trait (cheval, âne, mulet, chameau); *pecora*, c'étaient les animaux

---

(1) L. 1 § 6, D., *De œd. ed.* — (2) L. 14 § 10, D., *cod. tit.* — L'acheteur du reste pouvait faire mettre l'esclave à nu, et constater lui-même si les vêtements ne dissimulaient pas quelque défaut (Suet., *Aug.*, LXIX ; Sen., *Ep.* LXXX). — (3) L. 1 § 9, D., *De œd. ed.* — (4) L. 1 § 11, D., *eod. tit.* — (5) L. 2, D., *eod. tit.* — (6) L. 3 ; L. 4 pr., D., *cod. tit.* — (7) L. 4 § 2, D , *eod. tit.*; Cic., *De off.*, III, 23. — (8) L. 52, D., *De œd. ed.* — Pour d'autres exemples, voir : L. 1 § 10 ; L. 65 pr., D., *eod. tit.* — (9) Wallon, *Hist de l'escl. dans l'ant.*, t. II, ch. VII. — (10) L. 38 §§ 1, 4, 5, D., *De œd. ed.*

domestiques vivant ordinairement en troupeaux (bœuf (1), mouton, porc). Toutes les décisions de l'édit relatives aux *jumenta* s'appliquaient également aux *pecora* (2). Nous allons dire quels étaient les vices dont la découverte entraînait la résiliation de la vente de ces animaux.

D'abord, le plus grand nombre des maladies et des vices physiques signalés en matière de vente d'esclaves était applicables ici (3). Cependant, la castration qui était un vice rédhibitoire chez un esclave, ne l'était pas pour les animaux (4).

Il y avait ensuite quelques vices qui étaient spéciaux aux animaux. Ainsi, c'était un vice pour un bœuf de frapper de la corne, pour une mule d'aller à reculons, et pour toutes les espèces de *jumenta* de s'effrayer sans cause et de s'emporter (5).

*Des vices rédhibitoires dans les immeubles.* — Nous avons dit que la jurisprudence avait étendu les décisions de l'édit aux ventes d'objets de toute nature. C'est ce qui nous conduit à parler de quelques textes qui citent des cas de vices rédhibitoires en matière d'immeubles.

Ainsi, un fonds de terre était affecté d'un vice rédhibitoire s'il exhalait des vapeurs. pestilentielles (6), s'il produisait des herbes nuisibles ou vénéneuses (7) ; une maison, lorsque des serpents y pénétraient habituellement, qu'elle était malsaine, que la charpente menaçait ruine (8) ; ou, lorsqu'étant confisquée ou expropriée pour cause d'utilité publique, les augures avaient ordonné de la démolir (9).

Nous avons dit quels vices étaient rédhibitoires. Mais il ne suffit pas de les énumérer ; pour qu'ils pussent servir de base à une action édilitienne, il fallait en outre qu'ils réunissent les conditions suivantes :

1° Le vice devait exister au moment du contrat (10). Sinon,

---

(1) L. 38 § 6, D., *De æd. ed.* — (2) L. 38 § 5, D., *eod. tit.* — (3) L, 38 § 3, D., *eod. tit.* — (4) L. 38 § 7, D., *eod. tit.* — (5) L. 43 pr., D., *eod. tit.* — Autres textes où sont mentionnés certains vices qui avaient fourni matière à controverses : L. 4 § 3 ; L. 8 ; L. 38 §§ 8, 9, D., *eod. tit.* — (6) L. 49, D., *eod. tit.* — (7) L. 4, C., *De æd. ed.* — (8) Cic., *De off.*, III, 13, 17. — (9) Cic., *De off.*, III, 16. — (10) L. 54, D., *De æd. ed.*; L. 3, C., *De æd. ed.*

il constituait un cas fortuit qui demeurait à la charge de l'acheteur.

2° Il fallait que le vendeur n'eût pas dégagé sa responsabilité en déclarant qu'il ne répondrait pas de tel vice déterminé ou qu'il ne répondrait d'aucun vice(1). Mais si un vice excepté par le vendeur venait à se montrer, il fallait en outre qu'il en eût ignoré l'existence ; sinon, la stipulation de non garantie étant contraire à la bonne foi ne produisait pas d'effet et l'acheteur pouvait opposer une réplique de dol (2).

3° Le vice devait être caché, ainsi que nous l'avons signalé plus haut. Si en effet le vice était assez apparent pour que l'acheteur qui ne l'apercevait pas ne pût accuser que sa maladresse ou sa légèreté, il eût été injuste d'en rendre le vendeur responsable (3).

4° Le vice devait être inconnu de l'acheteur. Mais, pourrait-on dire, la condition précédente n'était-elle pas suffisante, et n'était-ce pas assez d'exiger que le vice fût caché? Non ; lorsque le vice était caché, il était en général ignoré de l'acheteur; mais il pouvait ne pas en être toujours ainsi ; et lorsque l'acheteur avait eu connaissance du vice, fût-il caché, le vendeur n'en répondait plus (4).

Mais que serait-il arrivé si la chose avait été achetée par un représentant? Qui, du représentant ou du représenté, devait ignorer l'existence du vice, pour que les actions s'ouvrissent contre le vendeur ? Il fallait à cet égard user de distinctions (5).

Supposons d'abord que le représentant fût sous la puissance du représenté (fils de famille, esclave).

1re Hypothèse: le représentant avait connu le vice. Le vendeur n'était jamais responsable. Peu importait que le représenté l'eût ou non connu ; peu importait que le représentant

---

(1) Aulu-Gelle rapporte, d'après le jurisconsulte Cælius Sabinus, que, si on vendait un esclave *pileatus*, c'est-à-dire coiffé d'un *pileus*, sorte de bonnet de feutre, cela signifiait qu'on entendait être dégagé de toute garantie (Aul. G., VII, 4.) — (2) L. 31, D., *De pactis*; L. 14 §§ 9, 10, D., *De æd. ed.* — (3) L. 1 § 6; L. 14 § 10; L. 48 § 3, D., *cod. tit.* — (4) L. 48 § 4, D., *eod. tit.* — (5) Molitor, *Les oblig. en dr. rom.*, I, 489.

eût agi *jussu domini* ou *peculiari nomine*. Le représentant
n'avait figuré dans le contrat que comme un instrument
d'acquisition ; et, s'il s'était rendu coupable d'une faute,
c'était à celui sous la puissance duquel il se trouvait, et non
au vendeur, à en supporter les conséquences (1).

2° Hypothèse : le représentant avait ignoré le vice. La solution était différente selon qu'il avait agi *peculiari nomine* ou
*ex jussu domini*. S'il avait agi *peculiari nomine*, il importait
peu que le représenté eût ou non connu le vice : ici, le représentant avait agi librement dans les limites du pécule, et la
connaissance que le représenté avait eue du vice n'avait pas
eu d'influence sur le prix convenu ; le vendeur restait donc
toujours responsable. Si le représentant avait agi *ex jussu
domini*, le vendeur cessait au contraire d'être responsable, si
le représenté avait eu connaissance du vice.

Supposons maintenant que le représentant fût une personne
*sui juris*, ayant agi à titre de mandataire du représenté, ou
comme son gérant d'affaires.

1<sup>re</sup> Hypothèse : le représentant avait connu le vice. Quant
à lui, il ne pouvait avoir les actions édilitiennes ; quant au
représenté, il ne pouvait pas non plus les exercer, qu'il eût ou
non connu le vice, car ce n'était pas lui qui avait contracté,
c'était son mandataire. Le seul effet de la *scientia* du mandataire ou du gérant d'affaires était de permettre au représenté
de recourir contre lui par l'action *mandati*, ou *negotiorum
gestorum*, à cause du dol qu'il avait commis (2).

2° Hypothèse : le représentant avait ignoré le vice. Dans ce
cas, comme dans le précédent, le représenté ne pouvait pas
intenter les actions; il n'était rien dans le contrat. Quant au
représentant, il ne pouvait agir contre le vendeur qu'autant
que le représenté ignorait lui aussi le vice. Si en effet le représenté le connaissait, le représentant se serait vu opposer l'exception de dol, car il favorisait ainsi le dol de son mandant,
en lui procurant indirectement un avantage qu'il n'aurait pu

---

(1) L. 51 pr., D., *De œd. ed.* — (2) L. 51 § 1, D., *eod. tit.;* L. 22 § 5, D.,
*De lib. causa.*

obtenir lui-même. Toutefois, il pouvait, mais dans son intérêt seul, exercer l'action rédhibitoire contre le vendeur
jusqu'à concurrence des remboursements et indemnités qui
lui étaient dus par le mandant (1).

5° Enfin, la dernière condition pour l'exercice des actions
édilitiennes était que le vice n'eût pas disparu depuis la
vente (2).

II. — L'acheteur pouvait en second lieu intenter les actions
édilitiennes lorsque le vendeur avait refusé de promettre une
indemnité à raison des vices, connus ou non de lui, qu'il n'a-
vait pas fait connaître et qui pouvaient se manifester postérieurement à la vente.

III. — En troisième lieu, l'acheteur avait les actions édilitiennes si le vendeur avait fait des affirmations ou des promesses mensongères relativement aux qualités ou aux vices
de la chose.

Par exemple, si le vendeur avait affirmé que l'esclave était
doué de patience, d'ardeur au travail, d'agilité, de vigilance,
et qu'il cherchait à gagner son pécule par son économie,
alors qu'au contraire il était léger, insolent, enclin à l'oisi-
veté et au sommeil, paresseux, lent et gourmand (3) ; ou encore, s'il avait livré l'esclave comme n'étant pas voleur, et
qu'il le fût ; comme étant artisan, et qu'il ne le fût pas (4).

Il faut remarquer toutefois qu'on ne devait pas exagérer la
portée des termes employés par le vendeur ; ainsi on ne pouvait pas exiger que l'esclave donné comme patient eût une
constance philosophique, que celui donné comme laborieux
et vigilant fournît un travail continuel jour et nuit (5) ; de
même, lorsqu'on disait que l'esclave a un pécule, cela n'impliquait pas qu'il en eût un considérable (6) ; affirmer que
l'esclave était artisan, ne voulait pas dire qu'il fût passé maître dans son art (7). Mais si le vendeur avait déclaré que l'esclave était un artisan hors ligne, par exemple, qu'il était un

---

(1) L. 51 § 1, D., *De æd. ed.* — (2) L. 16 ; L. 17 § 17, D., *eod. tit.* — (3) L.
18, D., *eod. tit.* — (4) L. 17 § 20 ; L. 31 § 1, D., *eod. tit.* — (5) L. 18 pr., D.,
*eod. tit.* — (6) L. 18 § 2, D., *eod. tit.* — (7) L. 19 § 4, D., *eod. tit.*

excellent cuisinier, il n'aurait pas rempli ses engagements
en livrant un cuisinier médiocre (1).

Il fallait se garder de confondre les qualités dont le vendeur affirmait sérieusement l'existence, avec ces vagues élo-
ges que tout vendeur habile prodigue à sa marchandise pour
attirer les chalands (2). Ainsi le vendeur n'engageait pas sa
responsabilité, s'il disait que l'esclave était frugal, honnête,
obéissant (3). Mais le vendeur devait y prendre garde : pour
peu que ses paroles perdissent le caractère de louanges bana-
les et continssent l'énonciation de quelque qualité bien pré-
cisée, il s'obligeait ; c'est ce qui avait lieu s'il affirmait que
l'esclave n'était pas joueur, ou qu'il ne s'était jamais réfugié
auprès de la statue du prince (4).

IV. — Les actions édilitiennes pouvaient être intentées en
quatrième lieu lorsqu'un esclave vétéran avait été vendu
comme novice. Selon les uns, l'esclave vétéran, *servus veterator*, et l'esclave novice, *servus novitius*, ne se distinguaient
pas par la durée, mais par la nature de leurs services (5). Selon
d'autres, et cette opinion semble préférable, le vétéran était
celui qui avait servi une année entière dans la ville, le novice
celui qui n'avait pas encore fourni cette année de services (6).
L'esclave novice était plus estimé ; s'il était plus grossier et
plus simple, il était aussi plus docile, et on pouvait le former
facilement à toutes sortes d'emplois. Au contraire, le *veterator*,
déjà habitué à un genre de travail, n'était pas facile à réformer, et ne se pliait pas aisément aux exigences d'un nouveau
maître. Aussi les édiles avaient-ils jugé utile de prémunir les
acheteurs contre les ruses des marchands d'esclaves qui mê-
laient des vétérans aux novices pour s'en défaire à meilleur
prix (7).

V. — Un cinquième cas de rédhibition de la vente se pré-

---

(1) L. 18 § 1, D., *De œd. ed.* — (2) L. 19 § 3, D., *eod. tit.;* L. 43 pr., D.,
*De contr. empt.* — (3) L. 19 pr., D., *De œd. ed.* — (4) L. 19 § 1, D., *cod.
tit.* — Les statues des princes étant des *res sacræ*, offraient aux esclaves fugitifs des asiles qu'on ne pouvait violer sans se rendre coupable de sacrilège ou
de lèse-majesté (Inst., I, 8, § 2; Sen., *De clem.*, I, 18. — (5) L. 65 § 2, D., *De
œd. ed.* — (6) L. 16 § 3, D., *De public. et vectig.* — (7) L. 37, D., *De œd. ed.*

sentait lorsque le vendeur n'avait pas dit de quel pays l'esclave était originaire (1). Cette déclaration était fort importante, car la nationalité de l'esclave avait une grande influence sur la conclusion du marché. C'était en effet comme une présomption faisant connaître d'avance ses mœurs et ses habitudes bonnes ou mauvaises ; ainsi, tandis que le Crétois passait pour menteur et le Corse pour cruel et indocile, le Syrien était renommé pour sa force et l'Ionien pour sa beauté (2). Lorsque l'esclave venait d'outre-mer, le marchand frottait ordinairement ses pieds avec de la craie, ce qui le dispensait de toute déclaration d'origine (3).

VI. — Un sixième cas de rédhibition de la vente était uniquement applicable aux chevaux et autres *jumenta*. Lorsqu'au moment de la vente, le vendeur les avait montrés avec leurs harnais ou tout autre ornement, il ne pouvait pas les livrer sans ces accessoires ; sinon, il était exposé à la rédhibition (4). Les textes n'indiquent pas si l'action *quanti minoris* était recevable dans ce cas.

VII. — Enfin, voici une dernière hypothèse dans laquelle l'acheteur pouvait recourir contre son vendeur, mais seulement par l'action *quanti minoris* : c'était lorsque des charges, une servitude par exemple, pesaient sur la chose, et qu'en raison de ces charges, l'acheteur l'eût payée un prix moins élevé, s'il les avait connues (5).

**Qui pouvait exercer les actions édilitiennes ?** — L'acheteur, et ses héritiers ou ayants cause universels (6). Il en était de même du fidéjusseur de l'acheteur (7).

Dans le cas d'échange, comme l'une et l'autre partie jouaient à la fois le rôle d'acheteur et celui de vendeur, elles pouvaient l'une comme l'autre exercer les actions (8).

Mais les actions édilitiennes n'appartenaient ni à celui qui avait loué une chose (9), ni au donateur (10).

---

(1) L. 31 § 21, D., *De æd. ed.* — (2) Doneau, *Comment. ad tit. de æd. ed.*, ch. III, n° 5. ; Wallon, *Hist. de l'escl. dans l'ant.*, t. II, ch. II. — (3) Plin., *Hist. n.*, XXXV, 58. — (4) L. 38 § 11, D., *De æd. ed.* — (5) L. 61, D., *eod. tit.*; Pothier, t. I, p. 597, § LI. — (6) L. 19 § 5 ; L. 48 § 5, D., *eod. tit.*; L. 70 § 1, D., *De verb. sign.* — (7) L. 56, D., *De æd. ed.* — (8) L. 19 § 5, D., *eod. tit.* — (9) L. 63, D., *eod. tit.* — (10) L. 62, D., *eod. tit.*

Lorsque plusieurs personnes achetaient une chose en commun, ou qu'un acheteur unique laissait plusieurs héritiers, chacune de ces personnes avait le droit d'exercer les actions édilitiennes ; mais pouvaient-elles porter leur choix, les unes sur l'action *redhibitoria*, les autres sur l'action *quanti minoris ?* Non, les divers acheteurs devaient s'entendre au préalable pour prendre une détermination commune ; et ils devaient exercer la même action tous ensemble, ou la faire exercer par l'un d'eux à titre de *procurator*. Les actions édilitiennes étaient en effet, quant à la *petitio,* indivisibles, lors même que l'objet de la demande aurait été divisible. S'il en avait été autrement, le vendeur, obligé de subir l'action *redhibitoria* pour une part, l'action *quanti minoris* pour une autre part, aurait été victime d'une injustice (1).

Mais la solution était toute différente si plusieurs personnes, au lieu d'acheter un objet *sub specie unitatis,* comme disent les jurisconsultes, l'avaient acheté chacune pour une quote-part déterminée. Alors les intérêts des divers acheteurs ayant été distincts dès la vente, il y avait pour ainsi dire autant de contrats que d'acheteurs ; chaque acheteur pouvait donc intenter à son choix l'action qui lui semblait la plus favorable, sans que le vendeur pût se plaindre d'une situation qu'il avait volontairement acceptée (2).

**Contre qui pouvaient être intentées les actions édilitiennes?**—Contre tout vendeur quel qu'il fût ; même si c'était un pupille (3), ou si c'était l'Etat (4) ; et contre ses héritiers (5).

Si le vendeur était un esclave ou un fils de famille, les actions édilitiennes pouvaient être exercées *de peculio* contre le maître ou le père de famille. Comme ces actions croissaient au double (6), si la sentence n'était pas exécutée, c'était là une exception à la règle que les actions pénales ne devenaient jamais actions *de peculio* (7).

S'il y avait plusieurs vendeurs, ou si le vendeur avait laissé

---

(1) L. 31 §§ 5 et 7, D., *De œd. ed.* — (2) L. 31 § 10, *eod. tit.* — (3) L. 1 § 5, D., *eod. tit.* — (4) L. 1 § 4, D., *eod. tit.* — (5) L. 23 § 5; L. 48 § 5, D., *eod. tit.* — (6) L. 45, D., *eod. tit.* — (7) L. 23 § 4, D., *eod. tit.;* Pothier, t. I, p. 597, § LV.

plusieurs héritiers, l'acheteur devait diviser son action contre chacun d'eux. Aussi, n'étant pas tenu d'intenter une action unique contre tous à la fois, il pouvait exercer l'action *redhibitoria* contre les uns, l'action *quanti minoris* contre les autres. L'acheteur ne leur causait par ce choix aucun préjudice, car il ne poursuivait chaque vendeur que *pro portione :* chaque vendeur, étant actionné isolément, ne payait pas plus que si tous l'avaient été en même temps (1). Ainsi, *a parte venditorum,* les actions édiliciennes sont divisibles ; nous avons dit qu'au contraire, *a parte emptorum,* elles étaient indivisibles.

Cependant, lorsqu'il y avait plusieurs vendeurs et qu'ils étaient associés, on permettait à l'acheteur, pour ne pas l'obliger à multiplier ses actions, d'intenter les actions édiliciennes *in solidum* contre un seul des vendeurs. Lorsqu'ils avaient des parts inégales dans la société, l'action devait être dirigée contre celui qui y est intéressé pour la plus forte part (2).

Les actions édiliciennes n'étaient pas admises :

1° Contre le fisc (3).

2° Contre le vendeur d'une *universitas rerum,* pour la garantie des vices pouvant affecter chaque objet de cette *universitas* considérée individuellement. Tel était le cas de la vente d'une hérédité, d'un pécule, d'un fonds avec son *instrumentum,* c'est-à-dire avec le matériel d'exploitation (4).

Cette règle ne devait s'entendre que d'une *universitas* constituant en même temps un *corpus incertum* (5). Mais la garantie des vices portait exceptionnellement sur les objets individuels lorsqu'ils avaient été spécialement nommés dans le contrat de vente, parce qu'alors la vente était, quant à ces objets, une vente de corps certains.

L'action rédhibitoire n'était pas donnée contre le vendeur d'objets de minime importance, dans l'intérêt des petits mar-

(1) L. 31 § 10, D., *De æd. ed.* — (2) L. 44 § 1, D., *eod. tit.* — (3) L. 1 § 3, D., *eod. tit.;* L. 8, C., *De remiss. pign.* — (4) L. 33 pr., D., *De æd. ed.* — (5) Molitor, *Les oblig. en dr. rom.,* 1, 444.

chés et afin d'éviter de nombreux procès (1) ; mais l'action *quanti minoris* subsistait dans ce cas (2).

**Des effets de l'action redhibitoria.** — La rédhibition est en quelque sorte une restitution en entier, et elle amène ce résultat que chaque partie contractante est remise dans la situation où elle se serait trouvée si la vente n'avait pas eu lieu (3). Pour atteindre ce but, le vendeur et l'acheteur devaient se faire réciproquement certaines prestations.

Le vendeur devait rembourser à l'acheteur :

1° Le prix qu'il en avait reçu (4).

Lorsque plusieurs objets, des esclaves par exemple, avaient été achetés pour un prix unique sans indication de la valeur pour laquelle chacun était compté, et que la rédhibition ne portait que sur un seul, il fallait faire une estimation pour savoir quel prix devait être restitué (5).

2° Les intérêts du prix à partir du jour du paiement (6).

3° Les sommes déboursées par l'acheteur, soit pour une cause inévitable comme pour le paiement des impôts, soit sur la demande du vendeur, comme seraient des frais de transport (7).

4° Les dépenses faites par l'acheteur à l'occasion de la chose. Mais il est à noter que celles postérieures au moment où était intentée l'action n'étaient sujettes à restitution qu'autant qu'elles étaient nécessaires ; d'autre part, que les impenses dont l'usager a ordinairement la charge se compensaient avec l'usage qu'il avait retiré de la chose, tels étaient les aliments donnés à l'esclave (8).

5° Le montant du dommage causé par la chose à l'acheteur. Ainsi, lorsque l'esclave vendu avait commis un vol au préjudice de l'acheteur ou d'une personne que l'acheteur avait indemnisée, le vendeur devait rendre l'acheteur entièrement indemne. Toutefois, il était libéré à son égard, s'il ne réclamait pas l'esclave qui avait causé le dommage, c'est-à-

---

(1) L. 48 § 8, D., *De œd. ed.* — (2) Doneau, *Comm. ad tit. de œd. ed.*, ch. IV, n. 5. — (3) L. 23 § 7 ; L. 60, D., *De œd. ed.* — (4) L. 27, D., *eod. tit.* — (5) L. 36 ; L. 64, D., *eod. tit.* — (6) L. 27 ; L. 29 § 2, D., *eod. tit.* — (7) L. **27**, D., *eod. tit.* — (8) L. 30 § 1, D., *eod. tit.*

dire le *corpus noxium*, conformément au principe de l'action noxale (1).

L'acheteur devait restituer au vendeur :

1° La chose vicieuse. C'est cette restitution même de la chose vendue qui caractérise l'action rédhibitoire ; la promesse de rédhiber n'était pas suffisante (2).

L'acheteur devait rendre la chose libre des charges réelles qu'il lui avait imposées (3).

Qu'arrivait-il si l'objet avait péri ? Si c'était par cas fortuit, la perte équivalait à une restitution, et n'empêchait pas l'acheteur de poursuivre ses droits (4). Si c'était par la faute de l'acheteur, d'un membre de sa famille, ou de son *procurator*, il devait en fournir l'estimation, déduction faite de la diminution de valeur causée par le vice (5). Il faut entendre ici par faute, non pas seulement la *culpa lata*, mais même la *culpa levis* (6). L'acheteur est tenu dans les mêmes termes des détériorations (7).

2° Les fruits et accessions de la chose, en un mot tout ce que la chose eût produit au vendeur, si elle était restée entre ses mains (8), c'est-à-dire les fruits que l'acheteur a perçus et même ceux qu'il a négligé de percevoir (9), les legs et hérédités échus à l'esclave vicieux (10), le montant de la condamnation obtenue par l'action *vi bonorum raptorum* (11).

Lequel, du vendeur ou de l'acheteur, devait faire le premier les restitutions que nous venons d'énumérer ? Les édiles ont décidé que ce serait l'acheteur (12). Cependant, on admit que l'acheteur pourrait, afin d'être à l'abri de l'insolvabilité du vendeur, donner caution à celui-ci qu'il restituerait l'esclave, si le prix lui était payé dans un temps fixé (13).

Nous devons examiner encore, au sujet des effets de l'ac-

---

(1) L. 23 § 8; L. 31 pr., D., *De æd. ed.* — (2) L. 31 § 18, D., *eod. tit.* — (3) L. 21 § 1; L. 43 § 8, D., *eod. tit.*; L. 4, D., *Quib. mod. pign. vel hyp. solv.* — (4) L. 31 § 6, D., *De æd. ed.* — (5) L. 31 § 11; L. 38 § 3; L. 47 § 1; L. 48 pr., D., *eod. tit.* — (6) L. 31 § 12, D., *eod. tit.* — (7) L. 25 §§ 1, 2, 3, 4, 7; L. 31 §§ 14, 15, D., *eod. tit.* — (8) L. 75, D., *De verb. sign.* — (9) L. 23 § 9; L. 31 § 2, D., *De æd. ed.* — (10) L. 23 § 9, D., *eod. tit.* — (11) L. 43 § 5, D., *eod. tit.* — (12) L. 25 § 10, D., *eod. tit.* — (13) L. 26, D., *eod. tit.*

tion rédhibitoire, ce qui se produisait lorsque plusieurs choses avaient été vendues ensemble ; la rédhibition prononcée à l'égard de l'une d'elles entraînait-elle la rédhibition des autres ?

Supposons que les choses vendues aient été entre elles dans un rapport tel que l'on dût considérer l'une comme principale, l'autre comme accessoire. Si la chose principale était seule affectée du vice, la rédhibition de cette chose entraînait celle de la chose accessoire par application de la règle *accessorium sequitur principale* (1). Si au contraire la chose accessoire était entachée d'un vice, la rédhibition ne s'étendait pas à la chose principale (2).

Supposons en second lieu que les choses soient également principales. Si elles étaient telles que l'acheteur ne les eût pas achetées l'une sans l'autre, comme une troupe d'esclaves comédiens, un quadrige, un couple de mulets assortis, la rédhibition portait sur l'ensemble de ces choses, et non pas seulement sur celle atteinte du vice ; il en était de même des esclaves unis entre eux par les liens du sang ou par ceux du *contubernium* (3). Si au contraire les choses vendues pouvaient être par leur nature achetées séparément, la rédhibition obtenue par suite du vice affectant l'une d'elles laissait subsister le contrat à l'égard des autres (4).

**Des effets de l'action quanti minoris.**.— La conséquence de cette action est que le vendeur était tenu de restituer à l'acheteur une portion du prix représentant ce que l'acheteur aurait payé en moins la chose, s'il avait connu le vice dont elle était entachée.

S'il s'agissait de choses qui ne se vendent que par paires, comme un attelage de mules, et que l'une d'elles fût vicieuse, on faisait entrer dans la diminution du prix la dépréciation que le vice causait à l'ensemble des deux choses (5).

**De la durée des actions édilitiennes.** — Ces actions pouvaient être exercées à partir du moment où la chose était exigible en vertu

---

(1) L. 31 § 25; L. 33 § 1, D., *De œd. ed.* — (2) L. 27, D., *De act. empt.*; L. 32, D., *De œd. ed.* — (3) L. 34; L. 35; L. 38 § 14; L. 39; L. 40 pr., D., *cod. tit.* — (4) L. 38 § 14, D., *cod. tit.* — (5) L. 38 § 13, D., *cod. tit.*

du contrat. Mais tant que le droit était encore pendant, les actions n'étaient pas recevables. Ainsi, lorsqu'on avait acheté une chose sous condition, on ne pouvait poursuivre la rédhibition qu'autant que la condition s'était réalisée (1).

Les actions édilitiennes s'éteignaient :

1° Par le laps de temps : l'action rédhibitoire durait six mois, l'action *quanti minoris* un an (2). Ces délais couraient généralement du jour de la vente ; cependant, comme il s'agissait de délais utiles, leur point de départ pouvait être retardé jusqu'au moment où l'acheteur était à même de connaître le vice (3).

Ces délais étaient abrégés lorsque les actions étaient intentées sur le refus du vendeur de promettre indemnité. La durée de l'action rédhibitoire était réduite alors à deux mois, celle de l'action *quanti minoris* à six mois (4). L'action rédhibitoire était contenue dans le même délai de deux mois, lorsque l'acheteur poursuivait le vendeur pour n'avoir pas livré la chose avec ses accessoires (5).

2° Dans le cas de vente d'un esclave, les actions édilitiennes s'éteignaient lorsque l'acheteur l'affranchissait (6).

L'éviction ou la perte fortuite de la chose n'enlevaient pas le droit d'intenter les actions édilitiennes. L'acheteur avait pu en effet souffrir un préjudice par suite du vice qui affectait la chose avant ces événements (7).

## SECTION X

### GARDE DES ARCHIVES

Les édiles de la plèbe furent chargés, dès l'époque de leur création, de garder les archives plébéiennes et les plébiscites,

---

(1) L. 43 § 9, D., *De œd. ed.* — (2) L. 38 pr., D., *eod. tit.* — (3) L. 19 § 6 ; L. 55, D., *eod. tit.* — (4) L. 28, D., *eod. tit.* — (5) L. 38 pr., D., *eod. tit.* — (6) L. 47 pr., D., *eod. tit.* — (7) L. 44 § 2 ; L. 47 § 1, D., *eod. tit.*; L. 16 § 2, D., *De evict.*

dans le temple de Cérès (1). Peu d'années après, probablement en 449 avant J.-C., les sénatus-consultes furent aussi déposés dans le temple de Cérès, et confiés à la garde des édiles plébéiens, dans le but de soustraire ces documents à l'arbitraire des consuls qui auraient pu les altérer ou les supprimer (2). Il est probable que les édiles curules partagèrent ensuite avec les édiles de la plèbe ces différentes attributions relatives à la garde des archives.

Les édiles ne demeurèrent pas toujours chargés de la garde des sénatus-consultes. Ce soin passa aux questeurs, vers le VIᵉ siècle de Rome, époque où l'*ærarium*, placé dans le temple de Saturne, devint le lieu de dépôt des archives publiques (3).

Les édiles de la plèbe avaient peut-être été chargés par les tribuns de faire graver, sur des tables d'airain, les lois décemvirales et de les exposer en public. Selon d'autres, ce furent les consuls qui eurent cette mission (4).

## SECTION XI

### FABRICATION DES MONNAIES

Le droit de fabriquer les monnaies appartenait à l'État. Nous ne savons pas exactement quel fut dans l'origine le mode d'exercice de ce droit, mais nous pouvons dire que pendant les deux derniers siècles de la République, le peuple, les magistrats et le sénat concouraient, chacun pour une part, à l'émission légale des monnaies ; le peuple, dans les comices par tribus, décrétait les conditions de l'émission, les magistrats faisaient exécuter le décret, et le sénat avait le contrôle du monnayage.

---

(1) L. 2 § 21, D., *De or. jur.* ; Mommsen, II, p. 468. — (2) Tit. L., III, 55. — (3) Tit. L., XXXIX, 4; Suet., *Oct.*, 94; Guillaume (*Dict. ant.*, vᵒ *Ærarium*). — (4) Tit. L., III, 57.

Les magistrats chargés de diriger la fabrication des monnaies paraissent avoir été d'abord ceux revêtus de l'*imperium*, comme les consuls et les préteurs. Plus tard, ce soin fut confié à des magistrats spéciaux, les triumvirs monétaires, institution qui ne devint une magistrature régulière et permanente que vers 665 de Rome. Les triumvirs monétaires étaient les magistrats exécutifs chargés régulièrement de la fabrication des monnaies ; les pièces qu'ils émettaient constituaient véritablement la monnaie légale de l'État.

Mais quelquefois aussi il y avait des émissions extraordinaires faites en vertu d'un sénatus-consulte, pour répondre à un besoin accidentel de numéraire. Dans ce cas, le sénat déléguait, pour le soin de la fabrication, des magistrats d'un rang inférieur, comme les édiles ou les questeurs. L'émission se faisait pour le compte du trésor et avec les lingots qu'il avait fournis ; et, comme cette émission avait un caractère tout exceptionnel, les édiles qui en étaient chargés mettaient leurs noms sur ces pièces en les accompagnant des mots *ex senatus consulto* ou *senatus consulto*.

D'autres fois, c'est à l'occasion des jeux que les édiles donnaient au peuple, que nous trouvons leurs noms mentionnés sur des monnaies. Dans ce cas en effet ils obtenaient l'autorisation de faire fabriquer des pièces portant leur nom, mais ils devaient en fournir le métal.

Tels sont les seuls cas où les édiles intervenaient dans la fabrication des monnaies. Ces cas étaient en principe purement exceptionnels, mais, dans la pratique, ils se sont reproduits assez de fois pour que cette partie des attributions des édiles ait eu quelque importance (1).

---

(1) Mommsen, *Histoire de la monnaie romaine*, II, p. 41 et s. ; Lenormant, *La monnaie dans l'antiquité*, II, p. 231 et s.

## SECTION XII

CENSURE DU THÉATRE

Les représentations scéniques eurent chez les Romains, comme d'ailleurs chez tous les peuples, une origine toute hiératique et religieuse. Bien que l'élément sacerdotal ait eu sur les origines du théâtre une influence moindre à Rome qu'en Grèce, nous savons cependant que les cérémonies religieuses y étaient souvent accompagnées de représentations des rites sacrés et de chants mystiques. Le caractère même de ces spectacles les mettait à l'abri de toute défiance de la part de l'autorité. Cette immunité subsista encore lorsque les représentations scéniques cessèrent d'être purement religieuses par l'intervention du peuple comme acteur dans les fêtes publiques. Quant aux premiers essais dramatiques, soit de source indigène, soit de source étrusque, qui virent le jour à Rome, l'Etat ne paraît pas s'en être préoccupé davantage.

Mais plus tard, lorsque Rome, par ses relations avec la Grèce, fut initiée à sa civilisation et à ses mœurs, lorsque, sous cette salutaire influence, son goût littéraire se fut épuré et développé, les représentations scéniques devinrent des drames réels où les personnages mis en scène figuraient dans leurs dialogues une action suivie et intéressante. Dans la Grèce, les auteurs dramatiques, usant de l'excessive liberté que leur laissait l'Etat démocratique, ne craignaient pas d'attaquer, en termes acerbes et violents, les hommes politiques les plus considérables ; les comédies d'Aristophane nous en offrent des exemples frappants. A Rome au contraire, l'aristocratie patricienne, soucieuse de conserver sa prépondérance, ne pouvait supporter sans se taire des attaques personnelles qui blessaient sa dignité, et elle ne devait pas manquer de se prémunir contre les allusions dangereuses qui n'avaient d'autre but que de ruiner son pouvoir. On peut donc dire qu'il y avait une raison d'État à ce que la politique fût bannie de la scène, et c'est ce qui explique l'existence à Rome de la censure théâtrale. Les édiles furent investis de cette importante et délicate fonction ; leur mission avait pour but de garantir la sécurité politique plutôt que de protéger la morale publique ; la licence qui s'étale dans les œuvres des auteurs comiques romains montre en effet que la censure était très-coulante sur ce point.

Cette attribution des édiles nous est révélée notamment par l'intitulé (*titulus*) qui précède le texte des comédies de Térence. On y trouve indiqué en même temps que le nom des acteurs et la désignation de l'époque à laquelle la pièce fut représentée, le nom des édiles curules qui étaient alors en fonctions. Des six comédies de Térence, les *Adelphi* sont la seule qui ne contienne pas cette mention.

L'auteur qui ambitionnait l'honneur de produire sa pièce sur le théâtre devait soumettre son manuscrit aux édiles pour obtenir d'eux la permission de la faire jouer. Les motifs par lesquels nous avons expliqué la nécessité de la censure chez les Romains montrent que l'examen auquel se livraient les édiles n'avait point pour but de constater le mérite littéraire de l'œuvre, mais de rechercher si elle ne contenait pas quelque outrage aux lois, quelque allusion aux affaires publiques, quelque attaque à l'adresse de hauts personnages. Les édiles n'étaient pas en effet des critiques officiels chargés d'apprécier si une œuvre était assez parfaite pour être présentée en public ; jamais les Romains n'avaient poussé à ce point le raffinement littéraire et le sentiment de l'esthétique.

Bien que réduite à ces proportions de surveillance politique, la mission confiée aux édiles leur paraissait peut-être quelquefois encore trop lourde pour leurs connaissances littéraires. Le grammairien Ælius Donatus nous apprend en effet, dans ses commentaires sur Térence (1), que cet auteur, lorsqu'il présenta aux édiles sa première comédie, l'*Andria*, reçut de ces magistrats l'ordre d'aller la réciter devant Cerius ; c'était

_____

(1) *Terentii vita.*

sans doute quelque poète dont la renommée était déjà faite, auquel ils s'en remettaient du soin de contrôler en leur nom si la pièce n'offrait rien de répréhensible.

Lorsque les édiles avaient donné leur approbation à une pièce théâtrale, ils avaient, à ce qu'il paraît, l'habitude de l'acheter à l'auteur. Il est dit dans le prologue de l'*Eunuchus* de Térence (1) que les édiles avaient acheté cette pièce, et nous savons par le commentateur Donatus qu'ils la payèrent huit mille sesterces, prix considérable, comme il le fait remarquer, et qu'aucune autre comédie n'avait jusqu'alors atteint. On comprend aussi qu'il n'était pas inutile que les édiles eussent recours pour ces appréciations à des littérateurs plus experts qu'eux-mêmes.

Cette coutume des édiles d'acheter les pièces de théâtre pour les faire représenter eux-mêmes peut paraître surprenante de nos jours ; mais elle s'explique aisément par cette considération que les édiles y trouvaient un moyen de se rendre populaires, en ajoutant par ces représentations plus d'éclat aux jeux qu'ils faisaient célébrer. Au reste, les édiles avaient le soin de subordonner à la réussite de la pièce le paiement de la somme promise ; le marché devait être ratifié par le jugement favorable de la foule. C'est encore dans les œuvres de Térence lui-même (2) et en nous aidant des explications de Donatus que nous trouvons ce nouveau détail.

Enfin les édiles, après avoir acheté la pièce, la faisaient représenter devant eux, à titre d'essai, avant d'en donner une représentation publique. Ce n'était pas autre chose que ce que nous appelons de nos jours une répétition, et nous n'étonnerons personne en disant que la faveur d'y être admis était très-recherchée (3).

---

(1) Vers 20. — (2) Ter., *Hecyra*, prol. II, in fine. — (3) Ter., *Eunuchus*, prol., 22.

## SECTION XIII

### JEUX PUBLICS

Les jeux publics paraissent avoir occupé, dans la vie des anciens, une place considérable. Ils se rattachaient, par leur origine, aux rites religieux et aux plus anciennes pratiques du culte national. Mais en se perpétuant, l'institution perdit son caractère sacré; et les jeux devinrent autant d'occasions d'amuser le peuple, en prenant la célébration des fêtes religieuses pour prétexte. Les jeux du cirque et les spectacles publics étaient pour la société romaine, qui comptait tant d'oisifs, un besoin, une mode, un passe-temps; on s'y rendait par plaisir et non plus par piété. On en était privé pendant l'hiver, parce qu'ils ne pouvaient être donnés que dans un cirque ou dans un théâtre, c'est-à-dire en plein air. Mais aussi, dès que le printemps ramenait les beaux jours, quelle profusion de fêtes ! De la fin de mars jusqu'au milieu de novembre, il y en avait presque tous les huit jours. Les calendriers romains qui sont parvenus jusqu'à nous sont là pour l'attester.

Il y avait plusieurs espèces de jeux; mais, s'ils différaient dans leur origine, ils étaient à peu près tous composés des mêmes exercices et des mêmes amusements.

Les *jeux solennels* étaient institués à perpétuité, revenaient à des époques fixes, et formaient la principale partie des fêtes nationales et religieuses.

Les *jeux honoraires* n'étaient qu'éventuels. On les donnait à l'occasion de la dédicace d'un temple ou d'un autre monument, de funérailles, d'un triomphe.

Les *jeux votifs* étaient donnés en accomplissement d'un vœu fait, soit par le sénat, soit par un magistrat en fonctions, dans des circonstances intéressant la République.

La célébration des jeux coûtait des sommes énormes. Parmi eux, les uns étaient payés par l'Etat, les autres restaient à le charge du célébrant. L'Etat fournissait une allocation aux magistrats pour célébrer les jeux votifs, lorsque ceux-ci étaient décrétés par le sénat. Les frais des autres jeux étaient supportés par ceux qui entreprenaient de les célébrer.

Mais quelque considérable que fût l'allocation fournie par le trésor public, elle était de cinq cents mines d'argent dans les premières années de la République (1), cette somme était toujours au-dessous des dépenses immodérées que faisaient les magistrats chargés de l'organisation des jeux. C'est par la célébration des jeux que les édiles donnaient de l'éclat à leur charge, et ils y trouvaient un moyen de popularité autorisé par les lois et les mœurs, sans encourir les pénalités des lois sur la brigue électorale. L'édilité était le premier degré par lequel on montait aux plus hautes dignités de la République, et on se frayait d'autant plus facilement le chemin du consulat, qu'on avait déployé plus de splendeur pendant son édilité ; le peuple en effet accordait volontiers ses suffrages aux magistrats qui l'avaient amusé par de magnifiques spectacles, tandis qu'il les refusait à ceux qui avaient géré leur magistrature avec trop de parcimonie. Cicéron remarque que Mamercus, homme riche et considérable, essuya un refus honteux dans la demande qu'il fit du consulat, parce qu'il avait évité d'être édile, dans la crainte des dépenses nécessairement attachées à cette magistrature (2).

Souvent, les édiles s'entendaient avec les gouverneurs des provinces pour alléger la dépense, et obtenaient d'eux qu'ils levassent dans leurs gouvernements des contributions au profit des jeux de Rome (3). C'était à charge de revanche : celui qui s'était ruiné comme édile obtenait plus tard, comme préteur ou comme consul, un gouvernement de province, ce qui lui permettait de refaire sa fortune, et de récompenser les services rendus. Les édiles avaient recours aussi à l'argent provenant des amendes pour diminuer leurs dépenses personnelles.

Le luxe des fêtes publiques devint tellement exagéré, et leur célébration entraînait de si lourdes charges, que l'on

(1) Denys, VII, 13, 3. — (2) Cic., De off., II, 17. — (3) Tit. L., XL, 44.

finit par ne plus trouver de candidats à l'édilité. Auguste dut une année, faute de candidats, faire remplir les fonctions d'édile par les tribuns et les préteurs (1). C'est aussi pour cette raison qu'il dut retirer aux édiles la direction des jeux et la mettre entièrement à la charge des préteurs (2).

Nous allons donner quelques détails sur chacun des jeux dont la direction a appartenu aux édiles.

*Ludi romani.* — Les jeux romains étaient, de tous les jeux solennels, les plus anciens. Ils avaient été institués par Tarquin l'Ancien en l'honneur des grands dieux, Jupiter, Junon et Minerve (3). Ils revenaient annuellement la veille des nones de septembre. La direction en appartenait primitivement aux consuls (4); plus tard, lorsque les édiles curules furent institués, ils assistèrent les consuls dans l'organisation et la police des jeux, et bientôt les dirigèrent seuls (5); mais il est probable que leur présidence appartint toujours à un consul, un préteur ou un dictateur, en un mot au plus élevé des magistrats présents (6).

La durée des jeux romains paraît avoir varié de un à trois jours (7). On les annonçait d'avance au moyen d'affiches peintes sur les murs (8). Ils se composaient de jeux scéniques et de jeux du cirque. Nous ne pouvons entreprendre ici de les décrire, et nous renvoyons aux auteurs qui en ont traité (9).

*Ludi plebeii.* — Les jeux plébéiens avaient été institués en mémoire de la réconciliation des deux ordres, après la retraite du peuple sur le mont Aventin (10). Ils se célébraient en novembre, sous la direction exclusive des édiles de la plèbe (11). Leur durée était ordinairement de un à trois jours, comme

---

(1) Dio Cass., XLIX, 16. — (2) Tac., *Ann.*, I, 15. — (3) Cic., *Verr.*, II, 5, 14. — (4) Mommsen, II, p. 507. — (5) Tit. L., X, 47; XXIII, 30; XXVII, 21, 36; XXVIII, 10; XXIX, 38; XXXI, 4, 50; XXXIII, 25, 42. — (6) Tit. L., VIII, 40; XLV, 1. — (7) 1 jour : Tit. L., XXVII, 21; XXX, 26; XXXI, 50. — 2 jours : Tit. L., XXVII, 36; XXIX, 38; XXXI, 4. — 3 jours : Tit. L., XXXIII, 25, 42. — (8) Orelli-Henzen, 2556, 5814, 6166. — (9) Denys, VII, 13; Dezobry, *Rome au siècle d'Aug.*, II, *Lettres* XLVIII et XLIX. — (10) De Beaufort, *La Rép. rom.*, I, p. 354. — (11) Tit. L., XXIII, 30; XXVII, 21, 36; XXVIII, 10; XXIX, 38; XXXI, 4, 50; XXXIII, 42.

celle des jeux romains(1); cependant nous voyons qu'une année, ils durèrent exceptionnellement sept jours (2). Ces fêtes étaient imitées, dans tous leurs détails, de celles des jeux romains.

*Ludi megalenses.* — Les jeux mégalésiens étaient célébrés, la veille des nones d'avril, par les édiles curules, en l'honneur de Cybèle, la grande mère des dieux. Le culte de la *Magna Mater* avait pris naissance en Phrygie. En 204 avant J.-C., l'idole de la déesse de l'Ida fut solennellement amenée à Rome; on commença la construction d'un temple, et on institua des jeux qui se continuèrent, chaque année, le 12 avril, anniversaire de l'arrivée de la déesse et de son installation provisoire dans le temple de la Victoire Palatine (3). Les édiles curules C. Atilius Serranus et L. Scribonius Libon donnèrent pour la première fois, en 193 avant J.-C., des jeux scéniques, pour la célébration des Mégalésies (4).

*Ludi ceriales* ou *Cerialia.* — Les *Cerialia* étaient célébrés en l'honneur de Cérès, de Liber et de Libera, aussitôt après les *Megalesia*, et duraient huit jours. C'étaient encore des fêtes de la plèbe, qui, par conséquent, regardaient les édiles plébéiens, et devaient leur importance au lien existant entre les attributions des édiles relatives aux approvisionnements et le symbole de l'agriculture personnifié par Cérès. Il fallait invoquer la déesse de l'abondance et obtenir d'elle que les champs se couvrissent d'opulentes moissons, afin que les greniers publics fussent toujours remplis des inépuisables provisions sur lesquelles le peuple comptait pour son alimentation. Il existe une monnaie frappée par les édiles de la plèbe, sans doute à l'occasion des jeux de Cérès qui porte, à la face, la tête de Cérès avec les mots AED. PL., et au revers la représentation des édiles assis sur un *bisellium*, avec leurs noms au-dessous, et auprès d'eux un épi de blé (5).

L'origine des *Cerialia* est fort ancienne, mais il est difficile d'en fixer la date précise. D'une part, un texte de Tite-Live

---

(1) 1 jour : Tit. L., XXVII, 21. — 2 jours: Tit. L., XXV, 2; XXIX, 38; XXXIII, 42. — 3 jours : Tit. L., XXVII, 36; XXX, 26; XXXI, 4. — (2) Tit. L., XXXIII, 25. — (3) Preller, *Les dieux de l'anc. Rome*, p. 306-311. — (4) Tit. L., XXXIV, 54. — (5) *Dict. ant.*, v° *Aédiles*, p. 96.

prouve que les fêtes de Cérès existaient déjà, en 552, à l'état de jeux réguliers, et permet de croire que, si par hasard les édiles venaient à manquer, le soin de ces fêtes pouvait être confié, par un sénatus-consulte, au dictateur et au maître de la cavalerie (1). D'autre part, une monnaie, dont la date peut être placée entre les années 680 et 704 de Rome, porte ces mots : MEMMIVS AED CERIALIA PREIMVS FECIT (2). Comme ces jeux en l'honneur de Cérès n'avaient point été donnés pour la première fois par Memmius, comme aussi cette médaille, à cause de sa date, ne peut se rapporter aux édiles céréals, on ne peut que supposer que ces jeux avaient été interrompus pendant un certain temps par un deuil public, ou toute autre circonstance, et que Memmius en reprit le premier la célébration (3).

Il est probable que les édiles curules partagèrent, à un certain moment, la direction des jeux de Cérès avec les édiles de la plèbe, car Cicéron, dans un de ses discours contre Verrès, mentionne, parmi les charges que lui impose l'édilité curule, celle de célébrer avec une grande pompe des jeux solennels en l'honneur de Cérès, de Bacchus et de Proserpine (4).

Un curieux amusement qui faisait partie des fêtes de Cérès consistait dans une chasse au renard, faite dans le cirque, et dans laquelle on attachait à la queue de ces animaux des flambeaux allumés. C'était une allusion symbolique au mal que fait aux moissons la nielle (*rubigo*), et un moyen de conjurer cette maladie (5).

*Ludi Florenses* ou *Florialia*. — Les *Florialia* avaient lieu le quatrième jour des calendes de mai. C'étaient encore des jeux particulièrement célébrés par les édiles plébéiens ; cependant il résulte du même passage de Cicéron, que les édiles curules y prirent part, comme aux *Cerialia*.

Le culte de la déesse Flora était d'origine italique. Flora était la déesse du printemps et des fleurs, et les jeux par les-

---

(1) Tit. L., XXX, 39. — (2) Mommsen, *Hist. de la monn. rom.*, II, p. 514. — (3) Bouchaud, *Des édits des édiles*, p. 166. — (4) Cic., *Verr.*, II, 5, 14. — (5) Preller, *l. c.*, p. 301 ; Dezobry, *Rome au siècle d'Aug.*, IV, p. 285.

quels on l'honorait n'avaient qu'un but religieux et moral. Mais, si l'on en croit Lactance, une courtisane célèbre de Rome, du nom de Flora, ayant légué tous ses biens au peuple, à condition que les Romains célébreraient chaque année son jour natal par des jeux solennels, la fête de la déesse des fleurs devint le culte de l'impudicité (1). Alors les *Florialia* furent l'occasion de spectacles obscènes et de représentations lascives qui ont laissé à cette fête une célébrité d'infamie, et nous fournissent un nouvel exemple des goûts licencieux du public romain (2).

Nous éprouvons les mêmes difficultés qu'à l'occasion des *Cerialia* pour assigner une date à l'institution des *Florialia*. Nous avons ici encore en présence des textes et une monnaie dont il est difficile d'accorder les indications. Il résulte des textes des auteurs anciens que les deux édiles Lucius et Marcus Publicius Malleolus firent célébrer pour la première fois les fêtes en l'honneur de Flore, à l'occasion de l'ouverture de la rue Publicia et de la construction du temple de Flore en 514 (3). D'autre part, une monnaie, dont la date a pu être fixée entre les années 680 et 704, porte le nom de C. Servilius, et ces mots : FLORAL *(ia)* PRIMVS (4).

*Venationes*. — Les *venationes* étaient des chasses d'animaux données dans l'amphithéâtre, spectacles sanglants et inhumains, pour lesquels les Romains se passionnaient avec une joie sauvage, et qui furent souvent pour les édiles des moyens de gagner les faveurs populaires. Tantôt on exposait à la fureur des bêtes féroces des esclaves, des condamnés ou des prisonniers, tantôt on faisait lutter entre eux les animaux, tantôt on faisait chasser les bêtes féroces par des hommes armés (5).

Q. Scevola donna le premier aux Romains, pendant son édilité curule, le spectacle d'un combat de lions (6). Un ancien sénatus-consulte prohibait l'introduction en Italie des

---

(1) Dezobry, *l. c.*, IV, p. 286. — (2) Martial, *Epigr.*, I, 1 et 36. — (3) Festus, vº *Publicus clivus*; Plin., *Hist. nat.*, XVIII, 69; Tac., *Ann.*, II, 49. — (4) Mommsen, *Hist. de la monn. rom.*, II, p. 518. — (5) Dezobry, *Rome au siècle d'Aug.*, III, *Lettre* XCIV. — (6) Plin., *Hist. nat.*, VIII, 20.

panthères d'Afrique ; mais le tribun du peuple Cn. Aufidius
fit porter une loi contraire qui permit d'en amener pour les
jeux du cirque. Aussi Scaurus, pendant son édilité, en usa
largement : il envoya le premier à Rome cent cinquante panthères mouchetées. Plus tard, Pompée en fit venir quatre
cent dix, et Auguste quatre cent vingt (1). Ahénobarbus, édile
curule, produisit, dans le cirque, cent ours de Numidie et
autant de chasseurs éthiopiens (2). Enfin Tite-Live raconte
que, dans les jeux du cirque donnés par les édiles curules
P. Cornelius Scipion Nasica et P. Lentulus, on vit combattre
soixante-trois panthères d'Afrique et quarante ours et élé-
phants (3). On voit par là que les édiles tenaient peu de
compte des édits qu'ils avaient eux-mêmes publiés et par
lesquels ils prohibaient de faire passer dans les rues de Rome
des animaux féroces et dangereux.

---

(1) Plin., *Hist. nat.*, VIII, 24. — (2) Plin., *Hist. nat.*, VIII, 54. — (3) Tit.
L., XLIV, 18.

# CHAPITRE V

## Des auxiliaires des édiles.

Les édiles avaient à leur service, pour assurer l'exécution de leurs ordres, certains officiers d'un rang inférieur, que l'on désignait sous le nom générique d'*apparitores*. *Apparitor* a pour étymologie *ad parere*, être prêt à obéir à quelqu'un. L'*apparitio* était l'ensemble de ces agents qui faisaient escorte au magistrat, veillaient à ce que son autorité fût respectée, et mettaient ses ordres à exécution ; en un mot, qui étaient mis à sa disposition, pour lui rendre différents services, à l'occasion de l'exercice de ses fonctions (1).

Parmi les *apparitores*, on distinguait cinq classes importantes d'agents, les *scribæ*, les *lictores*, les *accensi*, les *viatores*, les *præcones*. Au-dessous étaient certaines catégories d'appariteurs d'un rang tout à fait inférieur, puis les esclaves publics (*servi publici*). Les édiles n'avaient ni *lictores* ni *accensi* (2) ; ces auxiliaires n'appartenaient qu'aux magistrats revêtus de l'*imperium*, et devant lesquels on portait les faisceaux.

Outre les appariteurs communs aux divers magistrats romains, les édiles avaient aussi sous leurs ordres certains

---

(1) Sur l'*apparitio* des magistrats, nous avons consulté : Naudet, *Mém. sur la cohorte du préteur* (*Mém. Ac. des Inscr. et Bel. Let.*, 1870, t. XXVI, 2ᵉ p., p. 499 et s.) ; Labbé, *De l'apparitio des magistr. rom.* (*Rev. de lég. anc. et mod.*, 1875, p. 47 et s.) ; Mommsen, I, p. 306-353 ; Humbert (*Dict. ant.*, vᵒ *Apparitiores*). — (2) Saglio (*Dict. ant.*, vᵒ *Accensi V*).

fonctionnaires subaltern es, qui furent successivement institués pour les aider ou les suppléer dans certaines parties
spéciales de leurs fonctions administratives.

Ce qui donnait principalement aux appariteurs leur caractère d'agents inférieurs, c'est qu'à la différence des magistrats, du moins pendant la République, ils recevaient un trai-
tement annuel (*merces*), payé par le trésor de l'État (1).

Chacune des cinq classes d'appariteurs, *scribæ, lictores, accensi, viatores, præcones*, constituait une corporation (*corpus*)
subdivisée en décuries (*decuria*) ; chaque décurie comprenait
tous les appariteurs qui pouvaient exercer leurs fonctions auprès
d'un même ordre de magistrats. Ainsi une des décuries du collège
des *viatores* était composée des *viatores consulares*, une autre
des *viatores ædilicii*, etc. Chaque décurie était présidée par
une commission (*sex primi, decem primi*).

Nous donnerons successivement quelques détails sur chacun
des appariteurs ou auxiliaires divers qui étaient attachés aux
édiles.

*Scribæ.* — Les scribes étaient, de tous les appariteurs, les
plus considérés. Leurs fonctions étaient à peu près celles des
secrétaires ou des greffiers. Nous avons vu qu'un scribe put
parvenir à l'édilité curule, en renonçant définitivement à cette
profession ; le peuple lui décerna cet honneur, en reconnaissance de ce qu'il avait dérobé aux patriciens les secrets de
leurs formules de procédure, et en avait fait un recueil mis
à la portée de tous (2).

De nombreuses inscriptions désignent les scribes des édiles
curules; on les trouve souvent mentionnés sous le titre de *scribæ librarii* (3). D'autres inscriptions nous font connaître les
scribes des édiles de la plèbe et des édiles céréals (4). Enfin
nous trouvons des scribes simplement désignés par les mots
de *scriba ædilicius* (5).

---

(1) Mommsen, I, p. 320. — (2) Aul. G., VI, 9; Tit. L., IX, 46. — (3) *Scriba :*
Gruter, 326, 5; Orelli-Henzen, 1481, 2252, 3240, 5152, 6559, 6565. *Scriba
librarius :* Gruter, 326, 9 et 12; Orelli-Henzen, 1621, 2176, 6558, 6560. —
(4) Orelli-Henzen, 6561, 6565; Mommsen, I, p. 330, n. 4. — (5) Gruter, 326, 4
et 7; Orelli-Henzen, 2178, 2212, 3040, 3241, 3884, 5712, 7172.

*Viatores.* — Les édiles de la plèbe n'eurent pas de *viatores* au moment de leur institution. La raison en est facile à comprendre ; n'étant eux-mêmes que les auxiliaires des tribuns, ils n'avaient pas le *jus prensionis*, et n'accomplissaient aucun acte d'exécution sans en avoir reçu l'ordre des tribuns. Aussi, ne leur avait-on pas donné de *viatores*, appariteurs particulièrement chargés de procéder aux arrestations ; les agents qui les aidaient à exécuter les ordres des tribuns ne pouvaient recevoir le nom de *viatores* dans le sens technique et juridique du mot.

Plus tard des textes (1) et des inscriptions (2) mentionnèrent les *viatores* des édiles de la plèbe. Ils leur furent, à ce qu'il semble, concédés par une *lex Papiria* (3). Il est probable qu'à l'époque de la création de l'édilité curule, les deux classes d'édiles reçurent en même temps le *jus prensionis*, et que l'acquisition de ce pouvoir entraîna la nécessité de leur accorder des *viatores* (4). Le viateur de l'édile l'escortait en tenant à la main un bâton (*virga*) (5).

*Præcones.* — Les *præcones* étaient les crieurs publics. Leur rôle était très-important à Rome pour permettre aux magistrats de communiquer avec le peuple et de lui notifier leurs ordres. Leur voix remplaçait les modes de publicité qui eussent été impossibles à cette époque où l'écriture n'était pas facile comme de nos jours.

Les *præcones* des édiles ont été mentionnés dans plusieurs inscriptions (6).

*Appariteurs d'ordre inférieur.* — Au-dessous des cinq grandes classes d'appariteurs, il s'en trouvait un certain nombre d'autres d'un rang inférieur. Parmi eux, nous trouvons mentionnés par la *lex coloniæ Genetivæ Juliæ*, comme étant attachés à la personne des édiles, les *tibicines* et les *haruspices* (7). Nous avons déjà parlé des *tibicines* ou joueurs de flûte. Les *haruspices* étaient spécialement chargés, dans

(1) Tit. L., XXX, 39. — (2) Orelli, 1621, 2253. — (3) Orelli, 2253. — (4) Tit. L., XXXIX, 14 ; Aul. G., XIII, 13. — (5) De Longpérier, *Recherches sur les insignes de la questure* (*Rev. arch.*, 1868, XVIII-2, p. 67). — (6) Orelli, 3202, 3216. — (7) *Lex col. Gen. Jul.*, LXII, (Giraud, *Les nouv. br. d'Os.*, p. 4.)

les sacrifices, d'examiner les entrailles des victimes. Les édiles de Rome avaient sans doute aussi des haruspices à leur service.

*Servi publici.* — Les *servi publici* ou *servi populi romani* étaient des esclaves dont la propriété appartenait à l'Etat. Les esclaves publics étaient mis au service des magistrats, notamment de ceux qui étaient chargés de la police, comme les édiles (1).

*Triumviri capitales* ou *triumviri nocturni.* — Certains auteurs pensent que c'étaient là deux noms différents d'une même classe de magistrats (2) ; d'autres au contraire ont émis l'opinion qu'il fallait les distinguer les uns des autres (3).

Les triumvirs capitaux ou nocturnes furent institués vers l'an de Rome 289; c'était une des magistratures les plus anciennes. Sans être des magistrats judiciaires, ils avaient des attributions qui se rapportaient spécialement à la justice criminelle : ils opéraient des arrestations, ordonnaient la détention préventive, jugeaient les esclaves accusés de délits publics et les faisaient fustiger, et enfin faisaient exécuter les supplices capitaux. Ils étaient chargés de la police de la ville, devaient veiller à sa tranquillité, de nuit comme de jour, et portaient du secours en cas d'incendie. C'était principalement en ce qui concernait leurs attributions de police qu'ils étaient subordonnés aux édiles (4).

*Quinqueviri cis Tiberim, et ultra Tiberim.* — Les quinque-virs étaient cinq citoyens, adjoints aux triumvirs, chargés de prévenir les incendies et de veiller à la conservation des édifices, et principalement destinés à les suppléer dans la police de nuit (5).

*Quatuorviri et duumviri viis purgandis.* — Les édiles avaient sous leurs ordres, pour veiller au nettoyage des rues, deux classes d'agents, les *quatuorviri*, pour la ville, les *duum-*

(1) Aul. G., XIII, 13. — (2) Willems, *Dr. publ.*, p. 300. — (3) Humbert (*Dict. ant.*, v° *Ædiles*, p. 97). — (4) Willems, *Dr. publ.*, p. 300; Dezobry, *Rome au siècle d'Aug.*, II, p. 219; L. 2 § 30, D., *De or. jur.*; L. 1, D., *De off. præf. vig.*; Tit. L., XXV, 1; XXXIX, 14. — (5) Tit. L., XXXIX, 14; L. 2 § 31, D., *De or. jur.*

*viri*, pour les faubourgs dans un rayon de mille pas autour de Rome (1).

*Vicomagistri.* — Auguste avait divisé la ville, spécialement au point de vue religieux, en 14 régions, subdivisées en 265 *vici* (2). Chaque *vicus*, présidé par quatre *vicomagistri*, élus annuellement parmi les habitants du quartier, célébrait certaines fêtes religieuses. La surveillance de chaque région était tirée au sort entre les édiles, les tribuns et les préteurs qui donnaient certaines autorisations ou certains ordres aux *vicomagistri*.

---

(1) *Lex Jul. mun.*, 1. 50-52 (*Corp. inscr. lat.*, 1, p. 121); Mommsen, II, p. 588-589. — (2) Suet., *Aug.*, 30; Dio Cass., LV, 8; Willems, *Dr. publ.*, p. 502.

# CHAPITRE VI

## De l'édilité sous l'Empire.

L'édilité, après avoir joui, sous la République, d'un grand éclat, et après avoir occupé une place considérable parmi les magistratures romaines, tant à cause de l'importance des pouvoirs qui appartenaient aux magistrats de cet ordre, qu'à cause de la splendeur des jeux qu'ils faisaient célébrer, se vit enlever pièce à pièce par les empereurs les fonctions les plus honorifiques et celles auxquelles elle devait son influence et sa considération, et fut peu à peu dépouillée des différents pouvoirs qui faisaient sa force. L'autorité de l'édilité, jadis si puissante, fut exclusivement confinée dans les attributions de police les plus basses qui, dès ce jour, devenaient méprisables parce qu'elles n'étaient plus rehaussées ni par le rang, ni par l'étendue des pouvoirs de celui qui les exerçait. Ce fut, à l'avènement de l'Empire, le sort commun des magistratures du peuple romain. Pour fonder l'autocratie césarienne, et pour la substituer à la souveraineté du peuple, il fallait, dans ce pays si respectueux des traditions, si attaché aux institutions républicaines, rendre insensible la transition entre les deux formes de gouvernement. Ce fut la politique d'Auguste : son plan fut d'absorber toutes les magistratures, afin de concentrer entre ses mains tous les pouvoirs. Après s'être fait nommer lui-même consul, tribun, censeur, grand pontife, il créa des magistrats impériaux, nommés par lui, et ne relevant que de lui, et qui étaient destinés à amoindrir insensiblement l'autorité des magistrats du peuple romain, sans leur enlever l'apparence du pouvoir et des honneurs, et qui ne devaient pas tarder à les remplacer d'une manière complète.

Les magistrats gagnaient les faveurs du peuple en le nourrissant et en l'amusant ; nous avons déjà vu avec quelle prodigalité les édiles distribuaient des secours publics et avec quel faste ils célébraient les jeux. Le premier soin des empereurs fut de distraire à leur profit la reconnaissance populaire, en se chargeant eux-mêmes de l'alimentation publique et des jeux. En 22 avant J.-C., Auguste transféra des édiles aux préteurs l'organisation des *ludi publici* (1) ; à la faveur de ce changement, Auguste put intervenir dans l'organisation des jeux, ou, tout au moins, il priva les édiles de l'un des moyens les plus puissants qu'ils eussent pour combler le peuple de leurs largesses. Vers la fin de son règne, il institua la *præfectura annonæ*, chargée des approvisionnements de Rome, et comprenant à la fois la *cura annonæ* et la *cura frumenti* (2).

Auguste enleva aussi aux édiles une partie de leurs attributions de police par la création du *præfectus vigilum*, officier de police qui devait assurer la tranquillité de la ville pendant la nuit et prévenir les incendies avec l'aide de sept cohortes de gardes de nuit, et qui avait juridiction sur les incendiaires et les voleurs (3). Enfin, Auguste créa un *curator aquarum*, ce qui fit perdre également aux édiles toute participation à l'administration des eaux (4).

Le droit d'accusation devant les comices disparut en même temps, pour les édiles, avec l'affaiblissement de ces assemblées populaires. Les comices perdirent définitivement, sous Auguste, leur juridiction criminelle ; à côté de la juridiction des *quæstiones perpetuæ* qui fut seule maintenue, il introduisit la juridiction extraordinaire (*cognitio*) du sénat et celle de l'empereur (5).

Les successeurs d'Auguste continuèrent son œuvre en dé-

---

(1) Tac., *Ann.*, 1, 15 ; Mommsen, II, p. 226-227. — (2) Dio Cass., LII, 24 ; LIV, 17. — (3) Dio Cass., LV, 26, 31 ; Suet., *Oct.*, 30 ; D., *De off. præf. vig.*, I, 15. — (4) Frontin., *De aquæd.*, 99-102. — (5) Dio Cass., LVI, 40 ; Willems, *Dr. publ.*, p. 465.

membrant encore l'édilité. En 56 après J.-C., sous Néron, le *jus multæ dictionis* des édiles fut réduit et il fut réglé combien les édiles curules et les édiles de la plèbe pourraient exiger de caution, ou infliger d'amende (1).

Les édiles ne conservèrent guère, sous l'Empire, ainsi que nous avons pu le voir précédemment, que la surveillance des marchés, celle des poids et mesures, le soin de la voirie urbaine, la surveillance des bains, des tavernes et cabarets, des jeux de hasard et de la prostitution, l'exécution des lois somptuaires, la police des funérailles. Claude enleva même aux édiles la surveillance des cabarets (2).

Les édiles conservèrent encore, sous l'Empire, la juridiction commerciale (3). Nous avons vu que leurs édits avaient été incorporés dans l'édit perpétuel d'Hadrien. A l'époque de Gaius, c'est-à-dire à peu près sous le règne de Marc-Aurèle, nous savons que les édiles curules rendaient encore des édits (4).

L'édilité, dont l'importance diminuait ainsi peu à peu, finit par être tellement réduite qu'elle dut disparaître entièrement. La dernière mention qui ait été faite de cette magistrature date de 240 environ après J.-C., sous le règne de Gordien III (5). Dans le Digeste enfin, il est question des édiles, mais ce n'est qu'à cause de leurs édits qui faisaient partie du *jus honorarium*.

Il est assez curieux de noter qu'au moyen-âge, le mot *ædilis* a servi à désigner certaines fonctions assez infimes, comme celles de portier et de sacristain (6). De nos jours, le nom des édiles est moins maltraité et il se trouve souvent employé dans un sens qui est mieux en rapport avec le souvenir des fonctions de ces magistrats ; il n'est pas rare en effet, surtout dans la conversation et dans le style du journalisme, de voir employer, par une raison d'analogie facile à saisir, la dénomination d'édiles, pour désigner nos magistrats municipaux qui eux aussi veillent à la police de la ville, à la conservation des édifices publics et à la sécurité des habitants.

(1) Tac., *Ann.*, XIII, 28. — (2) Suet., *Claud.*, 38. — (3) Mommsen, II, p. 490, n. 2. — (4) Gaius, 1, 6. — (5) Orelli, 977 ; Mommsen, I, p. 540, n. 5. — (6) Du Cange, *Glossar. mediæ et infimæ latinit.*, vᶦˢ *Ædilis* et *Ædilitas*.

# CHAPITRE VII

## De l'édilité dans les municipes.

Dès la fin de la République, les *municipia*, les *coloniæ* et les *oppida latina* avaient, tant en province qu'en Italie, une organisation à peu près uniforme. Aussi, la dénomination générale de *municipium* servait-elle dès cette époque à désigner ces diverses catégories de villes (1).

Les municipes étaient régis d'abord par des lois générales. Telles furent : la *lex Rubria de civitate Galliæ Cisalpinæ*, rendue vers l'an 49 avant J.-C., et réglant la juridiction des magistrats municipaux de la Gaule Cisalpine (2) : la *lex Julia municipalis*, portée par César en 45 avant J.-C., et qui avait eu pour objet d'introduire une organisation uniforme dans tous les *municipia civium Romanorum* (3) ; enfin, la constitution municipale paraît avoir été de même organisée en Afrique et en Espagne, par d'autres monuments législatifs, rédigés à un point de vue général (4).

En outre, il y avait la loi spéciale du municipe ou de la colonie (5). La *lex municipii* ou *coloniæ* n'était point une loi proprement dite, c'est-à-dire un acte de l'autorité souveraine elle-même, comitiale ou impériale ; c'était tantôt l'acte

---

(1) Marquardt, I, p. 463, n. 2 et 3 ; Willems, *Dr. publ.*, p. 522. — (2) *Lex Rubria de civ. Gal. Cis. (Corp. inscr. lat.*, I, p. 115-117) ; Mommsen, *ibid.*, p. 118. — (3) *Lex Jul. mun. (Corp. inscr. lat.*, I, p. 120-123) ; Mommsen, *ibid.*, p. 123-124. — (4) Giraud, *Les Tables de Salp. et de Mal.*, p. 34. — (5) L. 1 § 2, D., *De mun. et hon.* ; *Lex Jul. mun.*, l. 159.

émanant d'un magistrat romain, investi du suprême pouvoir exécutif (*imperium*) et délégué pour régler la condition et les privilèges du municipe, tantôt l'acte de l'autorité communale elle-même, approuvé par le magistrat romain (1). Telles étaient, pour ne citer que quelques-unes des plus connues : la *lex coloniæ Juliæ Genetivæ Urbanorum* ou *Ursonis* (actuellement Ossuna), en Espagne, loi municipale donnée par le dictateur César en 44 avant J.-C. (2) ; les *leges Salpensana* et *Malacitana*, lois municipales données aux municipes de Salpensa et de Malaca (Malaga), en Espagne, par Domitien entre 82 et 84 après J.-C. (3).

Tels sont les divers documents où nous pourrons puiser des documents sur les pouvoirs et les attributions des édiles dans les municipes.

Les édiles municipaux avaient des pouvoirs et des attributions analogues à ceux qui appartenaient à Rome aux édiles tant curules que plébéiens. Ils étaient inférieurs en dignité aux duumvirs, et cependant étaient considérés comme leurs collègues et formaient avec eux les *IV viri juri dicundo*. Les deux édiles étaient désignés parfois sous le nom de *II viri ædiles* (4), mais plus souvent ils étaient appelés *IV viri ædiles* (5), ou *IV viri ædiliciæ potestatis* (6).

Dans certains municipes, il n'y avait pas de duumvirs ; l'édilité y était alors la plus haute magistrature. Nous citerons pour exemple Arpinum, patrie de Cicéron, où le collège des édiles se composait de trois membres, et où le fils et le neveu de Cicéron occupèrent cette magistrature (7); il en était de même à Peltvinum (8), et probablement aussi à Formies (9) et à Fundum (10). Dans ce cas, les édiles exerçaient les fonctions des duumvirs, présidaient le sénat, et portaient le titre

---

(1) Giraud, *l. c.*, p. 31-32. — (2) *Ephemeris epigraphica*, II, p. 108-118. — (3) Giraud, *l. c.*, p. 164-187. — (4) Orelli, 3312, 3873. — (5) Orelli-Henzen, 3852, 3857, 5963, 6666, 6668, 7057, 7146. — (6) Orelli-Henzen, 1404, 2249, 2324, 3219, 3369, 3676, 3790, 3949, 3966, 4100, 4906, 6090, 6727, 7059, 7083. — (7) Corp. inscr. lat., I, 1177-1179; Orelli, 571 ; Cic., *Ad. fam.*, XIII, 11 § 3. — (8) Orelli, 3961. — (9) Orelli-Henzen, 7035. — (10) Orelli-Henzen, 7036, 7037.

de *quinquennales*, dénomination propre à la *censoria potestas* dans les municipes (1).

SECTION I<sup>re</sup>

DE LA NOMINATION DES ÉDILES MUNICIPAUX

Nous retrouvons exigées dans les municipes la plupart des conditions qui étaient nécessaires à Rome pour parvenir à l'édilité.

Ainsi ne pouvaient être édiles, pas plus qu'ils ne pouvaient prétendre au décurionat, ou sénat municipal (2) :

1° Les *libertini* (3); mais l'exclusion ne s'étendait pas aux fils d'affranchis (4).

2° Les *infames* (5).

3° Les habitants des municipes qui exerçaient certaines professions déshonorantes, comme celles de crieur public, d'entrepreneur ou de conducteur de pompes funèbres (6).

L'*œtas legitima* avait été fixé à trente ans par la *lex Julia*; à moins, y était-il dit, que le candidat n'eût fait trois années de service militaire à cheval, ou six années à pied (7). Sous l'Empire, l'âge requis fut de vingt-cinq ans (8).

Nous retrouvons également, relativement aux *honores municipales*, l'obligation d'observer le *certus ordo gerendorum honorum* (9).

Les citoyens qui briguaient l'édilité devaient, avant un certain jour fixé, déclarer leur intention de se porter candidats (*professio intra præstitutum diem*). Si le nombre des candidats éligibles était insuffisant, le magistrat qui devait présider

---

(1) Orelli-Henzen, 7033-7037, 7039; Zumpt, *De quinquennalibus*, p. 144 (*Commentationes epigraphicæ, I*). — (2) Lex Mal., 54. — (3) Cod. Just., *Ad leg. Viselliam*, IX, 21; Orelli, 3914. — (4) Zumpt, *De quinquenn.*, p. 122. — (5) *Lex Jul. mun.*, l. 108-125; L. 2 § 3; L. 12, D., *De decur. et fil. eor.* — (6) *Lex Jul. mun.*, l. 94-95. — (7) *Lex Jul. mun.*, l. 89-94. — (8) *Lex Mal.*, 54. — (9) L. 11 pr.; L. 14 § 5, D., *De muner. et honor.*

les comices affichait, de façon qu'on pût le lire *de plano*, une liste supplémentaire d'autant de noms, pris parmi les éligibles, qu'il en fallait pour compléter le nombre de candidats. Ceux qui étaient ainsi présentés d'office pouvaient proposer, à leur place, d'autres citoyens de même condition ; ceux-ci, à leur tour, pouvaient encore en présenter d'autres pour les remplacer (1).

Pendant le temps qui s'écoulait entre la *professio* et le jour de la tenue des comices, les candidats préparaient leur élection. Si l'on veut se faire une idée de la brigue électorale dans les municipes et des luttes si vives dans lesquelles on se disputait les charges, vers cette époque des premières années de l'Empire où les municipes furent si florissants et jouirent des plus larges franchises, il faut jeter les yeux sur le savant recueil des inscriptions pariétaires de Pompéi, publié par Zangemeister, dans le *Corpus inscriptionum latinarum* (2). Cette malheureuse ville fut surprise par l'éruption du Vésuve, en 79 après J.-C., au moment où se faisaient les élections municipales ; l'immobilité de la mort glaça tout à coup cette cité auparavant si active et si animée, et aujourd'hui qu'on l'a dépouillée de son linceul de cendres, par des fouilles habiles, on y retrouve le tableau le plus saisissant en même temps que le plus exact des mœurs, des institutions et de la civilisation de l'époque romaine. On a pu relever un très-grand nombre d'inscriptions et de placards qui se rattachent aux élections et font connaître les menées usitées des candidats, dont certaines présentent encore de nos jours une curieuse physionomie d'actualité.

D'abord, c'étaient les affiches ou programmes (*programmata*) par lesquels les candidats faisaient connaître leurs noms, et demandaient aux électeurs de leur accorder leurs votes, en employant les formules précatives les plus humbles, parfois même les plus tendres, comme celle de ce candidat qui disait : *amatorem vestrum faciatis œdilem* (3) ;

---

(1) *Lex Mal.*, 51. — (2) *Corp. inscr. lat.*, IV ; M. Couraud, *De l'épigraphie juridique*, p. 17. — (3) Zangemeister, 41.

d'autres fois, elles étaient singulièrement grotesques, celle-ci par exemple : *Quintium qui recusat assidat ad asinum* (1). Les louanges emphatiques et les qualifications sonores n'étaient pas ménagées pour attirer l'attention populaire et décider les indifférents. Prenons au hasard : tel candidat à l'édilité est appelé *egregium adulescentem* (2), tel autre *juvenem innocuæ ætatis* (3), tel autre *omni bono meritum juvenem* (4) ; un autre promet à ses électeurs de les récompenser de leurs faveurs en veillant avec soin à la bonne confection du pain (*panem bonum fert*) (5) ; enfin, on trouve fréquemment l'affiche des candidats terminée par ces mots, *dignus est* (6), qui font involontairement songer au *dignus intrare* de Molière. A côté des programmes des candidats, se trouvaient des recommandations de toutes sortes : les unes venaient de citoyens qui, par leur crédit auprès du peuple, étaient susceptibles d'attirer la confiance publique sur leurs protégés ; les autres venaient de femmes, riches et influentes sans doute, qui ne craignaient pas d'apposer leurs noms sur les murs de la ville pour prôner les mérites du candidat de leur choix, et d'intervenir, par un zèle qu'on ne leur demandait pas, dans toutes les vicissitudes de la mêlée électorale. Enfin, les nombreuses corporations d'artisans venaient elles aussi recommander le candidat qui leur paraissait digne d'être appelé à l'édilité : c'étaient les orfèvres (*aurifices*) (7), les teinturiers (*offectores*) (8), les cochers (*muliones*) (9), les chauffeurs de bains (*fornacatores*) (10), les joueurs de balle (*pilicrepi*) (11), et bien d'autres encore.

Mais il ne faudrait pas croire que les candidats eussent une liberté complète d'user de tous les moyens qui pouvaient assurer le succès de leur cause ; au contraire, les lois municipales contenaient des clauses spéciales contre la corruption électorale. Nous lisons, en effet, dans la *lex coloniæ Genetivæ*, que ceux qui briguaient les suffrages publics ne pouvaient donner de festins, dans l'intérêt de leur candidature, pendant

---

(1) Id., 2887. — (2) Id., 1012. — (3) Id., 720. — (4) Id., 706. — (5) Id., 429. — (6) Id., 234. — (7) Id., 710. — (8) Id., 864. — (9) Id., 97, 113, 134. — (10) Id., 1150. — (11) Id., 1147.

l'année qui précédait l'élection ; ils ne pouvaient, pendant ce temps, donner que des invitations privées, d'un jour à l'autre, à neuf personnes au plus, pourvu encore que ce soit sans idée de corruption. Tout présent, toute largesse, étaient également interdits aux candidats. Il était également défendu de donner des repas publics ou privés, à l'intention de la candidature d'autrui, de pratiquer des libéralités ou de faire des présents, dans le même but. Une amende de cinq mille sesterces pouvait être prononcée contre ceux qui ne tenaient pas compte de ces interdictions (1).

La table de Malaga nous donne de nombreux détails sur la procédure de l'élection des édiles et autres magistrats dans ce municipe. L'élection avait lieu dans les comices municipaux. La présidence appartenait au plus âgé des duumvirs, ou, en cas d'empêchement de la part de celui-ci, à son collègue plus jeune. Le scrutin était secret : il se faisait *per tabellam* (2). Les curies votaient simultanément, chacune dans une enceinte différente. Le président des comices avait soin de placer auprès de l'urne du scrutin de chaque curie trois électeurs d'une autre curie, chargés de garder et de compter les votes ; et, avant de les placer, il leur faisait jurer qu'ils surveilleraient et compteraient de bonne foi les bulletins. Il était permis aux candidats de placer en outre un surveillant auprès de chaque urne (3).

Celui qui avait obtenu le plus grand nombre de suffrages dans une curie était élu de cette curie. Si, dans une même curie, deux ou plusieurs citoyens avaient eu un nombre égal de suffrages, on préférait, par une imitation de la loi Julia et Pappia Poppæa, ceux qui étaient mariés aux célibataires, ceux qui avaient des enfants à ceux qui n'en avaient pas ; s'ils étaient absolument de même condition, on tirait leurs noms au sort (4).

Lorsque le résultat des votes de chaque curie était connu, le

---

(1) *Lex col. Gen.*, 132. — (2) *Lex Mal.*, 52. — Le bulletin de vote consistait généralement en une tablette de buis, longue de quatre doigts (Gruter, 509), et portant la lettre initiale du nom de l'un des candidats (Cic., *Pro domo*, 43).— (3) *Lex Mal.*, 55. — (4) *Lex Mal.*, 56.

président des comices se faisait apporter tous ces votes ; puis il jetait dans l'urne le nom des curies et les tirait au sort. Au tirage du nom de chaque curie, il annonçait ce qu'avait fait la curie, et dès qu'un candidat avait réuni la majorité des curies, il proclamait l'élection (1).

Mais, avant cette proclamation (*renuntiatio*), le candidat qui venait d'être nommé édile prêtait serment publiquement à la loi municipale. Il jurait par Jupiter, et le divin Auguste, et le divin Claude, et le divin Vespasien Auguste, et le divin Titus Auguste, et le génie de l'empereur César Domitien Auguste, et les dieux Pénates, qu'il ferait tout ce que cette loi exige et qu'il n'avait rien fait et ne ferait rien contre elle, sciemment et par fraude (2).

De plus, dans le délai de cinq jours après leur entrée en charge, les édiles devaient renouveler leur serment en public (*pro contione*). Nous avons, dans la loi de Salpensa, la longue formule de ce serment (3) ; la *lex Bantiæ* nous a également conservé le serment que prononçaient les édiles de ce municipe (4).

Les édiles n'étaient pas tenus, comme les décemvirs et les questeurs, à fournir caution (*prædes et prædia*), parce qu'ils ne participaient pas à la gestion financière du municipe (5).

## SECTION II

### DES POUVOIRS DES ÉDILES MUNICIPAUX

Les pouvoirs des édiles municipaux étaient à peu près les mêmes que ceux des édiles de Rome.

Comme eux, ils avaient la *jurisdictio* (6), qui comprenait sans nul doute le *jus edicendi* et le *jus dicendi*, pouvoirs inséparables qui se complétaient l'un par l'autre.

---

(1) *Lex Mal.*, 57. — (2) *Lex Mal.*, 57, 59. — (3) *Lex Salp.*, 26. — (4) *Corp. inscr. lat.*, I, p. 45. — (5) *Lex Mal.*, 60. — (6) *Lex col. Gen.*, 94 ; Orelli, 3979.

A la *jurisdictio*, les édiles municipaux joignaient un certain droit de coercition qui en est la conséquence nécessaire. « *Cui jurisdictio data est ea quoque concessa esse videntur,* » *sine quibus jurisdictio explicari non potuit* (1). »

Les édiles municipaux avaient aussi le *jus multæ dictionis.* Les amendes qu'ils prononçaient devaient être inscrites sur les registres publics des citoyens du municipe, et signifiées aux duumvirs. Il pouvait être fait appel de la condamnation devant les décurions (2).

Comme à Rome, le droit d'intercession fondé sur la *par majorve potestas* servait de garantie contre les abus de pouvoirs des édiles. L'intercession contre un acte d'un édile pouvait émaner soit d'un duumvir, soit de l'autre édile. Elle avait lieu, soit spontanément, soit sur l'*appellatio* de la personne lésée. On peut remarquer, spécialement dans la table de Salpensa, que l'intercession n'était pas admise dans certains cas, qu'elle n'était pas reçue plus d'une fois dans la même affaire, et que l'édile auprès duquel était faite l'*appellatio* ne pouvait intercéder que dans les trois jours de cet appel (3).

## SECTION III

### DES PRÉROGATIVES DES ÉDILES MUNICIPAUX

Les édiles municipaux, n'étant ordinairement qu'au nombre de deux, ne pouvaient pas former un collège, à proprement parler. Cependant, en fait, ils devaient être entre eux dans des rapports à peu près semblables à ceux qui existaient entre les magistrats d'un même collège. Peut-être constituaient-ils un collège véritable, dans certains municipes, comme Arimini, où nous trouvons mentionnés des édiles

---

(1) L. 2, D., *De jurisd.* — (2) *Lex Mal.*, 66. — (3) *Lex Salp.*, 27 ; Giraud, *Les tabl. de Salp. et de Mal.*, 5ᵉ lettre.

curules et des édiles de la plèbe (1) ; mais c'est un fait douteux et, dans tous les cas, exceptionnel.

Les bronzes d'Osuna nous font connaître quels étaient les différents officiers ou auxiliaires attachés à la personne des édiles, soit à titre honorifique, soit pour les aider dans l'exercice de leurs fonctions et exécuter leurs ordres (2). Le service de chaque édile pouvait se composer d'un *scriba publicus*, assisté de quatre esclaves publics, vêtus du *limum*, sorte de robe bordée de pourpre (3) ; puis d'un crieur public (*præco*), d'un haruspice (*haruspex*), et d'un joueur de flûte (*tibicen*). Tous ces auxiliaires devaient être pris parmi les colons de la colonie (4). Les scribes des édiles devaient, à leur entrée en fonctions, prêter un serment de fidèlement remplir leur charge de comptable et de teneur de livres (5).

Nous trouvons même, dans les bronzes ossoniens, le chiffre des salaires de chacun de ces officiers ministériels ; en comparant le taux de rémunération de chacun d'eux, on peut juger du degré de considération accordé à chacune de ces fonctions. Les scribes des édiles touchaient 800 sesterces chacun, les crieurs et les joueurs de flûte 300, les haruspices 100 seulement (6).

Les édiles et les officiers qui étaient sous leurs ordres étaient exempts de l'appel militaire pendant l'année de leur charge, et ne pouvaient être contraints de faire du service dans l'année que dans le cas de *tumultus italicus,* ou de *tumultus gallicus,* c'est-à-dire de soulèvement dans l'Italie ou dans les Gaules (7).

Les édiles municipaux avaient le droit, pendant leur magistrature, de revêtir la robe prétexte, vêtement distinctif des magistrats romains, et de faire porter devant eux des torches de cire (*funalia cerea*) (8).

L'exercice de l'édilité conférait, dans les municipes commé

---

(1) Orelli-Henzen, 3836, 6008. — (2) *Lex col. Gen.,* 62. — (3) Orelli, 3219; *Corp. inscr. lat.,* V, 1ᵉ p., 3401. — (4) *Lex col. Gen.,* 62. — (5) *Lex col. Gen.,* 81. — (6) *Lex col. Gen.,* 62 ; Mommsen, I, p. 321, n. 1. — (7) *Lex col. Gen.,* 62; Cic., *Philip.*, VIII, 1. — (8) *Lex col. Gen.,* 62.

à Rome, le *jus sententiæ* devant le sénat, jusqu'au moment où l'ancien édile pouvait entrer effectivement dans l'ordre des décurions à la prochaine *lectio* (1).

## SECTION IV

### DES ATTRIBUTIONS DES ÉDILES MUNICIPAUX

Les édiles municipaux avaient principalement des attributions administratives et de police, comme les édiles de Rome. Nous avons peu de renseignements sur leurs fonctions de police proprement dite ; mais nous pouvons affirmer, d'une manière générale, qu'ils veillaient au maintien de l'ordre public et à la sécurité des citoyens. C'est ce qui résulte de certains textes qui, par la généralité de leurs termes, peuvent être étendus aux édiles. Ainsi, les magistrats municipaux devaient livrer au proconsul ou au président de la province les esclaves fugitifs qu'ils étaient parvenus à saisir (2). Ils pouvaient aussi infliger de légers châtiments aux esclaves qui s'étaient rendus coupables de quelque méfait, sans pouvoir toutefois les condamner au supplice (3).

A l'exemple de ce qui se passait à Rome, nous apprenons par la loi de Genetiva que les édiles, ainsi que les duumvirs et préfets, avaient la police du culte public. Ils devaient surveiller les temples et lieux consacrés, et veiller sur les préposés à ce service, ainsi que sur l'exécution des décrets votés à cet égard par les décurions. Ils devaient aussi, pendant leur magistrature, aviser à ce qu'il y eût, chaque année, des sacrifices publics et des banquets religieux (4).

L'inscription de Furfo, de l'an 596 de Rome, nous aide à connaître certaines attributions des édiles relatives au domaine des temples et lieux consacrés. Le fonds affecté au service du culte était un fonds communal. On y distinguait :

(1) *Lex Jul. mun.*, l. 96, 109-110 ; L. 6 § 5, D., *De decur. et fil. eor.* — (2) L. 4, D., *De fugit.* — (3) L. 12, D., *De jurisd.* — (4) *Lex col. Gen.*, 128.

le temple, qui était communal et sacré; et les biens fonds affectés aux dépendances du temple, qui étaient profanes. Ces derniers seuls pouvaient être aliénés, et c'était l'édile qui devait les vendre ou les louer, lorsqu'il y avait lieu. On employait l'argent recouvré à l'embellissement ou à l'ornementation du temple. Cet argent était profane, mais ce qui était acheté avec, revêtait, par suite de sa destination, le caractère sacré (1). Il est à remarquer que l'administration pécuniaire des *loca sacra* ou *dedicata* appartenait au pouvoir civil, sans que les ministres du culte intervinssent, soit qu'il s'agît d'aliéner le domaine affecté au culte, soit qu'il s'agît de faire les dépenses nécessaires à sa célébration.

Si quelqu'un dérobait un objet sacré, l'édile devait prononcer une amende, aussi forte qu'il le jugeait utile (2).

Dans les municipes comme à Rome, la police et l'entretien des voies publiques appartenait aux édiles (3). Il est probable que les dispositions de la *lex Julia municipalis*, relatives à la voirie de Rome, que nous avons déjà analysées, s'appliquaient également aux municipes, puisque la loi Julia semble être une loi générale, ayant eu pour but de réglementer d'une façon similaire la condition de tous les municipes, au moins pour certaines matières.

Les édiles avaient l'entretien des édifices publics et la surveillance des travaux publics ; mais souvent ils partageaient ce soin avec des *curatores* spéciaux (4).

Pour l'exécution des travaux publics, les habitants des municipes étaient tenus à la prestation de corvées. Plus tard, le nombre et les espèces de corvées augmenta considérablement dans les provinces, et elles constituèrent ce qu'on appela, dans le code Théodosien, les charges *extraordinaires* ou *sordides* (5). On peut y voir l'origine de la plupart des corvées et des charges qui pesèrent si lourdement, pendant tout le moyen-âge, sur les serfs et les mainmortables (6).

---

(1) *Corp. inscr. lat.*, I, 603. — (2) *L. c,,* l. 15. — (3) Orelli-Henzen, 3700, 3973, 6971, 7136, 7137, 7138. — (4) L. 18 §§ 7 et 10, D., *De muner. et honor.*— (5) L. 15, Cod. Théod., *De Extraord. sive sord. mun.* — (6) Serrigny, *Droit publ. et admin. rom.*, II, p. 218.

En effet, lorsque les décurions de la colonie, lisons-nous dans la loi de Genetiva, avaient décrété quelques travaux d'utilité publique, il était permis d'en exécuter les ouvrages, pourvu que la prestation à exiger des colons à cet effet ne dépassât pas cinq journées de travail par chaque année, de chaque homme pubère, et trois journées de chaque attelage de chariot. C'étaient les édiles en fonctions qui surveillaient les travaux exécutés en vertu du décret de la curie. Ils dirigeaient les travailleurs, et veillaient à ce que nul ne fût forcé à la corvée, s'il était mineur de quatorze ans ou majeur de soixante. Ils exigeaient la contribution de travail, non-seulement des colons, mais aussi de ceux qui, sans être colons, étaient domiciliés ou possédaient des biens dans le territoire de la colonie (1).

La police de la construction et de la démolition des maisons rentrait encore dans les attributions des édiles. Les Romains paraissaient se préoccuper, avec un soin qui dénote leur goût artistique, de ce que personne ne vînt modifier l'harmonie et l'ensemble des constructions de la ville. La loi municipale de Jules César avait déjà dit en termes généraux : « *ne quid inædificatum immolitumve habeto* (2). » Les lois municipales spéciales furent plus explicite: encore. Personne, dans l'*oppidum* de la colonie de Genetiva, ne pouvait enlever une toiture, ni changer la construction d'une maison avant d'avoir fourni aux mains des duumvirs, et en se conformant à leur appréciation une caution suffisante pour assurer la réédification du bâtiment, et avant que l'*ordo* des décurions eût statué sur l'affaire en assemblée composée de cinquante membres au moins, le tout à peine de condamnation *quanti ea res erit*, au profit du public de la colonie (3). La loi de Malaga reproduit les mêmes prohibitions, en termes à peu près semblables (4).

C'étaient sans doute aussi les édiles qui veillaient, concurremment avec les duumvirs, à écarter des centres de popu-

(1) *Lex col. Gen.*, 98. — (2) *Lex Jul. mun.*, 1. 71. — (3) *Lex col. Gen.*, 75. — (4) *Lex Mal.*, 62.

lation, les établissements dangereux. Ainsi la loi de Genetiva contient des prohibitions particulières aux fabriques de tuiles et de terres cuites qui nécessitent un feu violent dont le voisinage pouvait créer un danger. La fabrique établie en contravention de la loi était confisquée et vendue publiquement au profit de la colonie (1).

Les édiles des municipes passaient certains traités au nom de la ville, notamment avec les propriétaires de bains, pour que les habitants de la ville pussent se baigner gratuitement (2).

Lorsque les édiles municipaux, ou les duumvirs, jugeaient convenable à l'intérêt public d'établir des chemins, fossés ou égouts, ou d'en changer la direction, ou de réparer, consolider ou modifier les constructions qui s'y rapportaient, ils ne pouvaient le faire que sous la condition de respecter les intérêts privés et les droits acquis (3).

Nous retrouvons, parmi les attributions des édiles municipaux, la surveillance des funérailles. La loi de Genetiva nous apprend encore qu'on ne pouvait, dans l'enceinte de la ville, inhumer les morts, brûler leurs cadavres, ou leur élever des monuments funèbres. La même prohibition existait du reste à Rome. « *Corpus in civitatem inferri non licet,* dit Paul, » *ne funestentur sacra civitatis; et qui contra ea fecerit,* » *extra ordinem punitur* (4). » A Genetiva, une amende de cinq mille sesterces pouvait être prononcée contre l'infracteur, et tout habitant de la colonie pouvait agir en justice pour en poursuivre le recouvrement. De plus, si un monument avait été élevé, les duumvirs ou les édiles prenaient soin de le faire démolir ; mais auparavant, si un corps y avait été inhumé, on procédait à certaines cérémonies religieuses (*expiatio*) (5). Quant aux appareils de crémation (*ustrina*), ils ne pouvaient pas être placés à moins de cinq cents pas de l'*oppidum* (6).

---

(1) *Lex col. Gen.*, 76. — (2) L. 30 § 1, D., *Locat. cond.* — (3) *Lex col. Gen.*, 77. — (4) Paul, I, 21, 2. — (5) *Lex col. Gen.*, 73. — (6) *Lex col. Gen.*, 74. Cf. Morcelli, *De stilo inscript.*, II, p. 230.

Les édiles municipaux avaient, comme ceux de Rome, la *cura annonæ*. Mais cette fonction avait, dans les municipes, une importance bien moindre qu'à Rome, parce que les distributions de blé, soit gratuites, soit à vil prix, n'y étaient pas commandées par les mêmes nécessités que dans la métropole. Tandis qu'à Rome, les prolétaires étaient un parti puissant, composé de gens oisifs et turbulents, dont les ambitieux avaient intérêt à acheter les faveurs en les comblant de largesses et en les nourrissant pour ainsi dire ; dans les provinces, au contraire, les classes pauvres comprenaient principalement des cultivateurs et des artisans, auxquels le travail fournissait le plus souvent des moyens d'existence suffisants. Cependant, comme une année de disette aurait pu être fatale pour cette population vivant au jour le jour, chaque ville possédait des magasins ou greniers publics dont l'approvisionnement était confié aux édiles. Aussi voyons-nous parfois donner aux édiles le titre de *ædilis annonæ,* par exemple dans le municipe de Cœre (1).

Les édiles surveillaient aussi, dans les municipes, les marchés et les denrées qui y étaient mises en vente.

Ils veillaient à ce qu'on ne fît pas usage de faux poids, ni de fausses mesures, et brisaient ceux qu'ils rencontraient. « Préférez-vous, lisons-nous dans Juvénal, la robe prétexte de » cet ambitieux traîné par des bourreaux, à la simple magis- » trature de Fidène ou de Gabie, à l'édilité modeste d'Ulubre, » au droit de régler, sous une tunique grossière, les poids et » les mesures de cette ville déserte, et d'y briser les vases frau- » duleux (2). » De même que Juvénal nous parle de l'édile d'Ulubre, de même Perse nous représente celui d'Arezzo, petite ville de l'Etrurie, qui se croit un personnage, parce qu'il a fait briser un demi-setier qui n'avait pas la mesure (3).

Une inscription, trouvée aux environs d'Arimini, indique que des édiles avaient fait faire, en vertu d'un décret des décurions, des poids et des mesures avec l'argent provenant des amendes imposées à des faussaires ; les poids et les mesures

---

(1) Orelli, 3787. — (2) Juv., *Sat.*, X, 98-101. — (3) Perse, *Sat.*, I, 130.

dont il s'agit ici étaient sans doute destinés à servir d'étalon.
Voici le texte de cette inscription :

EX INIQVITATIBVS ‖ MENSVRARVM ET PONDER ‖ C. SEPTIMIVS
CANDIDVS ET ‖ P. MVNATIVS CELER AED ‖ STATERAM AEREA ET
PON ‖ DERA DECRET DECVR ‖ PONENDA CVRAVERVNT (1).

Les édiles détruisaient les marchandises mauvaises ou
gâtées, et sévissaient contre les marchands qui vendaient
leurs denrées à un prix exagéré (2). Ils pouvaient même faire
frapper de verges les marchands d'*utensilia,* ou denrées nécessaires, lorsqu'ils n'avaient pas observé leurs prescriptions de
police (3).

Enfin, les édiles étaient dans les municipes, comme à
Rome, chargés de l'organisation des fêtes publiques et de la
célébration des jeux (4).

Mais la loi de Genetiva contient, à cet égard, des dispositions bien surprenantes, si on les compare à ce qui se prati-
quait à Rome. Tandis que les magistrats y faisaient des
dépenses considérables et surpassant de beaucoup l'allocation
fournie par l'Etat, sans qu'aucune loi leur en imposât l'obligation, et qu'ils se ruinaient même volontairement pour
acheter les suffrages du peuple en donnant aux jeux qu'ils
faisaient célébrer un éclat remarquable, à Genetiva, au contraire, la loi municipale faisait aux magistrats une obligation
de contribuer personnellement aux frais des jeux pour une
somme déterminée. Cette mesure qui était si entièrement en
désaccord avec l'esprit démocratique du gouvernement de
la République romaine, ne peut s'expliquer que par les tendances aristocratiques qui caractérisèrent la politique de
César pendant les dernières années de sa dictature, car elle
avait pour effet d'écarter des magistratures tous ceux auxquels l'exiguité de leur fortune ne permettait pas de supporter
des charges aussi lourdes. Les édiles devaient donner des
jeux scéniques, pendant trois jours, en l'honneur de Jupiter,

---

(1) Orelli-Henzen, 7133. — (2) Apulée, *Metam.*, I. — (3) L. 12, D., *De
decur.* — (4) Fabretti, IX, 368.

de Junon et de Minerve, et pendant un jour dans le Cirque ou au forum, en l'honneur de Vénus. Chacun d'eux devait y contribuer de son argent pour deux mille sesterces au moins et pouvait en outre demander au trésor de la colonie une subvention de mille sesterces(1). Une obligation analogue était imposée aux duumvirs (2).

(1) *Lex col. Gen.*, 71. — (2) *Lex col. Gen.*, 70.

# DROIT FRANÇAIS

---

## DES SUCCESSIONS ÉCHUES AUX ÉPOUX

### PENDANT LE MARIAGE

# BIBLIOGRAPHIE

---

Aubry et Rau. Cours de droit civil français. — 4ᵉ édition.

Dalloz. Recueil périodique et critique de jurisprudence, de législation et de pratique.

Delvincourt. Cours de Code civil.

Demante et Colmet de Santerre. Cours analytique de Code civil, par Demante, continué depuis l'article 980 par Colmet de Santerre.

Demolombe. Cours de Code Napoléon. — Traité des successions.

Duranton. Cours de droit français suivant le Code civil.

Laurent. Principes de droit civil.

Le Brun. Traité de la communauté.

*Id.* Traité des successions.

Marcadé. Explication théorique et pratique du Code Napoléon.

Mourlon. Répétitions écrites sur le Code Napoléon.

Pothier. Traité de la communauté.

*Id.* Traité des successions.

Renusson. Traité de la communauté.

Rodière et Pont. Traité du contrat de mariage.

Sirey. Recueil général des lois et arrêts.

Thiry. Du droit qui appartient au mari sous le régime de la communauté, relativement à l'acceptation des successions échues à sa femme (*Rev. crit. de législ. et de jurispr.*, t. XI, 1857, p. 248.)

Toullier. Le droit civil français suivant l'ordre du Code. — Continué et complété par Duvergier.

Troplong. Du contrat de mariage.

# INTRODUCTION

Les successions qui échoient aux époux pendant le mariage donnent souvent lieu à des difficultés nombreuses et soulèvent les points de droit les plus importants. Parmi les questions qui se présentent à ce sujet, les unes se trouvent tranchées par la loi elle-même, les autres ont donné lieu aux plus vives controverses. Il nous a paru intéressant de réunir dans ce travail les principales de ces questions et d'en rapprocher les solutions; nous aurons ainsi l'occasion de mettre en présence les principes qui régissent les successions et ceux qui régissent le contrat de mariage, et c'est en les combinant que nous pourrons résoudre la plupart des difficultés de cette matière.

Nous parlerons successivement de l'acceptation et de la renonciation, de l'action en partage, et du sort de l'actif et du passif des successions échues aux époux pendant le mariage. Notre étude n'a pas la prétention d'être complète, parce que nous n'avons pu prévoir toutes les complications que pouvait entraîner la variété des clauses des contrats de mariage ; nous nous sommes bornés à examiner, sous les différents régimes matrimoniaux prévus par le Code, ce qui se passe le plus ordinairement.

# CHAPITRE I<sup>er</sup>

## De l'acceptation et de la renonciation.

**1**. — Le droit d'accepter une succession ou d'y renoncer appartient régulièrement à l'héritier qui y est appelé. Mais chaque fois que l'héritier est incapable de s'obliger et d'aliéner, l'exercice de ce droit est soumis à des conditions particulières.

C'est qu'en effet, d'une part, l'acceptation n'est autre chose que l'aliénation du droit de renoncer; elle rend irrévocable pour l'héritier l'obligation d'acquitter les charges de la succession (art. 724), et fait naître celle du rapport (art. 843). D'autre part, la renonciation consiste dans l'aliénation de la faculté d'accepter, on pourrait même dire dans l'aliénation des droits héréditaires dont la saisine a investi l'héritier.

C'est donc en principe l'époux héritier qui devra lui-même accepter ou répudier la succession qui lui échoit; mais s'il est rendu incapable de s'obliger et d'aliéner par le fait même de son mariage ou par une autre cause, il devra observer les formalités édictées par la loi en vue de suppléer à son incapacité.

### SECTION I<sup>re</sup>

#### SUCCESSIONS ÉCHUES AU MARI

**2**. — Lorsque le mari est majeur, sa capacité est la même que s'il n'était pas marié. Son droit d'accepter ou de répudier les successions qui lui échoient n'est en rien modifié par le fait de son mariage.

Lorsqu'il est mineur, le mariage ayant de plein droit entrainé son émancipation (art. 476), il a acquis le droit de se gouverner lui-même et d'administrer ses biens. Mais, au point de vue de l'acceptation et de la répudiation des successions, il doit se soumettre aux formalités exigées dans ce cas des émancipés, qui sont l'assistance du curateur et l'autorisation du conseil de famille (art. 461 et 484 comb).

Ainsi, le mariage ne frappe l'homme d'aucune incapacité nouvelle. S'il était pleinement capable avant son mariage, il n'en conserve pas moins, sous tous les régimes matrimoniaux le droit d'exercer seul et sans contrôle le droit d'option relatif à l'acceptation et à la répudiation des successions.

**3.** — Cependant, lorsque les époux sont mariés sous le régime de la communauté, il peut arriver que le mari cause à cette communauté un préjudice considérable, soit en acceptant imprudemment et sans inventaire une succession obérée, soit en renonçant à une succession avantageuse. Doit-il alors indemniser la communauté ?

Troplong pense que l'indemnité est due. Voici le cas qu'il suppose : une succession purement mobilière est échue au mari; elle se compose d'un actif considérable, mais en même temps elle est grevée de dettes qui absorbent cet actif et au-delà. Le mari l'accepte imprudemment et voilà la communauté tenue de payer ces dettes ! Le mari, dit Troplong, est coupable d'une faute grave; il devait faire inventaire ; ne l'ayant pas fait, il doit récompense à sa femme d'après l'article 1415 (1).

Cette opinion constitue une *erreur évidente*, comme ne craint pas de le dire M. Laurent. C'est à tort en effet que l'on se fonde sur l'article 1415. Cet article parle, il est vrai, du dommage que le défaut d'inventaire occasionne à la femme, et du droit qui lui appartient, en ce cas, de poursuivre les récompenses de droit, mais ce n'est point dans l'hypothèse où le mari aurait accepté une succession obérée; l'article vise le cas où, en l'absence d'inventaire, on aurait mis à la charge de la com-

_____

(1) Troplong, *Contr. de mar.*, II, § 788; Massé et Vergé, sur Zachariæ, IV, p. 132, n. 7.

munauté une somme supérieure à celle qu'elle doit d'après
l'article 1414, définitivement supporter, eu égard à la valeur
comparative des meubles et des immeubles de la succession.

Troplong se prévaut en outre, dans une note, d'un passage
de Le Brun (1). Mais nous remarquons que le passage auquel il
se réfère se rattache à un ordre d'idées tout différent de celui
qui nous occupe. Il y est en effet question d'un système de
distinction et de partage des dettes auquel l'article 1414 a substitué la règle plus équitable de la contribution proportionnelle entre les meubles et les immeubles, applicable à toutes
les dettes sans en distinguer la nature.

Il ne saurait donc ici être question de récompense ; il n'y
a lieu à récompense qu'autant qu'une valeur est sortie de l'un
des patrimoines pour entrer dans l'autre. Ici le mari ne s'est
enrichi ni aux dépens de la communauté ni aux dépens de la
femme. Mais, maître de la communauté, il a le droit d'employer les sommes qui la composent à des dépenses quelconques, fussent-elles folles ou exagérées ; il peut même la dissi-
per entièrement par des aliénations à titre onéreux ; il ne fait
qu'user de ce droit en acceptant une succession obérée ou en
répudiant une succession avantageuse.

La seule restriction à ces pouvoirs si étendus du mari est
que, dans l'un ou l'autre cas, il ait agi sans fraude. Il y aurait
fraude, par exemple, si la renonciation avait été faite par le
mari dans la pensée de favoriser les héritiers au détriment de
la communauté (2).

Du reste, Troplong semble rectifier lui-même son opinion
lorsque, plus loin, il n'impose au mari l'obligation de récompense que pour le cas où il aurait agi par fraude (3).

---

(1) Le Brun, *Traité de la communauté*, l. II, ch. III, sect. II, dist. 1,
n. 10. — (2) Aubry et Rau, V, § 513; Rodière et Pont, II, § 749; Laurent,
XXI, § 435. — (3) Troplong, II, § 827.

## SECTION II

**4**. — Pour accepter ou répudier une succession, avons-nous dit, il faut être capable d'aliéner et de s'obliger.

Or, la femme mariée est, d'après l'article 217, incapable d'aliéner.

Elle est également incapable de s'obliger. L'article 217 ne le dit pas expressément, mais c'est là un principe incontestable : s'obliger, n'est-ce pas en effet céder à son créancier le droit de faire vendre ses biens présents et futurs pour se payer sur le prix, si l'on n'exécute pas son obligation ?

Du reste, l'incapacité où se trouve la femme de s'obliger résulte implicitement du texte même de plusieurs articles.

De l'article 217 lui-même. On s'oblige ou à titre gratuit, ou à titre onéreux : s'obliger à titre gratuit, c'est *donner*, et l'article 217 défend à la femme de donner ; s'obliger à titre onéreux, c'est acquérir un équivalent pécuniaire en échange de celui qu'on s'engage à procurer, et l'article 217 défend à la femme d'acquérir.

Des articles 221, 222 et 224, qui exigent que la femme soit autorisée pour *contracter*, c'est-à-dire tant pour s'obliger que pour aliéner ; car contracter, c'est s'obliger ou aliéner par convention.

La femme est donc incapable d'aliéner et de s'obliger.

D'où l'article 776 : « Les femmes mariées ne peuvent pas valablement accepter une succession sans l'autorisation de leur mari ou de justice, conformément au chapitre VI du titre *du mariage.* »

**5**. — L'autorisation est nécessaire sous tous les régimes, car sous tous les régimes la femme est incapable. L'article 217 par ces mots : « La femme, même non commune ou séparée de biens,.... » montre bien qu'il n'y a pas d'exception à cette incapacité. Du reste, la place même qu'occupe cet article dans le Code indique assez qu'il pose un principe qui est la conséquence non de l'adoption de tel ou tel régime matrimonial, mais du mariage lui-même. L'obéissance que la femme doit au mari, en même temps que sa faiblesse et son inexpérience naturelles nécessitaient cette incapacité, tant dans l'intérêt de la femme que dans celui du mari : la puissance du mari est donc nécessaire et invariable, et ne se mesure pas sur les clauses du contrat de mariage. Le législateur ne se relâche de sa rigueur que lorsque la femme a l'administration de ses biens en vertu de son contrat de mariage : dans ce cas, elle peut aliéner et s'obliger dans les limites de son droit d'administration, mais elle reste incapable pour tout acte qui ne concerne pas cette administration. L'acceptation et la répudiation d'une succession ne pouvant pas être considérées comme des actes d'administration, ici encore la femme a besoin d'être habilitée par une autorisation.

La règle de l'article 776 est donc générale, et n'est point modifiée par les clauses du contrat nuptial.

6. — L'autorisation d'accepter ou de répudier une succession est donnée ou par le mari, ou par la justice. Le principe est que l'autorisation émane du mari; l'autorisation donnée par la justice n'est que l'exception (art. 215-217).

L'autorisation de justice supplée à l'autorisation maritale toutes les fois que le mari se trouve dans l'impossibilité physique ou légale de la donner. Ces cas sont les suivants; nous nous contenterons de les énumérer :

1° Lorsque le mari est en état de déclaration ou même de simple présomption d'absence (art. 222 .

2° Lorsqu'il est mineur (art. 224).

3° Lorsqu'il est interdit (art. 222).

4° Lorsqu'il a été frappé d'une condamnation contradictoire ou par contumace à une peine afflictive ou infamante, mais seulement pendant la durée de sa peine (art. 221).

Nous verrons qu'au cas où le mari refuse l'autorisation, la femme peut aussi se pourvoir devant la justice, si elle estime que ce refus est injuste. Il appartient alors à la justice de décider s'il y a lieu ou non d'accorder l'autorisation.

**7.** — Si la femme mariée est mineure, le mari ne peut l'assister qu'après avoir obtenu l'autorisation du conseil de famille (art. 461 et 484 comb.)

**8.** — Les conditions et les formes de l'autorisation du mari ou de justice n'offrent rien de spécial, lorsque cette autorisation est relative à l'acceptation ou à la répudiation d'une succession ; l'autorisation est assujettie aux mêmes règles que celle donnée dans toute autre hypothèse. Ce serait donc nous écarter de notre sujet que de développer cette matière.

**9.** — Mentionnons toutefois que l'autorisation maritale peut, suivant la règle générale, être expresse ou tacite. L'article 217 la fait résulter en effet du concours du mari dans l'acte ou de son consentement par écrit.

Elle est expresse, lorsque le mari l'accorde directement et en termes formels à sa femme.

Elle est tacite, lorsqu'elle résulte implicitement de la manière d'agir du mari. Ainsi le mari autorise l'acceptation lorsqu'il concourt à un acte qui suppose nécessairement chez la femme la volonté d'accepter.

**10.** — Mais la cour de Bourges (1) a admis un cas d'autorisation tacite qui a été de la part de M. Laurent l'objet de très justes critiques (2). Une femme mariée avait appréhendé, soit pendant l'inventaire, soit après, une partie du mobilier de la succession, et en avait disposé à son profit, le tout de concert avec son mari. Il s'agissait de savoir si on devait appliquer à la femme l'article 801, aux termes duquel l'héritier qui s'est rendu coupable de recélé est déchu du bénéfice d'inventaire. La femme objectait qu'elle ne pouvait pas être réputée avoir accepté purement et simplement, parce qu'elle n'avait pas eu l'autorisation de son mari, conformément à l'article 776. La cour répondit à cet argument en décidant dans son arrêt que la part prise par le mari dans le recel équivalait à une autorisation et manifestait chez lui la volonté d'autoriser l'acceptation.

Nous ne pouvons accepter cette théorie, ni voir ici un cas

---

(1) 9 juillet 1831, Dev., 1832, II, p. 447. — (2) Laurent, IX, § 284.

d'autorisation tacite. La femme en recélant les objets héréditaires a commis un délit civil. La punition de ce délit consiste dans la déchéance du droit de renoncer (art. 792) et du
droit d'accepter sous bénéfice d'inventaire (art. 801); voilà en
quel sens le législateur a considéré le recel comme une acceptation. Mais regarder la participation du mari au recel comme
une autorisation tacite serait une conclusion immorale ; le
mari ne peut autoriser sa femme à commettre un fait illicite.

**11.** — Lorque la femme, voulant soit accepter, soit répudier
une succession, a reçu de son mari une autorisation conforme
à sa volonté, aucune difficulté ne peut surgir : munie de cette
autorisation, la femme exerce son droit.

Mais il peut se faire que les deux époux ne soient pas d'accord sur le parti à prendre ; c'est alors que s'élèvent des difficultés sérieuses.

Deux hypothèses peuvent se présenter :

1° La femme veut renoncer à la succession qui lui est échue;
le mari veut, au contraire, que cette succession soit acceptée,
et il refuse à sa femme l'autorisation de renoncer.

2° La femme veut accepter la succession ; le mari veut, au
contraire, que la succession soit répudiée, et il refuse à sa
femme l'autorisation d'accepter.

Nous examinerons successivement ces deux hypothèses.
Mais auparavant, disons quels principes fondamentaux domi-
nent toute cette matière et nous aideront à résoudre les controverses auxquelles elle a donné lieu.

**12.** — La propriété des biens qui composent une succession
passe du patrimoine du défunt dans celui de l'héritier légitime, par l'effet de la loi, au moment même où la succession
est ouverte, c'est-à-dire dès l'instant de la mort du défunt
(art. 711). C'est ce qu'on appelle la saisine.

Mais si l'on peut être héritier *ignorans*, c'est-à-dire à son
insu, on n'est pas héritier *invitus*, malgré soi. Les termes de
l'article 775 traduisent en effet cette maxime de l'ancien droit :
*Nul n'est héritier qui ne veut.*

L'héritier n'est donc pas tenu de conserver la succession
dont la loi l'a investi (art. 775) : il est en effet héritier sous la
condition résolutoire de sa renonciation.

Par suite, accepte-t-il la succession ? Il ne fait que confirmer et rendre irrévocable la transmission de propriété opérée par la loi. Renonce-t-il ? Il détruit rétroactivement les effets de la saisine, et il est censé n'avoir jamais été héritier.

Accepter ou répudier une succession, c'est exercer son droit héréditaire. L'exercice de ce droit est inséparable de la qualité d'héritier, et n'appartient qu'à lui seul. Un tiers ne peut manifester sa volonté à la place de l'héritier que s'il en a reçu le mandat conventionnel ou légal.

**13.** — Revenons maintenant à l'examen des questions que nous avons indiquées.

La première hypothèse est celle-ci :

La femme veut renoncer à la succession qui lui est échue ; le mari veut, au contraire, que cette succession soit acceptée, et il refuse à sa femme l'autorisation de renoncer.

En présence de ce désaccord, que doivent ou que peuvent faire chacun des deux époux ?

D'abord, quand le mari aurait-il intérêt à ce que la succession fût acceptée ?

Il y aurait intérêt sous le régime de la communauté : si la succession est mobilière en tout ou en partie, les meubles, en cas d'acceptation, tombent dans la communauté (art. 1401-1°); si la succession est immobilière, la communauté a le droit de jouissance sur les immeubles de la succession devenus propres de la femme (art. 1401-2°, 1403). — Il y aurait intérêt sous le régime exclusif de communauté et sous le régime dotal : le mari, en cas d'acceptation, a la jouissance des biens, meubles ou immeubles, de la succession (art. 1530, 1549).

Dans ces divers cas, on le voit, la femme, en refusant d'accepter, prive, soit son mari, soit la communauté, d'avantages souvent considérables, en supposant bien entendu que des dettes ou charges ne viennent pas les réduire à néant.

C'est en général au point de vue de la communauté que les auteurs traitent la question. Aussi nous placerons-nous dans l'hypothèse où les époux ont adopté ce régime matrimonial; il y aura d'autant moins d'inconvénient à le faire que l'argumentation reste la même dans tous les cas.

**14.** — Nombre d'auteurs enseignent que le mari peut, de

sa seule autorité et sans le concours de sa femme, accepter les successions échues à cette dernière, toutes les fois que les conventions matrimoniales lui attribuent sur ces successions, soit un droit de propriété, soit un droit d'usufruit. Dans le premier cas, l'acceptation du mari porte sur la propriété même; dans le second cas, sur la jouissance seule. Nous allons passer en revue les différents arguments sur lesquels on a essayé de fonder cette théorie.

1° Un des arguments les plus importants invoqués à l'appui de ce système est l'opinion de Pothier. Selon cet auteur, le mari qui aurait intérêt à ce qu'une succession fût acceptée, parce que le mobilier tomberait dans la communauté, pourrait l'accepter à ses risques sur le refus de la femme (1).

C'est à tort qu'on s'est prévalu de l'opinion de Pothier, car elle est loin de reproduire la doctrine professée de son temps par les autres jurisconsultes. M. Thiry, dans son étude sur la question qui nous occupe, a montré par des citations empruntées à plusieurs auteurs anciens, notamment à Le Brun, à Guy Coquille, à Furgole, que la doctrine contraire était unanimement reçue. Il était donc constant, dans l'ancien droit, que le mari ne pouvait accepter, de sa seule autorité, une succession même mobilière dévolue à sa femme; l'argument historique tiré de la doctrine de l'ancien droit est donc entièrement défavorable à l'opinion que nous combattons (2).

2° Les époux qui se marient en communauté, dit-on, aliènent au profit de la communauté tous leurs droits mobiliers présents et futurs. Il s'ensuit que toute succession échue à la femme est acquise par la communauté et non par la femme. Le mari, étant chef de la communauté, peut l'accepter sans le concours de sa femme, car il ne fait par cet acte qu'exercer un droit appartenant à la communauté. La femme, au contraire, n'ayant que la propriété nominale de la succession ne peut point, par sa renonciation, entraver les droits de la communauté, véritable propriétaire de la succession (3).

---

(1) Pothier, *Traité des succ.*, ch. III, s. III, art. 1, § 2; Toullier, vol. II, 2e p., 318, édit. de Duvergier; Demolombe, XIV, 326. — (2) Thiry, *Rev. crit.*, t. XI, 1857, p. 251 et s., et les auteurs qu'il cite. — (3) Duranton, VI, 425; Demolombe, XIV, 326.

Cet argument a pour seule base la théorie qui consisterait à faire de la communauté une personne juridique distincte de la personne des époux (1) ; la personne fictive, appelée communauté, serait devenue, par l'effet du mariage, cessionnaire de tous les droits que lui attribue l'article 1401. Le mari serait le représentant de cette personne juridique ; rien de plus logique que son droit d'accepter les successions mobilières échues à la femme.

Mais le système de la personnalité de la communauté entre époux est un système que nous rejetons avec la majorité des auteurs ; nous ne reconnaissons pas plus ce caractère à la communauté qu'aux sociétés civiles. Que deviendrait le principe que les dettes de la communauté et les dettes du mari se confondent, si le patrimoine de la communauté et celui du mari devaient rester distincts ? Que deviendrait le pouvoir du mari comme seigneur et maître des biens communs, que deviendraient ses droits comme propriétaire de ses biens propres si son rôle était réduit à celui d'administrateur du patrimoine d'une personne fictive dans lequel ses propres se trouveraient eux-mêmes absorbés (2)?

3° Ce n'est pas seulement comme chef de la communauté que le mari peut accepter une succession échue à sa femme ; il peut l'accepter aussi comme exerçant les droits de sa femme conformément à l'article 1428, qui donne au mari l'exercice des actions mobilières appartenant à sa femme (3).

Nous répondons que l'article 1428 ne saurait être invoqué ici. Accepter une succession même purement mobilière, ce n'est pas exercer une action mobilière, c'est s'obliger, et même de la façon la plus dangereuse, car, si l'héritier a accepté purement et simplement, il est tenu de toutes les dettes, et ne connaît pas l'étendue de son obligation ; or, le mari n'a pas le droit d'obliger la femme, sauf par les actes d'administration que la loi lui a donné le pouvoir de

---

(1) Delvincourt, III, p. 18 ; Proudhon, *De l'usufruit*, I, 279 ; Duranton, XIV, 96 ; Troplong, *Cont. de mar.*, I, 306. — (2) Toullier, éd. Duvergier, vol. VI, 2ᵉ p., 82 ; Rodière et Pont, I, 334 ; Aubry et Rau, V, p. 277, n. 2 ; Laurent, XXI, 197. — (3) Duranton, VI, 425.

faire, et il est hors de doute que l'acceptation d'une succession
ne constitue pas un acte d'administration (1).

4° L'article 818, dit-on encore, fournit un nouvel argument.
Cet article donne au mari le droit d'intenter, sans le concours
de sa femme, l'action en partage définitif ou provisionnel,
selon que les biens tombent en communauté pour la propriété ou pour l'usufruit. On en déduit que l'exercice de cette
action comporte l'acceptation (2).

Le mari a, il est vrai, le droit d'intenter l'action en partage;
mais à quel moment ce droit s'ouvre-t-il pour lui? Au moment
seulement où la femme, munie de l'autorisation maritale, a
accepté la succession. Jusque-là, le mari n'a aucun droit de
provoquer le partage; et si l'acceptation de la femme le lui
confère, c'est qu'elle a pour résultat de faire tomber dans la
communauté les biens de la succession, soit en propriété,
soit en usufruit. Il était naturel que le mari, administrateur
de la communauté (art. 1421), pût exercer seul l'action en
partage relativement aux objets qui y tombent. Ce que le législateur a décidé quant au partage ne saurait donc être
appliqué à l'acceptation; les articles 461, 464 et 465 en matière
de tutelle montrent bien que les deux choses ne doivent pas
être confondues (3).

Tels sont les principaux arguments dont s'est prévalu le
système qui permet l'acceptation par le mari; nous croyons
avoir suffisamment montré leur peu de fondement.

D'après ce système, le droit d'acceptation du mari est absolu
et peut être exercé par lui *proprio motu* sans aucune autorisation. Cela devait être, puisqu'on fait dériver pour lui ce droit
de ce que la communauté qu'il représente est héritière; Troplong va même jusqu'à dire que le mari est *quodammodo
heres* (4). Par suite, sa situation est bien différente de celle du
créancier auquel préjudicie la renonciation faite par son débi-

---

(1) Laurent, XXI, 436. — (2) Toullier, vol. II, 2ᵉ p., 318, édit. de Duvergier;
Duranton, VI, 425; XIV, 232; Dalloz, *Rép.*, vᵒ *Succession*, 438. — (3) Laurent.
XXI, 437; Thiry, *Rev. crit.*, t. XI, 1857, p. 260. — (4) Troplong, *Du cont.
de mar.*, II, 997.

teur ; l'article 788 ne s'applique pas à lui et il n'a pas besoin de se faire autoriser par justice (1).

**15.** — Mais c'est là un système qui nous semble absolument inadmissible : dire que le mari peut accepter une succession échue à sa femme, c'est méconnaître les principes les plus fondamentaux en matière de succession, que nous avons rappelés déjà en abordant cette question. L'exercice du droit héréditaire, avons-nous dit, est inséparable de la qualité d'héritier : la femme étant seule héritière, a seule le droit d'accepter la succession.

La seule lecture de l'article 776 permet du reste de constater que le législateur n'a pas entendu déroger à cette règle générale. « Les femmes mariées, y est-il dit, ne peuvent pas valablement *accepter* une succession sans l'autorisation de leur mari ou de justice, conformément aux dispositions du chapitre VI du titre *du Mariage.* »

On voit par ce texte que c'est la femme elle-même qui accepte, et que la seule condition qui lui soit imposée est une autorisation. Mais l'article ne fait aucune distinction selon la nature des biens, et ne donne pas au mari le droit d'accepter s'il y a intérêt. Si le législateur avait voulu le décider ainsi, c'était pourtant la place qu'il aurait donnée à une telle disposition.

L'incapacité de la femme mariée n'a donc entraîné aucune dérogation aux principes généraux de l'acceptation et de la renonciation. Au contraire, en ce qui concerne les successions échues au mineur, un texte formel indique qu'on s'en est écarté : « Le tuteur ne pourra accepter ni répudier une succession échue au mineur, etc. » (Art. 461.) Il en est de même de l'interdit (art. 509). La raison de cette différence se comprend aisément : les mineurs et interdits sont incapables à raison de leur âge ou de la faiblesse de leurs facultés intellectuelles ; la femme au contraire, capable avant le mariage, ne devient incapable que parce qu'elle tombe sous la puissance maritale.

---

(1) Duranton, VI, 425 ; XIV, 232 ; Dalloz. *Rép.*, vᵒ *Succession*, 438 ; Demolombe, XIV, 326.

**16.** — La jurisprudence rejette également, en termes absolus, la possibilité de l'acceptation par le mari. Elle n'a été appelée à se prononcer que sur des cas d'acceptation tacite, mais le principe est identique dans le cas d'acceptation expresse.

Un premier arrêt, de la cour de Riom, du 18 avril 1825 (1), décide qu'une succession échue à une femme mariée ne peut être acceptée tacitement en son nom par son mari. Un acte ne peut imprimer la qualité d'héritier, d'après l'article 778, que s'il émane de la personne même appelée à l'hérédité.

Un second arrêt de la même cour, en date du 19 avril 1828 (2), décide de même que les faits d'immixtion et d'adition d'hérédité, personnels au mari et accomplis sans la participation de la femme, ne sont pas opposables à cette dernière pour lui donner la qualité d'héritière, malgré sa volonté. Mais nous ne saurions accepter l'un des considérants de cet arrêt qui est ainsi conçu : « Si le mari est présumé être le mandataire légal de sa femme, cette présomption cesse quand cette qualité lui est contestée ou que les faits du mari sont en contradiction avec la volonté manifestée par la femme elle-même dans des actes publics et authentiques. » Y a-t-il une loi qui pose une telle présomption ? Non, l'article 1428 donne au mari l'administration des biens personnels de la femme, et l'exercice de ses actions mobilières et possessoires ; mais, de là à en faire le mandataire légal de sa femme, il y a loin.

Enfin un arrêt de la cour de Montpellier, du 1er juillet 1828, a été rendu dans le même sens (3).

Le mari ne peut donc pas accepter les successions échues à sa femme pendant le mariage.

**17.** — Voici quels auraient été, d'après les partisans du système que nous venons de combattre, les effets de l'acceptation par le mari.

Se basant sur le passage de Pothier précédemment cité qui permet au mari d'accepter à ses risques, ils déclarent que le mari doit faire face lui-même aux obligations qui résultent

(1) Sirey, XXVI, 2, p. 75. — (2) Sirey, XXIX, 2, p. 9. — (3) Dalloz, *Rép.*, v° *Succession*, 507.

de son acceptation. La femme ne serait pas personnellement obligée au paiement des dettes et charges de la succession, et elle ne serait pas tenue d'exécuter les obligations qui existent entre cohéritiers, comme celle du rapport. Elle ne serait tenue des dettes que comme commune en biens et non sur ses biens personnels : par conséquent, elle ne pourrait pas être poursuivie durant la communauté, ni après sa dissolution, si elle y renonçait; et si elle acceptait la communauté, elle ne serait tenue que jusqu'à concurrence de son émolument dans la communauté, pourvu qu'il y ait eu bon et fidèle inventaire des biens qui la composent (art. 1483) (1).

On voit que ces auteurs n'ont pas osé appliquer jusqu'au bout les conséquences de leur système : l'acceptation étant valablement faite au nom de la femme, il aurait fallu, pour être logique, déclarer qu'elle serait elle-même irrévocablement et indéfiniment tenue des dettes héréditaires, sur son propre patrimoine. Mais ils ont rejeté une conséquence aussi exorbitante qui était trop manifestement contraire au principe que le mari ne peut engager les propres de sa femme sans son consentement (2).

**18.** — Mais, si nous ne reconnaissons pas au mari le droit d'accepter de sa propre autorité une succession échue à sa femme, s'ensuivra-t-il qu'il ne devra avoir aucun autre moyen de sauvegarder ses intérêts ? Quelques auteurs, tout en niant que le mari puisse accepter la succession, ont imaginé des théories qui protégeaient dans une certaine mesure ses intérêts.

**19.** — Nous rencontrons d'abord le système d'Aubry et Rau. D'après ces auteurs, le mari ne peut pas accepter les successions, même purement mobilières, échues à sa femme, car la première condition pour accepter valablement une succession, est d'y être appelé. Mais, comme chef de la communauté, il est autorisé, malgré l'abstention de la femme, à prendre possession des successions échues à cette dernière et à en provoquer le partage, définitif ou provisionnel suivant

(1) Delvincourt, II, p. 82, n. 7; Duranton, VI, 425; Demolombe, XIV, 326. — (2) Aubry et Rau, V, p. 374, n. 2.

les cas (art. 818). Quels sont les effets de cette prise de possession ? D'un côté, cet acte de gestion du mari ne lui imprime
pas la qualité d'héritier et ne constitue pas de sa part une
véritable acceptation qui le soumette irrévocablement au
paiement des dettes *ultra vires hereditarias*. D'un autre côté,
la femme n'est pas liée et elle conserve le droit de renoncer
à la succession, avec l'autorisation du mari lui-même ou avec
celle de la justice, pourvu d'ailleurs qu'elle ne s'y soit pas
personnellement immiscée, et qu'elle n'ait pas perdu, par
suite de la prescription trentenaire, la faculté de la répudier.
La renonciation faite par la femme dans ces conditions crée
pour le mari l'obligation de restituer les biens héréditaires
aux héritiers appelés à défaut de la femme, et il peut même
être contraint sur ses biens personnels, quand il a négligé
de faire inventaire (1).

La théorie d'Aubry et Rau contient les plus étranges con-
tradictions : personne n'a accepté la succession, et cependant
le mari peut en prendre possession. Sur quels principes s'appuient ces auteurs pour justifier une pareille anomalie ? Ils se
bornent à invoquer l'article 818. Mais cet article, nous l'avons
dit déjà, est spécial à la matière du partage, et règle le cas où
la succession a été préalablement acceptée.

Mais c'est surtout par ses conséquences mêmes que ce système se trouve le plus compromis. Qu'arrive-t-il si la femme
renonce ? Le mari doit restituer le mobilier dont il avait pris
possession : c'est donc qu'il n'avait aucun droit de l'appréhender. Le mari, comme le dit si justement M. Laurent, « est un
» tiers qui s'empare sans titre d'une hérédité, un possesseur
» contre lequel le vrai héritier intente une action en pétition
» d'hérédité. »

La situation du mari et de la femme n'est pas moins singulière jusqu'au moment où la femme renonce. « Aussi long-
» temps que la femme n'a pas valablement renoncé à la
» succession appréhendée par son mari, lisons-nous dans
» Aubry et Rau, ses cohéritiers et les créanciers héréditaires

(1) Aubry et Rau, V, p. 374.

» sont en droit d'agir, tant contre elle que contre lui, comme
» si elle avait accepté cette succession de son consentement. »
Ainsi, en vertu d'une fiction créée non pas par la loi, mais par
les interprètes, le mari et la femme, bien que n'ayant ni l'un
ni l'autre accepté la succession, sont provisoirement héritiers
et peuvent être poursuivis comme tels.

Mais il y a plus : lorsque la femme a conservé la faculté de
renoncer, elle ne peut exercer ce droit « que sous la réserve
» des effets des jugements prononcés contre elle et passés en
» force de chose jugée. » La renonciation de la femme est
donc rendue vaine, puisqu'elle est tenue, malgré cette renonciation, des condamnations prononcées contre elle. Autant
vaut dire qu'elle peut être à la fois acceptante et renon-
çante.

Le système d'Aubry et Rau ne saurait donc être suivi : ses
conséquences elles-mêmes le condamnent (1).

**20.** — Un autre système a été proposé par M. Thiry, profes-
seur à l'Université de Liège ; il a été suivi par MM. Rodière et
Pont (2).

M. Thiry n'admet pas plus qu'Aubry et Rau la possibilité de
l'acceptation par le mari ; mais il se demande si, en cas de refus
du mari d'autoriser sa femme à renoncer, la justice devra
toujours accorder cette autorisation. Si l'on adopte l'affirma-
tive, dit-il, on reconnait par là à la femme le droit de faire des
renonciations frauduleuses dans le seul but de nuire à la communauté.

Il y a dans la question en effet un conflit entre deux intérêts. L'intérêt de la femme qui peut avoir d'excellentes raisons pour renoncer ; par exemple, pour éviter le rapport d'une
importante donation d'immeubles que lui avait faite le défunt ;
l'intérêt du mari, à qui l'acceptation serait avantageuse. La
justice, dit M. Thiry, aura à se prononcer entre ces deux intérêts. Si l'intérêt que la femme invoque pour renoncer est
sérieux et légitime, la justice lui accordera l'autorisation
qu'elle sollicite. Si au contraire le motif qu'elle allègue ne

---

(1) Laurent, XXI, 440. — (2) Thiry (*Rev. crit.*, 1857, t. XI, p. 248 et s.);
Rodière et Pont, II, 768.

prouve pas suffisamment qu'elle ait un intérêt réel à renoncer et que le mari ou la communauté soit intéressés à l'acceptation, la justice accordera au mari la faculté d'appréhender la succession au lieu et place de la femme, conformément à l'article 788 ; d'après cet article, les créanciers de celui qui renonce au préjudice de leurs droits, peuvent se faire autoriser en justice à accepter la succession du chef de leur débiteur, en son lieu et place ; le mari est bien ici dans la situation d'un créancier, puisque le contrat de mariage lui donne des droits sur les biens que la femme acquerra pendant l'union conjugale ; mais, dans ce cas, la prise de possession des biens héréditaires par le mari n'entraînera pour la femme aucune des conséquences d'une acceptation.

On voit que, d'après ce système, l'intérêt de la femme prime celui du mari, et qu'il est le premier discuté, parce que c'est elle qui est véritablement héritière.

**21.** — Nous ne saurions accepter cette doctrine plus que celle d'Aubry et Rau.

On fait intervenir la justice parce qu'il y a un conflit, dit-on. C'est un point que nous nions. Il n'y a point ici de concurrence entre deux droits opposés. Le mari veut accepter : mais il n'a aucun droit pour accepter, puisqu'il n'est pas successible. La femme veut renoncer : elle en a le droit. Il n'y a qu'elle qui puisse légalement invoquer un droit : donc, pas de conflit.

Ensuite, quelle analogie peut-on trouver entre le cas qui nous occupe et celui prévu par l'article 788 ? Cet article suppose que l'héritier a renoncé : ici, la femme ne fait que s'abstenir. Il suppose que des créanciers demandent la nullité de la renonciation : mais le mari n'est pas un créancier, car les droits du mari et de la communauté sur les successions échues à la femme ne datent que de leur acceptation par celle-ci. Ce n'est pas une créance que la communauté a sur la succession à laquelle la femme est appelée, c'est une simple espérance. C'est donc détourner l'article 788 de son sens naturel que de lui donner une pareille application (1).

---

(1) Aubry et Rau, V, p. 374, n. 2 ; Laurent, XXI, 441.

**22.** — Nous avons dû entrer dans de nombreux détails sur les controverses auxquelles cette importante question a donné lieu ; il nous reste à formuler la solution qui nous semble seule exacte : c'est à M. Laurent que nous l'empruntons. Elle est des plus simples, car elle consiste uniquement dans une saine application des principes fondamentaux les plus incontestables qui régissent les successions. Les auteurs que nous avons combattu avaient cru devoir s'en écarter pour concilier des intérêts inconciliables ; c'est ce qui fait que leurs systèmes ne reposent sur rien de légal.

Non-seulement, dirons-nous, le mari ne peut pas accepter la succession échue à sa femme, mais encore il n'a pas le droit d'en prendre possession, ne fut-ce que provisoirement et à ses risques et périls. La femme étant seule héritière a seule le droit d'exercer son droit héréditaire. Si elle veut renoncer, et que le mari lui refuse l'autorisation nécessaire, alors elle s'adressera à la justice qui lui accordera l'autorisation, si elle considère que le refus du mari était injuste et sans raison légitime. Toutes les fois en effet que la loi ne s'y est pas personnellement opposée, l'autorisation du mari peut être suppléée par celle de justice, si le refus du mari est injuste. L'article 218 le dit pour les matières judiciaires, l'article 219 pour les matières extrajudiciaires ; sinon le devoir de protection confié au mari aurait pu dégénérer en oppression (1).

Le mari, en refusant l'autorisation de renoncer, a donc exercé le seul droit qu'il eût : n'étant ni héritier ni créancier, il n'avait aucun droit sur la succession ; il n'en aurait acquis que si la femme avait accepté ; jusque là, il est considéré comme un étranger à l'égard de la succession échue à sa femme. Non-seulement le mari ne peut pas accepter, mais encore il ne peut pas contraindre sa femme à prendre parti ; celle-ci a le droit de rester dans l'inaction aussi longtemps qu'elle le juge utile ; elle peut attendre, pour prendre qualité, le moment où les créanciers la poursuivront (2).

(1) Laurent, III, 126. — (2) Laurent, XXI, 440.

**23**. — Nous en avons fini avec la première des questions que nous avons indiquées. Nous passons à la seconde hypothèse qui est la suivante :

La femme veut accepter la succession ; le mari veut au contraire que la succession soit répudiée, et il refuse à sa femme l'autorisation d'accepter.

Les auteurs qui, tout à l'heure, reconnaissaient au mari le droit d'accepter, doivent, pour être conséquents avec eux-mêmes, lui reconnaître également le droit de renoncer : car il y a corrélation entre la théorie de l'acceptation et celle de la renonciation.

Ainsi Delvincourt dit que si la femme est mariée sous le régime de la communauté, et que la succession ne soit composée que d'objets susceptibles de tomber dans la communauté, le mari pourra y renoncer seul, sans le concours de sa femme (1). Toullier décide de même (2).

Mais Duvergier qui, dans ses annotations sur Toullier, avait accepté sans restriction l'opinion de cet auteur consistant à donner au mari le droit d'accepter une succession échue à sa femme, fait remarquer au contraire que la renonciation faite par le mari ne saurait préjudicier au droit qui compète à la femme d'accepter la succession en se faisant autoriser par la justice.

M. Demolombe va plus loin : le mari, dit-il, ne peut pas renoncer, pour sa femme, à une succession, même seulement mobilière, échue à celle-ci ; il peut seulement refuser d'autoriser sa femme à l'accepter. C'est une singulière anomalie que de décider à la fois que le mari a le droit d'accepter une succession, et qu'il n'a pas le droit d'y renoncer : c'est aussi tenir peu de compte des principes que de les faire fléchir devant un intérêt particulier, et c'est faire la loi plutôt que l'interpréter. Ici les intérêts du mari ne devant pas ordinairement être lésés par l'acceptation de la femme (art. 1416 et 1417),

---

(1) Delvincourt, II, p. 105, n. 3. — (2) Toullier, éd. Duvergier, vol. II, 2ᵉ p., 341.

M. Demolombe ne s'écarte plus de la stricte application des principes (1).

Le mari ne peut donc pas renoncer *proprio motu;* et la femme peut, sur le refus du mari de l'autoriser à accepter, demander à la justice l'autorisation qui lui est nécessaire.

**24.** — On ne saurait fixer de règle pour déterminer dans quels cas la justice devra accorder l'autorisation, dans quels cas elle devra la refuser. Les magistrats examineront si le refus du mari est injuste et abusif, et d'autre part si la femme, en désirant accepter, est guidée soit par un sentiment honorable, soit par un intérêt sérieux et légitime. S'il en est ainsi, ils devront accorder l'autorisation qui leur est demandée. Par exemple, la femme, par respect pour la mémoire de son parent, désire recueillir la succession ; ou bien, elle a stipulé qu'en cas de renonciation à la communauté, elle reprendra tout ou partie de ce qu'elle y aura apporté (art. 1514) ; ou encore elle est mariée sous le régime de la communauté réduite aux acquêts, auquel cas les successions immobilières à elle échues pendant le mariage lui demeurent propres (art. 1498).

Toutefois, la justice ne devra accorder l'autorisation à la femme qu'avec une grande réserve, afin de ne pas porter atteinte à la puissance maritale. Ajoutons que si la justice donne à la femme l'autorisation qu'elle sollicite, elle ne devra le faire qu'à la condition que la femme acceptera sous bénéfice d'inventaire, afin que les créanciers de la succession n'aient pas d'action sur la nue propriété de ses biens personnels ; car il est toujours dans l'intérêt du mari que la nue propriété de ces biens ne soit pas compromise (2).

---

(1) Demolombe, XIV, 327 ; Pothier, *Cout. d'Orléans*, Intr. au tit. XVII, 63. — (2) Duranton, VI, 426 ; Demolombe, XIV, 327.

# CHAPITRE II

## De l'action en partage.

**25.** — Nous supposons que la succession a été acceptée comme elle devait l'être, conformément aux règles exposées dans le précédent chapitre. Mais l'époux acceptant a des cohéritiers ; entre lui et ses cohéritiers, il existe sur chaque objet de l'hérédité un concours de droits rivaux qui constitue l'indivision. Il est de l'intérêt de tous de faire cesser au plus tôt l'indivision qui entrave la libre circulation des biens. Le partage a pour but de mettre fin à cet état, en limitant le droit général de chaque héritier à certains objets déterminés qui deviennent dès lors sa propriété exclusive. De même que nous avons recherché par qui devaient être acceptées les successions échues aux époux pendant le mariage, de même nous devons nous demander qui a qualité pour procéder au partage de ces successions.

**26.** — S'il s'agit d'une succession échue au mari, c'est au mari qu'il appartient dans tous les cas d'intenter l'action en partage, sans que jamais sa femme intervienne. Car sous aucun régime le pouvoir du mari sur les biens qui lui échoient personnellement, quel qu'en soit le sort, ne pourrait être restreint au profit de la femme, sans qu'il y eût une atteinte portée à la puissance maritale.

Ici, il n'y a donc aucune règle spéciale à énoncer. Le mari intente seul l'action en partage, absolument comme tout autre héritier et la femme n'intervient jamais.

**27.** — Mais les difficultés sont plus nombreuses s'il s'agit d'une succession échue à la femme. Tantôt l'action en partage sera intentée par le mari seul, tantôt par la femme seule, tantôt par le mari et la femme concurremment. Il nous faut déterminer les solutions qui conviennent aux différents cas.

**28.**— Quelle capacité est nécessaire pour former l'action en partage? Faut-il être capable d'aliéner ou suffit-il d'être investi du droit d'administration ?

Le partage, en droit français, n'est pas translatif de propriété, c'est-à-dire qu'il ne consiste pas en un échange entre les copartageants, échange par lequel chacun d'eux cèderait aux autres le droit qu'il a sur les objets qui lui sont attribués et recevrait en retour le droit qu'ils ont sur les objets mis dans son lot. Le partage est simplement déclaratif de propriété, c'est-à-dire que chaque héritier est réputé, quant aux objets qu'il reçoit dans son lot, avoir succédé seul au défunt.

Le partage n'entraînant aucune aliénation, il semblerait que le pouvoir d'administration pût suffire pour intenter l'action en partage. On décide cependant qu'il faut un pouvoir plus étendu que celui d'administrer, parce qu'en réalité et à ne considérer que la nature même des choses, le partage a une importance presque aussi grande que l'aliénation. Tous les biens de la succession ne sont pas en effet également avantageux, ni également à la convenance de chaque héritier ; aussi le partage, en déterminant la part de chacun et les droits auxquels il est censé avoir succédé, peut faire éprouver aux parties un préjudice comparable à celui qui résulterait d'une aliénation. En outre, le partage donne lieu à des réglements d'intérêts fort graves, comme les questions de rapports, de prélèvements, de legs et autres.

Ainsi, la capacité d'aliéner n'est pas nécessaire pour intenter l'action en partage; mais d'autre part, le pouvoir d'administrer n'est pas suffisant. Il faut donc une capacité en quelque sorte intermédiaire, qu'il est difficile de définir exactement. C'est une capacité spéciale, parce que le partage est un acte d'une nature spéciale. On ne peut formuler de règle générale sur la capacité requise pour former l'action en partage ; il faut dans chaque cas particulier se référer aux textes (1).

(1) Demante, III, 142; Laurent, X, 245.

**29.** — Relativement aux femmes mariées, c'est l'article 818 qui réglemente la question. Il est ainsi conçu :

« Le mari peut, sans le concours de sa femme, provoquer le
» partage des objets, meubles ou immeubles à elle échus qui
» tombent dans la communauté : à l'égard des objets qui ne
» tombent pas en communauté, le mari ne peut en provoquer
» le partage sans le concours de sa femme ; il peut seulement,
» s'il a le droit de jouir de ses biens, demander un partage
» provisionnel.

» Les cohéritiers de la femme ne peuvent provoquer le par-
» tage définitif qu'en mettant en cause le mari et la femme. »

**30.** — Cet article suppose que par suite de conventions matrimoniales certains biens composant la succession tombent dans une communauté existant entre les époux, tandis que certains autres n'y tombent pas.

Mais, en admettant l'absence de toutes conventions matrimoniales, est-ce que la femme, qui par son mariage est frappée d'incapacité, perd également la capacité de former l'action en partage ?

En un mot, le droit du mari d'intenter dans certains cas l'action en partage dérive-t-il de son pouvoir marital, ou, comme il semble résulter de l'article 818, des droits que le contrat de mariage lui confère ?

**31.** — Le mariage rend la femme incapable, mais en ce sens seulement qu'elle doit être autorisée de son mari pour accomplir les actes juridiques relatifs à ses biens. Le mariage ne l'empêche point de devenir propriétaire des biens qui lui échoient par succession, et tous les actes qui concernent ces biens lui demeurent permis comme par le passé, seulement leur validité est subordonnée à l'autorisation maritale. Si donc aucune convention nuptiale n'avait eu lieu entre les époux, la femme pourrait, comme tout autre héritier, former l'action en partage, soit judiciaire, soit extrajudiciaire, pourvu qu'elle se soit conformée, d'après le droit commun, à la formalité de l'autorisation.

La puissance maritale qu'acquiert le mari ne l'investit pas du pouvoir de représenter sa femme dans les actes civils. C'est toujours la femme qui agit en personne, pourvu qu'elle

soit munie de l'autorisation. C'est là une différence avec l'incapacité du mineur : celui-ci n'agit pas lui-même, mais le
tuteur agit en son nom. Le mariage ne faisant pas du mari
le représentant légal de sa femme, ne lui donne pas le droit
d'intenter lui-même l'action en partage des successions
échues à cette dernière.

C'est donc uniquement le régime matrimonial que les époux
adoptent qui donne au mari le droit d'intenter dans certains
cas l'action en partage, comme on le voit par les termes de
l'article 818. Ce droit ne résulte jamais pour lui de la puissance maritale (1).

**32.** — La règle contenue dans l'article 818 est conçue en
termes très-généraux ; nous aurons à l'appliquer successivement aux différents régimes matrimoniaux. Voici les distinctions qu'il faut établir, d'après cet article.

La communauté devient-elle propriétaire des biens qui
composent l'hérédité échue à la femme, le mari qui en est le
chef peut provoquer le partage sans le concours de sa femme.
c'est la conséquence de son droit de propriété.

La femme en demeure-t-elle propriétaire, une sous-distinction est nécessaire :

Si le mari acquiert la jouissance de ces biens, il peut provoquer seul un partage provisionnel, c'est-à-dire de jouissance. Mais il ne peut faire un partage définitif qu'avec le
concours de la femme parce qu'elle est nu-propriétaire.

Si le mari n'en a pas la jouissance, la femme a seule qualité pour provoquer le partage, parce qu'alors elle réunit entre ses mains la nue propriété et l'usufruit. Mais elle doit
dans ce cas être munie de l'autorisation maritale ou de justice, d'après la règle générale.

**33.** — Cette sous-distinction, dans le cas où la femme
demeure propriétaire des biens, n'est pas textuellement écrite
dans l'article 818, mais il nous semble impossible de ne pas
en reconnaître l'exactitude. L'article 818 semble dire que,
pour les biens qui ne tombent pas en communauté, c'est tou-

---

(1) Demolombe, XV, 570 ; Laurent, X, 251.

jours le mari et la femme qui doivent agir concurremment. Mais, lorsque le mari n'a aucun droit sur les biens qu'il s'agit de partager, à quel titre figurerait-il au partage ? Ce ne sera pas en son propre nom, car il n'est ni propriétaire ni usufruitier. Ce ne sera pas comme représentant de sa femme ; nous avons vu que la puissance maritale ne lui conférait pas ce droit de représentation. Ce ne sera pas non plus comme administrateur des biens personnels de sa femme ; nous avons dit également que le pouvoir d'administrer n'était pas suffisant pour donner la capacité d'intenter l'action en partage. La rédaction de l'article 818 contient donc une lacune : aussi tenons-nous pour exacte la sous-distinction posée ci-dessus, car rien ne vient la contredire et elle est en parfaite harmonie avec les autres dispositions de l'article (1).

**34.** — Toutefois, lors même que le mari n'a, en vertu du régime matrimonial adopté, aucun droit sur les biens échus à sa femme par succession, il peut se faire qu'il puisse en provoquer le partage. Il faut supposer que la femme, par une disposition de son contrat de mariage, ait donné à son mari plein pouvoir pour procéder seul au partage définitif des successions qui pourront lui échoir pendant le mariage. Rien n'empêche cette clause, puisqu'elle est relative à des biens dont la femme a la pleine propriété en vertu du régime matrimonial que les époux ont adopté. La jurisprudence du reste ne conteste pas la validité de cette clause (2.) La femme aurait pu aussi d'une manière plus générale donner à son futur époux le pouvoir spécial d'exercer toutes ses actions actives et passives et de traiter de ses droits paternels et maternels (3).

**35.** — La femme même mineure pourrait, par une clause de son contrat de mariage, donner procuration à son futur époux de faire les partages qui l'intéressent, pourvu qu'elle soit assistée, comme pour toute autre convention matrimoniale des personnes dont le consentement est nécessaire à la validité de son mariage. Le mineur habile à contracter

---

(1) Marcadé, III, 288 ; Demolombe, XV, 574. — (2) Cass., 18 mai 1868, Dalloz, 1869, 1, 316. — (3) Grenoble, 18 janvier 1849, Dalloz, 1852, 2, 14.

mariage peut en effet consentir valablement toutes les conventions qui ont trait au mariage (art. 1398). Du reste, la femme mineure aurait pu adopter un régime qui aurait donné au mari ce pouvoir (1).

Mais, ce qu'il importe de remarquer, c'est que la convention, bien qu'insérée dans un contrat de mariage, ne peut dispenser le mari d'observer les formalités que la loi prescrit pour les partages dans lesquels des mineurs sont intéressés (2).

**36.** — Nous avons vu quels étaient les pouvoirs respectifs des deux époux pour former l'action en partage. Qui a la capacité requise pour y répondre? Il est logique d'admettre en principe qu'il y a corrélation entre le pouvoir de former l'action conféré au mari par le contrat de mariage et celui d'y répondre ; les mêmes distinctions semblent devoir être adoptées dans les deux cas.

Le second alinéa de l'article 818 décide cependant, dans des termes qui paraissent absolus, que les cohéritiers de la femme ne peuvent procéder à un partage définitif qu'en mettant en cause le mari et la femme.

Mais ce n'est que par suite d'un vice de rédaction que cette disposition semble générale. L'intention certaine du législateur était de ne se référer dans ce second alinéa qu'à la dernière des hypothèses contenues dans le premier, et non à son ensemble, mais il ne l'a pas montré assez clairement par la tournure de phrase qu'il a employée. Ce qui prouve bien cependant que tel est le sens de cet alinéa, c'est la corrélation parfaite qui existe entre ce qu'il décide et ce qui a été décidé dans la fin de l'alinéa précédent: ce qu'on a voulu dire, c'est sans aucun doute, que le mari à qui on vient de refuser le droit de provoquer seul le partage définitif des objets qui ne tombent pas en communauté n'a pas davantage qualité pour répondre seul à l'action que les cohéritiers de la femme voudraient diriger contre lui. La même corrélation entre le pouvoir d'intenter l'action et celui d'y répondre existe nécessai-

(1) Req., 12 janvier 1847, Dalloz, 1847, 1, 225. — (2) Bordeaux, 25 janvier 1826, Dalloz, *Rép.*, v° *Contr. de mar.*, 453.

rement dans le cas où les biens de la succession doivent tomber dans la communauté : de même que le mari peut en provoquer seul le partage, de même il peut répondre seul à l'action dirigée contre lui.

Quelque regrettable que soit l'inexactitude de l'article 818, elle peut toutefois s'expliquer. Le législateur, après avoir dit que le mari ne pouvait provoquer sans le concours de sa femme un partage définitif des objets qui ne tombent pas en communauté, a cru utile d'ajouter qu'il ne pouvait qu'à la même condition répondre à l'action dirigée contre lui : un doute était possible, parce que certaines personnes, comme les tuteurs (art. 465), ne peuvent pas provoquer le partage sans certaines formalités, tandis qu'elles peuvent y défendre sans ces mêmes formalités. Au contraire, lorsque les objets héréditaires doivent tomber dans la communauté, le mari, ayant pleine capacité pour intenter l'action, a, à plus forte raison, capacité pour y défendre.

Ainsi, les pouvoirs respectifs des deux époux sont les mêmes pour intenter l'action en partage et pour y répondre (1).

**37.** — Il faut noter que, dans tous les cas où le mari provoque un partage provisionnel, comme ayant le droit de jouissance sur tout ou partie de la succession échue à sa femme, les cohéritiers de celle-ci peuvent demander que la femme soit mise en cause, afin d'opérer de suite un partage définitif, et d'éviter ainsi les frais et les lenteurs qu'entraînerait un double partage. Mais c'est aux cohéritiers à réclamer cette mise en cause, car le mari ne fait qu'user de son droit en provoquant contre eux un partage provisionnel.

**38.** — Lorsque la femme mariée est mineure, et que, conformément aux règles de l'article 818, elle doit figurer dans un partage, elle n'a pas besoin d'être autorisée par son conseil de famille ; l'assistance de son mari suffit pour l'habiliter. En effet, le mineur est émancipé de plein droit par le mariage

---

(1) Pothier, *Traité des successions*, ch. IV, art. 1, § 2 ; Duranton, VII, 115 ; Demante, III, 146 bis, II ; Marcadé, III, 288 ; Demolombe, XV, 573 ; Laurent, X, 251 bis.

(art. 476); et, aux termes de l'article 840, l'assistance du curateur est suffisante pour intenter une action en partage ou y défendre. Or, le mari, s'il est majeur, étant de plein droit le curateur de sa femme mineure émancipée, l'assiste en l'autorisant, qu'il figure ou non lui-même au partage.

Si le mari était mineur lui-même, ou si, étant majeur, il refusait d'assister dans le partage sa femme mineure, le tribunal nommerait pour assister la femme dans les actes du partage un curateur ad hoc. On décide ainsi par argument d'analogie tiré de l'article 2208 d'après lequel l'expropriation des immeubles qui font partie de la communauté se poursuit dans ces deux cas contre un tuteur ad hoc désigné par le tribunal. Il est vrai que l'article 2208 parle de tuteur; mais il aurait pu plus exactement peut-être dire curateur, car, d'après les principes, le curateur est donné plutôt *rei vel causæ quam personæ*, tandis que c'est le contraire quant au tuteur (1).

**39.** — La femme mariée à laquelle la règle de l'article 818 donne le droit de figurer à un partage peut procéder soit à un partage amiable, soit à un partage judiciaire. Aucun article en effet ne lui impose la nécessité des formes judiciaires.

C'est là une règle générale; mais nous rencontrerons plus loin quelques exceptions.

## SECTION Iʳᵉ

### COMMUNAUTÉ LÉGALE

**40.** — Supposons d'abord que les époux aient adopté le régime de la communauté légale, ou que, faute d'avoir fait un contrat, ils soient réputés mariés sous ce régime.

Nous verrons plus loin que dans ce cas le sort de l'actif des successions échues aux époux pendant le mariage varie, suivant qu'il est mobilier ou immobilier.

(1) Duranton, VII, 131.

1° Si la succession est purement mobilière, tous les biens qui la composent tombent dans la communauté (art. 1401 — 1°).

2° Si la succession est purement immobilière, elle demeure pour le tout propre à l'époux héritier (art. 1402).

**41.** — Ces règles étant connues, appliquons l'article 818.

La succession échue à la femme est-elle purement mobilière? Comme elle tombe dans la communauté, le mari peut en provoquer le partage sans le concours de la femme.

Est-elle purement immobilière? Comme elle ne tombe dans la communauté qu'en usufruit et non en propriété, il faut le concours du mari et de la femme pour provoquer un partage définitif; mais le mari peut demander seul un partage provisionnel. A s'en référer uniquement aux termes de l'article 818, il semblerait que le mari ne pût demander un partage provisionnel qu'autant qu'il aurait lui-même le droit de jouissance, et ici c'est la communauté qui est usufruitière. Mais ce n'est pas un obstacle s'opposant à l'application de l'article 818, parce que le mari est le chef et représentant exclusif de la communauté (art. 1421), et qu'il doit y avoir corrélation entre le pouvoir donné au mari comme représentant la communauté propriétaire et celui qui lui est donné comme représentant la communauté usufruitière.

La succession est-elle à la fois mobilière et immobilière, le mari peut provoquer le partage définitif des meubles, et le partage provisionnel des immeubles, sauf le droit pour les cohéritiers de la femme de la mettre en cause, afin de faire de suite un partage définitif.

**42.** — Ajoutons, ce que ne mentionne pas l'article 818, que dans le cas de successions immobilières, de même que le mari peut, au nom de la communauté usufruitière, procéder à un partage provisionnel, de même la femme étant nu-propriétaire peut, avec l'autorisation ordinaire, procéder à un partage ne frappant pas la nue propriété et laissant la jouissance indivise (1).

_____

(1) Demante, III, 146 bis, V ; Marcadé, III, 287

**43**. — Lorsque, sous le régime de la communauté légale, le mari est interdit, la femme ne peut procéder qu'en justice au partage d'une succession à elle échue.

C'est ce qu'a décidé avec raison un arrêt de la cour de Paris, du 12 octobre 1836. Le mari, est-il dit, ne figure pas seulement aux opérations de compte, liquidation et partage comme assistant sa femme, mais encore comme partie intéressée quant aux fruits et revenus des biens de la succession, qui tombent dans la communauté dont il ne cesse pas d'être le chef, quoique interdit. Par suite, on lui applique les règles qui concernent l'interdit toutes les fois qu'il doit figurer à un partage. Or, il résulte des articles 509 et 466 combinés que le partage, pour obtenir à l'égard d'un interdit tout l'effet qu'il aurait entre capables, devra être fait en justice.

Cette décision a été critiquée par Dalloz par le motif que toutes les fois que la femme de l'interdit este en jugement ou contracte, la communauté acquiert des fruits ou en perd ; et cependant, observe cet auteur, l'autorisation du juge suffit dans tous les cas à la femme pour agir valablement (1).

L'argument ne saurait nous convaincre. S'il est vrai qu'en cas d'interdiction du mari, la femme peut aliéner avec l'autorisation de justice, il ne faut pas oublier que cette autorisation ne peut porter que sur l'aliénation de la nue propriété des biens de la femme ; mais l'autorisation de justice ne peut jamais rendre la femme capable d'aliéner la jouissance que le mari a sur ses propres, comme conséquence de la convention matrimoniale adoptée entre les époux (art. 1426, 1555).

L'interdiction du mari devient de même un obstacle à ce que la femme fasse un partage amiable, toutes les fois que les époux sont mariés sous un régime qui confère au mari un droit de jouissance sur les biens de sa femme (2).

---

(1) Paris, 12 oct. 1836, Dalloz, 1837, 2, 113. — (2) Demolombe, XV, 607.

## SECTION II

### COMMUNAUTÉ CONVENTIONNELLE

**44.** — I. **Communauté réduite aux acquêts.** — Sous le régime de la communauté réduite aux acquêts, tout le mobilier qui advient aux époux à titre gratuit, succession, donation ou autrement, leur reste propre, tandis que sous la communauté légale, il est acquis par la communauté (art. 1498). Les meubles qui font ainsi partie de la fortune personnelle des époux, sont ce qu'on appelle des propres conventionnels.

Quelle que soit la nature des biens qui composent la succession, on devra donc appliquer la disposition de l'article 818 qui prévoit le cas où les biens héréditaires ne tombent pas dans la communauté en propriété, mais en jouissance seulement, à savoir : le mari ne peut obtenir un partage définitif sans le concours de la femme ; mais il peut faire un partage seulement provisionnel.

**45.** — On pourrait cependant contester cette solution en objectant que l'article 1428 permet au mari d'exercer seul toutes les actions mobilières et possessoires appartenant à la femme ; et que par suite l'action en partage relative aux successions mobilières ne peut jamais lui compéter.

Nous répondrions que l'article 1428 ne peut influer sur la question, parce que ce serait faire un rapprochement inexact entre l'exercice d'une action mobilière, et l'exercice d'une action en partage, même de biens meubles seulement ; l'une est un acte ordinaire d'administration, l'autre touche à la propriété. Le législateur a toujours pris soin de nettement distinguer ces deux catégories d'actions et même de les soumettre à des règles différentes : c'est ainsi que le tuteur peut exercer seul les actions mobilières du mineur (art. 464, arg. *a contrario*), tandis qu'il lui faut l'autorisation du conseil de famille pour demander le partage d'une succession, mobilière ou immobilière, échue au mineur (art. 464, 465).

La capacité relative à l'exercice de l'action en partage est du reste indépendante de la nature mobilière ou immobilière des biens à partager ; l'article 818 ne distingue qu'une seule chose : où va la propriété des biens héréditaires ? où va la jouissance ? La distinction entre la nature des biens, qui avait été faite par l'ancien droit (1), n'existe plus aujourd'hui (2).

Au surplus, le texte même de l'article 818 ne laisse aucunement entendre que le mari puisse partager, sans le concours de sa femme, les successions mobilières échues à cette dernière. Il dit : « A l'égard des objets qui ne tombent pas en » communauté, le mari ne peut en provoquer le partage sans » le concours de sa femme. » Le mot *objet* est général, et il comprend d'autant plus certainement les meubles et les immeubles tout à la fois, qu'il correspond visiblement au premier membre de la distinction établie par cet article, qui s'applique en termes formels aux *objets, meubles ou immeubles*.

C'est donc avec raison que nous avons appliqué à toutes les successions échues à la femme mariée sous la communauté réduite aux acquêts, les règles de l'article 818 pour le cas où les objets ne tombent pas en communauté (3).

**46.** — II. Clause qui exclut de la communauté le mobilier en tout ou en partie. — Cette clause, qui a reçu dans la pratique les dénominations diverses d'*exclusion de communauté, stipulation de propres, réalisation*, peut exclure le mobilier de la communauté d'une manière plus ou moins étendue et se présenter sous des formes très-différentes.

Si la clause exclut le mobilier présent seulement, rien n'est changé au sort de celles des successions échues aux époux pendant le mariage qui contiennent des meubles, car ces meubles font partie du mobilier futur. Les règles relatives à l'action en partage sous la communauté légale s'appliquent sans modification.

· Si la clause exclut le mobilier présent et futur (art. 1500-1er al.),

---

(1) Pothier, *Des successions*, ch. IV, art. 1, § 2. — (2) Duranton, VII, 104 ; Demolombe, XV, 558. — (3) Toullier, éd. Duvergier, II, 2e p., 408 ; Duranton, VII, 121, 122 ; Demante, III, 146 bis, III ; Demolombe, XV, 577.

elle équivaut à l'adoption du régime de la communauté réduite aux acquêts (1). Le mot *mobilier futur* ne doit pas en effet être pris ici dans un sens trop général : il ne comprend que les biens qui seront acquis par succession, legs ou donation ; sinon, quels biens composeraient l'actif commun ? Donc, dans ce cas, ce sont les règles exposées ci-dessus pour la communauté réduite aux acquêts qui seront suivies.

Si la clause exclut le mobilier à venir seulement, ou les meubles qui seront acquis par succession, ou bien sa part de meubles dans une succession encore indivise, le régime matrimonial n'est assurément pas la communauté réduite aux acquêts, mais il s'en rapproche en ce que certains meubles, exclus de la communauté, deviennent des propres conventionnels, et doivent être traités comme tels. Par suite, l'action en partage sera encore soumise aux règles données pour la communauté réduite aux acquêts.

**47.** — Cependant, l'assimilation que nous venons de faire entre les règles de l'action en partage sous ces deux régimes a été très contestée. Nombre d'auteurs, suivant sur ce point la doctrine de l'ancien droit, ont enseigné que la clause de réalisation n'empêchait point le mari de disposer des effets mobiliers que la femme s'était réservés comme propres, par suite, d'intenter seul le partage des successions mobilières sur lesquelles portait la clause de réalisation.

D'après ces auteurs, lorsque tout ou partie du mobilier d'un époux a été exclu de la communauté, il ne s'ensuit pas que cet époux en conserve la propriété *in specie*. Ce mobilier, bien que réalisé, n'en tombe pas moins dans la communauté où il demeure confondu avec les autres biens mobiliers. Le seul effet de la clause de réalisation est de donner au conjoint qui l'a stipulée, une créance de reprise de la valeur des biens exclus ; au moment de la dissolution de la communauté il pourra prélever, avant part, une somme représentant leur valeur (art. 1503). La communauté, étant devenue débitrice de la valeur de ce mobilier, en a, par là même, acquis la

---

(1) Aubry et Rau, V, p. 464.

propriété ; le mari, comme chef de la communauté, a le droit
d'en disposer, et si ce sont les successions immobilières à
échoir à la femme qui ont été réalisées, le mari peut en provoquer seul le partage, comme pour toute succession mobilière (1).

**48.** — Nous croyons que l'opinion ci-dessus résulte de la
confusion entre deux catégories de clauses bien différentes :
d'une part, les clauses de réalisation proprement dite, ou réalisation expresse, dont nous avons donné des exemples et
parmi lesquelles figure celle de l'article 1500-1ᵉʳ alinéa;
d'autre part, la réalisation tacite, ou clause d'apport, dont il
est question dans le second alinéa du même article.

L'époux qui a stipulé expressément une réalisation de
meubles a voulu empêcher que la règle de l'article 1401-1° ne
reçût son exécution. Le mobilier présent et futur serait tombé
dans la communauté : en l'excluant en tout ou en partie de
la communauté, par une clause dérogatoire au droit commun, l'époux a mis une opposition formelle et authentique à
cette translation de propriété, et a manifesté sa volonté de se
le réserver en propre. Il est donc resté propriétaire.

L'article 1503 sur lequel s'est appuyé le système adverse
s'applique-t-il ici ? Il suffit de le lire pour être convaincu qu'il
est étranger aux clauses de réalisation expresse. Cet article
porte : « Chaque époux a le droit de reprendre et de prélever,
» lors de la dissolution de la communauté, la valeur de ce
» dont le mobilier qu'il a *apporté* lors du mariage, ou qui lui
» est échu depuis, excédait sa *mise en communauté*. » Dans la
clause à laquelle se réfère cet article, les époux mettent le
mobilier en communauté jusqu'à concurrence d'une certaine
somme; il entre donc dans la communauté. La réalisation
expresse n'a d'autre but au contraire que de l'en exclure.

Qu'est-ce au contraire que la réalisation tacite (art. 1500-
2ᵉ al.) ? C'est une clause par laquelle un conjoint déclare

(1) Pothier, *Cout. d'Orléans*, Introd. au tit. X, 61, et *Traité de la Communauté*, I, 325; Delvincourt, II, p. 140, n. 1 ; Troplong, *Contr. de mar.*,
III, 1936, 1937; Paris, 21 janv. 1837, 15 avr. 1837, 11 mai 1837, Sir., 1837,
2, 305.

mettre son mobilier en communauté jusqu'à concurrence d'une certaine somme : en conséquence, le surplus se trouve tacitement réalisé. L'époux *est censé se réserver le surplus*, dit l'article 1500. Mais de quelle manière se réserve-t-il ce surplus ? Est-ce en l'excluant de la communauté et en le conservant à titre de propre conventionnel, comme dans le cas de réalisation expresse ? Non, puisqu'il stipule qu'il mettra son mobilier en communauté. Mais ce sera d'après le mode indiqué par l'article 1503, en *reprenant* et en *prélevant*, lors de la dissolution de la communauté, la valeur de ce dont le mobilier qu'il a apporté lors du mariage, ou qui lui est échu depuis, excède la mise en communauté.

C'est uniquement à la réalisation tacite que s'applique l'article 1503. Les mots *reprendre* et *prélever* dont se sert la loi indiquent l'idée de récompense, d'une indemnité. L'époux reprend à ce titre des biens qu'il a fait entrer dans la communauté, tandis qu'il ne saurait reprendre des biens qu'il en a exclus.

Les deux clauses, réalisation expresse, réalisation tacite, présentent donc des différences bien tranchées.

La réalisation expresse seule peut modifier le pouvoir que la communauté légale donnait au mari d'intenter seul l'action en partage des successions mobilières échues à sa femme : en mettant les biens qui les composent au même rang que les autres propres de la femme, cette clause rend nécessaire le concours de la femme pour que le mari puisse faire un partage définitif.

Quant à la réalisation tacite, elle n'a aucune influence sur la question qui nous occupe. Les successions mobilières ne cessent pas de tomber en communauté, et les règles qui président à leur partage sont les mêmes que sous la communauté légale (1).

49. — Mais s'il est vrai de dire en principe que la femme demeure propriétaire des meubles qu'elle réalise par son contrat de mariage, cette règle cesse d'être exacte lorsque ces

---

(1) Cass., 2 juill. 1840, Sir., 1840, 1, 887 ; Toullier, XII, 376 et s.; XIII, 326 ; Duranton, VII, 121 ; Demolombe, XV, 581 ; Laurent, XXIII, 231.

meubles sont des choses *quæ primo usu consumuntur*, c'est-à-dire des choses dont on ne peut faire usage sans les consommer. Malgré la volonté exprimée par la femme de les exclure de la communauté, elle ne pourra en conserver la propriété. La communauté, en effet, en a la jouissance et par suite le mari qui dispose des biens communs d'une façon absolue. Le mari, en exerçant son droit d'usufruit sur ces objets, les consommera ; or, on ne peut consommer une chose qu'autant qu'on a le droit d'en disposer d'une façon absolue, c'est-à-dire qu'autant qu'on en a la propriété. La communauté est ici non une usufruitière, mais une quasi-usufruitière ; en raison de la nature particulière des biens réalisés, la volonté du conjoint se trouve sans effet ; à quelque titre que la femme commune en biens apporte dans la société conjugale des choses qui se consomment par le premier usage, elle en transfère la propriété à la communauté. Le mari qui en est l'administrateur peut les aliéner sans le concours de sa femme. Mais si la femme a déclaré les exclure de la communauté, elle devient, en échange de la translation qu'elle a opérée, créancière vis-à-vis de la communauté, à sa dissolution. A ce moment, elle pourra réclamer des meubles en pareille quantité, qualité et valeur, conformément à l'article 587, car la communauté a été dans la situation d'un quasi-usufruitier ; on n'appliquerait pas l'article 1503 qui lui permettrait seulement d'en reprendre la valeur, car il n'a pas trait à la réalisation expresse, ainsi que nous l'avons dit (1).

**50.** — Mais si l'on a justement cru devoir déroger à la règle que la femme demeure propriétaire des meubles qu'elle a réalisés par son contrat de mariage, dans le cas où la clause porte sur des meubles *quæ primo usu consumuntur*, s'ensuit-il que le mari ait pouvoir pour partager seul les successions échues à sa femme lorsqu'elles comprennent des meubles de cette nature ?

Nous pensons qu'il faut distinguer deux hypothèses :

1° La succession mobilière exclue se compose uniquement de choses se consommant par le premier usage. D'après l'ar-

<hr/>

(1) Toullier, XII, 376 et s.; XIII, 326; Duranton, XIV, 318.

ticle 818, le mari peut en provoquer le partage provisionnel, car il a la jouissance des propres de sa femme. Mais en raison de la nature particulière de ces propres, quelle que soit la composition du lot attribué à la femme, la communauté se trouvera en avoir acquis le quasi-usufruit, par suite la propriété. En fait, le mari aura donc pris part dans ce cas à un partage définitif sans le concours de la femme.

2° La succession mobilière exclue se compose à la fois de meubles se consommant par le premier usage, et d'autres meubles. Cette hypothèse sera plus fréquente que la précédente. Le mari pourra-t-il faire un partage définitif sans le concours de sa femme ? Non, l'article 818 ne lui donne ce droit qu'autant que les objets doivent tomber en communauté. Ici, la volonté de la femme a été expressément manifestée de les en exclure. Il peut se faire, il est vrai, que certains des biens composant la succession tombent en toute propriété dans la communauté, mais c'est par une circonstance toute spéciale, indépendante des règles sur le contrat de mariage et des conventions des époux, et dans tous les cas absolument étrangère aux distinctions de l'article 818. Le mari du reste ne pourrait pas provoquer le partage alors qu'il ne serait capable de le faire qu'à l'égard de certains biens. Au surplus, l'intérêt de la femme s'oppose à ce qu'on déroge ici à l'article 818 : le mari pourrait par des manœuvres collusoires, s'entendre avec les cohéritiers pour ne faire mettre dans le lot de la femme que des choses se consommant par le premier usage, et lorsqu'à la dissolution de la communauté, la femme viendrait en réclamer la restitution, il se retrancherait derrière son insolvabilité.

Mais le mari pourra toujours faire un partage provisionnel. Seulement, si des choses *quæ primo usu consumuntur* sont mises dans le lot de la femme, le mari, en exerçant son droit d'usufruit, les consommera ; et, si plus tard la femme demande un nouveau partage destiné à être définitif, le mari devra restituer à la masse commune la valeur des meubles dont il a eu le quasi-usufruit. La femme pourra bien avoir à souffrir de l'insolvabilité de son mari, mais ici au moins elle partagera ce risque avec tous ses cohéritiers.

**51.** — III. **Clause d'ameublissement.** — L'ameublissement est une convention par laquelle les époux ou l'un d'eux font entrer en communauté tout ou partie de leurs immeubles présents ou futurs (art. 1505). Les immeubles qui, par l'effet de cette clause, tombent dans la communauté, reçoivent le nom d'immeubles ou de propres ameublis.

On distingue deux espèces d'ameublissements, l'ameublissement *déterminé* et l'ameublissement *indéterminé* : il importe de les distinguer avec soin, car leurs effets sont tout différents. Malheureusements, la classification même des diverses sortes d'ameublissement a donné lieu à de vives controverses. Nous n'en dirons que ce qui nous est nécessaire pour bien fixer la signification que nous croyons rationnel d'attribuer à chacune de ces clauses, et pour qu'il n'y ait aucun doute sur les solutions que nous entendons adopter dans la question qui nous occupe.

L'ameublissement déterminé est celui qui a pour but d'ameublir des immeubles purement et simplement, c'est-à-dire *pour le tout*. L'ameublissement déterminé peut être *particulier* ou *général*. Il est particulier, lorsqu'il porte sur un ou plusieurs immeubles seulement : par exemple, j'ameublis mon immeuble A, ou mes immeubles A et B, ou les immeubles que je possède dans tel pays, dans tel département. Il est général, lorsqu'il porte sur tous les immeubles, soit présents seulement, soit futurs seulement, soit présents et futurs. Il y a également ameublissement déterminé, soit particulier, soit général, si l'on met en communauté une partie aliquote, par exemple, la moitié ou le tiers d'un ou de plusieurs immeubles, ou de tous les immeubles.

L'ameublissement indéterminé est celui par lequel on n'ameublit des immeubles que *jusqu'à concurrence d'une certaine somme*. L'ameublissement indéterminé peut, comme l'ameublissement déterminé, être particulier ou général, d'après la distinction ci-dessus.

Ainsi, pour distinguer l'ameublissement déterminé de l'ameublissement indéterminé, nous ne nous attachons qu'au point de savoir si l'immeuble ou les immeubles ameublis sont mis en communauté absolument et sans restriction, ou si au contraire ils n'y sont mis que limitativement, jusqu'à concurrence d'une certaine somme. Et cette distinction est en effet fort rationnelle : dans le premier cas, on a déterminé de suite et avec précision quels immeubles devaient devenir biens communs ; dans le second cas, la part des immeubles qui devient commune et celle qui reste propre sont indéterminées, car on ne peut pas les distinguer *a priori* ni les montrer séparément (1).

**52.** — Nous rejetons par là complètement la théorie qui prétend baser la distinction entre l'ameublissement déterminé et l'ameublissement indéterminé sur la spécialité ou la généralité de l'ameublissement. Dans cette théorie, on s'attache uniquement à la division établie par l'article 1506. D'après le sens de cet article, l'ameublissement déterminé est de deux sortes : 1° ameublissement d'un ou de plusieurs immeubles déterminés, en totalité ; 2° ameublissement d'un ou de plusieurs immeubles également déterminés, jusqu'à concurrence d'une certaine somme (art. 1506 — 2ᵉ al.). L'ameublissement, dit-on, n'est donc déterminé que quand il est particulier. Il est au contraire indéterminé quand il est général, par exemple, lorsque l'époux a déclaré apporter en communauté *ses immeubles*, jusqu'à concurrence d'une certaine somme (art. 1506 — 3ᵉ al.) (2).

Tel est bien en effet le sens de l'article 1506. Mais si l'on se reporte aux articles 1507 et 1508 qui définissent les effets de l'ameublissement déterminé et de l'ameublissement indéterminé, on est frappé de l'étrange contradiction qui existe entre ces articles et l'article 1506. D'après les articles 1507 et 1508, l'ameublissement particulier et l'ameublissement général produisent les mêmes effets lorsqu'ils sont restreints à une certaine somme. C'est donc, croyons-nous, que le législateur, poussé par la force des choses, en est arrivé à accepter une assimilation qu'il avait précédemment rejetée, et à réfuter la distinction même qu'il avait adoptée. C'est bien dans les arti-

---

(1) Delvincourt, III, p. 44 ; Toullier, XIII, 329 ; Duranton, XV, 62 et s.; Marcadé, V, art. 1505-1509 ; Aubry et Rau, V, p. 473. — (2) Colmet de Santerre, VI, 171 et 171 bis.

cles 1507 et 1508 qu'il faut chercher l'intention manifeste du législateur, car il y définit les choses par leurs effets, et on ne saurait soutenir que de telles définitions ne soient pas plus concluantes que celles qui ne s'appuient que sur la valeur des mots.

**53.** — On croirait à tort que ces controverses sont ici hors de propos; elles exercent au contraire une grande influence sur nos recherches, parce qu'il existe une clause d'ameublissement qui devra être différemment classée selon qu'on adopte tel ou tel critérium pour différencier l'ameublissement déterminé et l'ameublissement indéterminé. Or, ainsi que nous l'exposerons, ces deux clauses d'ameublissement produisent des effets absolument opposés.

La clause dont nous voulons parler n'a pas été prévue par le texte du Code; c'est celle d'un ameublissement général, non restreint à une certaine somme, par exemple, l'ameublissement pur et simple de tous les immeubles, soit présents seulement, soit futurs seulement, soit présents et futurs. Nous avons rangé ces clauses dans l'ameublissement déterminé, parce que leur but est d'ameublir les immeubles pour la totalité. L'article 1507-2ᵉ al., ne nous donne-t-il pas du reste raison lorsqu'il attribue les mêmes effets aux clauses par lesquelles l'*immeuble* ou les *immeubles* de la femme sont ameublis en totalité ? Avec le système de nos adversaires, il faut, pour être logique, mettre cette clause au nombre des ameublissements indéterminés, à cause de son caractère de généralité (1).

En vain avait-on dit, pour échapper à la difficulté, que ces clauses équivalaient à l'établissement d'une communauté à titre universel (2). Il y a bien en effet identité, mais à condition que la clause soit réciproque de la part des deux époux. Si l'un d'eux seulement l'a stipulée, il n'y a pas communauté à titre universel, et on ne peut se soustraire à la nécessité de la classer parmi l'une ou l'autre classe d'ameublissement.

**54.** — Nous avons dit quels ameublissements étaient déter-

---

(1) Colmet de Santerre, VI, 171 bis V. — (2) Colmet de Santerre, VI, 171.

minés, lesquels étaient indéterminés; nous devons maintenant indiquer en quoi diffèrent les effets de ces deux catégories d'ameublissements.

L'ameublissement déterminé fait acquérir à la communauté la propriété des immeubles ameublis. L'immeuble est aux risques de la communauté : et le mari peut en disposer à titre onéreux, et l'hypothéquer, comme tout autre immeuble de la communauté. C'est là le seul ameublissement véritable, celui qui fait entrer les immeubles dans la communauté comme y entrent les meubles.

L'ameublissement indéterminé ne soumet les immeubles à la communauté que jusqu'à concurrence d'une certaine somme : le droit qui en résulte pour la communauté n'est plus un droit de propriété, mais une simple créance. Cette créance est d'une nature toute particulière : l'exécution peut en être poursuivie, non sur l'universalité des biens de l'époux débiteur, mais seulement sur l'immeuble ou les immeubles ameublis. Ce n'est pas à proprement parler un ameublissement, ce n'est qu'un ameublissement imparfait (1).

**55.** — Ceci étant posé, supposons que la femme ait ameubli sa part d'immeubles dans une succession déjà ouverte au moment du mariage, ou les immeubles qu'elle pourra recueillir par succession, ou ses immeubles futurs, en un mot qu'elle ait fait un ameublissement déterminé portant sur la portion immobilière des successions qui peuvent lui échoir ; qui devra intenter l'action en partage? Appliquons l'article 818 : ces immeubles devant tomber dans la communauté en propriété, le mari pourra en provoquer seul le partage.

Cependant, si l'ameublissement déterminé ne comprenait qu'une partie des immeubles que la femme doit recueillir, elle devrait être mise en cause, parce qu'elle aurait dans ce cas un intérêt distinct de celui de la communauté. Il serait de l'intérêt des cohéritiers de la femme d'exiger sa présence, pour éviter que le mari fasse un partage simplement provisionnel.

_____

(1) Marcadé, V, art. 1509, V et VI.

Supposons en second lieu que l'ameublissement fait par la femme soit indéterminé, c'est-à-dire jusqu'à concurrence d'une certaine somme. Les immeubles héréditaires échus en partage à la femme ne pourront pas être aliénés par le mari; ils n'entrent donc pas dans la communauté. Par suite, d'après l'article 818, le mari ne peut en provoquer le partage définitif sans le concours de la femme ; mais il peut en demander seul le partage provisionnel (1).

**56.** — Nous en aurons fini avec la clause d'ameublissement lorsque nous aurons signalé une théorie qui a été mise en avant par d'éminents auteurs (2), mais que nous ne saurions accepter.

D'après ces auteurs, on prête au législateur une contradiction dans laquelle il ne leur semble pas qu'il soit tombé. L'article 1506 en effet définit l'ameublissement déterminé : l'ameublissement est déterminé dans deux cas, d'abord quand tel immeuble est ameubli pour le tout, ensuite quand il ne l'est que jusqu'à concurrence d'une certaine somme. Immédiatement après, l'article 1507 indique l'effet de l'ameublissement déterminé qui est de rendre l'immeuble ou les immeubles qui en sont frappés biens de communauté comme les meubles mêmes. Cette disposition est générale, absolue, et ne distingue pas entre les deux cas d'ameublissement déterminé : on en conclut que dans l'un comme dans l'autre, la communauté devient propriétaire de l'immeuble ameubli. Il faut cependant bien reconnaître que les deux cas diffèrent, et alors on décide que dans le second, la communauté, au lieu d'être propriétaire exclusive, n'est propriétaire que pour partie, et se trouve, relativement à l'immeuble ameubli, dans l'indivision avec le conjoint qui a fait l'ameublissement. Tout ce que nous avons dit précédemment montre bien que nous rejetons absolument cette théorie.

Il semblerait que les partisans de ce système dussent adopter une solution différente de la nôtre relativement à l'action

(1) Duranton, VII, 118. — (2) Rodière et Pont, III, 1407, 1408; Troplong, *Contr. de mar.*, III, 1990 et 2000, Laurent, XXIII, 266 et s.; Trib. de Laon, 5 janv. 1833 (Rod. et Pont, III, p. 37, n. 1).

en partage des successions immobilières ameublies par la femme jusqu'à concurrence d'une certaine somme. Admettant que la communauté en devient propriétaire, ils doivent, pour appliquer d'une façon logique l'article 818, décider que le mari peut en intenter seul le partage.

Il n'en est rien ; ces auteurs en effet ne font aucune difficulté pour admettre la légimité de l'article 1507-3° al. qui ne permet au mari d'aliéner un immeuble ainsi ameubli qu'avec le consentement de sa femme ; seulement, ils imaginent pour le justifier des raisons nouvelles. Si le mari ne peut aliéner, il ne peut a fortiori intenter l'action en partage qui y est relative.

Tel était le but que nous nous proposions en mentionnant cette théorie ; nous voulions montrer qu'à supposer même qu'on l'adoptât, les décisions que nous avions indiquées ne se trouvaient infirmées en rien.

57. — IV. Clause de séparation des dettes. — La section du Code qui porte cette rubrique contient trois clauses différentes : 1° la clause de *séparation des dettes* (art. 1510) ; 2° la clause d'*apport* d'une certaine somme ou d'un corps certain, emportant tacitement la convention que cet apport n'est pas grevé de dettes antérieures au mariage (art. 1511) ; 3° la clause de *franc et quitte*, c'est-à-dire la déclaration que l'époux n'a pas de dettes antérieures au mariage, faite dans le contrat de mariage, soit par l'époux lui-même, soit par un tiers.

Ces clauses, seulement restrictives de la communauté au point de vue passif, ne modifient pas les règles qui régissent, sous la communauté légale, l'action en partage des successions échues à la femme.

58. — V. Faculté accordée à la femme de reprendre son apport franc et quitte. — Cette clause met-elle obstacle à ce que le mari puisse, sans le concours de sa femme, provoquer le partage des successions mobilières à elle échues ?

Poser cette question, c'est en d'autres termes, demander si cette convention empêche que les objets mobiliers échus à la femme tombent en communauté, et en enlève au mari la libre disposition que lui donnait l'article 1421.

On est d'accord pour décider que la clause de reprise d'apport n'empêche pas les apports de tomber en communauté et n'altère pas le pouvoir du mari comme chef de la communauté. Le seul effet de cette clause est de donner à la femme qui renonce, le droit de reprendre tout ou partie de ce qu'elle a apporté en communauté, soit lors du mariage, soit depuis, sans participer au paiement des dettes de communauté ; ou d'obtenir une indemnité pour les objets qui n'existent plus en nature dans la communauté (art. 1514) (1).

**59.** — VI. **Préciput conventionnel.** — Le préciput conventionnel est une clause par laquelle l'époux survivant est autorisé à prélever, sur la masse partageable, avant partage, soit une certaine somme, soit une certaine quantité d'effets mobiliers en nature (art. 1515).

Cette convention ne faisant que déroger au principe que la communauté se partage également entre les époux, n'a pas d'influence sur le sort des successions qui échoient à la femme pendant le mariage. Les règles de l'action en partage sont donc les mêmes que sous la communauté légale.

**60.** — VII. **Clauses par lesquelles on assigne à chacun des époux des parts inégales dans la communauté.** — Même observation que pour la clause précédente.

**61.** — VIII. **Communauté à titre universel.** — Les époux établissent entre eux par cette clause une communauté universelle de leurs biens tant meubles qu'immeubles, présents et à venir, ou présents seulement, ou à venir seulement (art. 1526). Cette clause se confond avec celle de l'ameublissement déterminé général stipulé par les deux époux à la fois. La seule différence entre la communauté universelle et l'ameublissement est en effet que la première clause suppose des conventions réciproques et similaires de la part des deux époux ; l'autre au contraire peut n'être qu'unilatérale, ou stipulée par l'un et l'autre conjoint dans des termes différents (2).

Lors donc qu'il y a entre les époux communauté de biens présents et à venir, ou de biens à venir seulement, et qu'une

---

(1) Pothier, *Des successions*, ch. IV, art. 1, § 2 ; Duranton, VII, 120 ; Rodière et Pont, III, 1521 ; Demolombe, XV, 578. — (2) Rodière et Pont, III, 1382 ; Colmet de Santerre, VI, 171 et 171 bis.

succession échoit à la femme après le mariage ; ou lorsqu'il y a communauté de biens présents seulement, et qu'une succession échue à la femme est encore indivise au moment de la célébration du mariage, nous appliquerons l'article 818 de la manière suivante, comme nous l'avons fait dans le cas d'ameublissement général.

Que la succession soit mobilière ou immobilière, le mari pourra toujours en provoquer le partage définitif, parce que tous les objets qui la composent sont destinés à tomber en communauté en toute propriété.

## SECTION III

### CONVENTIONS EXCLUSIVES DE COMMUNAUTÉ

**62. — Clause portant que les époux se marient sans communauté.** — Cette convention n'établit entre les époux aucune société de biens : ils restent l'un et l'autre propriétaires de tous leurs biens présents et à venir, et leurs dettes demeurent séparées. Les seuls effets de cette clause sont de donner au mari le droit de percevoir tous les revenus de la femme et de lui conférer le pouvoir d'administrer tous ses biens.

Une succession échoit à la femme pendant le cours du mariage. Qu'elle soit mobilière ou immobilière, elle ne tombe pas dans la communauté en toute propriété, mais elle y tombe en usufruit. Donc, par application de l'article 818, le mari ne peut pas en provoquer le partage définitif sans le concours de la femme ; mais, comme d'autre part, il en est usufruitier, il peut prendre part seul à un partage provisionnel.

Mais, dit-on, les articles 1530 et 1531 donnent au mari l'administration des biens meubles et immeubles de la femme ; par suite il faut appliquer aussi à ce régime l'article 1428 qui permet au mari d'exercer seul toutes les actions mobilières et possessoires appartenant à la femme, car ces actions rentrent dans les actes d'administration. On en conclut que le mari pourra intenter seul l'action en partage des successions mobilières.

Nous avons déjà rencontré ces objections dans le cas de communauté réduite aux acquêts et dans celui de réalisation du mobilier de la femme. Nous y avons répondu et nous n'y revenons pas (1).

**63.** — **Clause de séparation de biens.** — Le régime de la séparation de biens a pour effet d'exclure toute communauté entre les époux, mais, à la différence du régime précédent, il laisse à la femme la jouissance libre de ses revenus et l'entière administration de ses biens meubles et immeubles (art. 1536).

Notons qu'il faut assimiler au cas de séparation de biens contractuelle celui de séparation de biens judiciaire. Les deux régimes sont identiques dans leurs principaux effets. Ce que nous dirons au sujet de l'action en partage doit donc s'appliquer dans l'un et l'autre cas (2).

Si donc une succession, soit mobilière, soit immobilière, échoit pendant le mariage à la femme séparée de biens contractuellement ou judiciairement, celle-ci devant conserver les biens qui la composent tant en propriété qu'en usufruit, pourra intenter l'action en partage sans le concours de son mari. C'est la conséquence de l'article 818 et de la distinction par laquelle nous l'avons complété.

**64.** — Mais dirons-nous que, dans tous les cas, la femme doive être munie de l'autorisation maritale ou de justice, pour exercer l'action en partage ? C'est ce que nous allons rechercher.

Nous distinguerons entre le partage judiciaire et le partage amiable.

Si le partage est judiciaire, la femme doit toujours être autorisée de son mari ou de justice : elle ne peut sans cette formalité ester en jugement (art. 215, 218).

Si le partage se fait à l'amiable, la solution est différente

---

(1) Duranton, VII, 121, 122; Demolombe, XV. 577. — (2) Laurent, XXIII, 443.

selon que la succession est mobilière ou qu'elle est immobilière.

La femme séparée de biens, pouvant aliéner son mobilier sans autorisation, peut à plus forte raison intenter sans autorisation le partage d'une succession mobilière. Mais, comme elle ne peut aliéner ses immeubles sans autorisation, la même raison n'existe pas pour déroger à la règle générale, lorsqu'il s'agit du partage de successions immobilières (1).

Mais nous disons que la femme séparée de biens peut aliéner son mobilier sans autorisation. C'est là une question très controversée ; aussi devons-nous, aussi brièvement que possible, justifier la solution que nous adoptons.

**65.** — L'article 1449 dit en termes formels que la femme séparée de biens peut disposer de son mobilier et l'aliéner. Cette liberté laissée à la femme peut n'être plus en rapport avec l'importance qu'a aujourd'hui la fortune mobilière : s'il en est ainsi, c'est au législateur moderne à y pourvoir, mais il n'appartient pas aux interprètes de modifier la loi.

La jurisprudence cependant a prétendu que la femme séparée ne pouvait consentir des actes d'aliénation qu'autant qu'ils avaient le caractère d'actes d'administration, sinon l'article 1449 serait en contradiction avec l'article 217. Pour les concilier, on n'a voulu voir dans le deuxième alinéa de l'article 1449 qu'une conséquence du premier qui déclare que la femme séparée de biens a la libre administration de ses biens.

On ne saurait admettre cette interprétation. L'article 1449 comprend bien deux dispositions distinctes; autrement, après avoir dit que la femme pouvait librement administrer ses biens, eût-il été utile d'ajouter qu'elle peut disposer de son mobilier dans les limites de cette législation ?

C'est même une administration très-sage que celle qui laisse à la femme séparée de biens la libre disposition de ses meubles. Dans l'hypothèse contraire, l'administration de la femme eût été continuellement entravée ; les tiers, ignorant si l'acte

---

(1) Marcadé, III, 286; Duranton, VII, 128.

d'aliénation rentrait dans les limites des actes d'administration, auraient refusé de traiter avec la femme, dans la crainte de faire un acte nul (1).

La femme séparée de biens pouvant disposer librement de son mobilier, c'est donc avec raison que nous lui avons reconnu le droit de procéder seule et sans autorisation au partage amiable des successions mobilières qui lui échoient.

Au contraire, avec l'opinion que nous venons de combattre, la femme devra toujours être autorisée, car elle ne peut faire sans cette formalité que des actes d'administration, et le partage d'une succession n'est pas un acte d'administration.

**66.** — C'est également par application de l'article 1449 que la femme, même mariée sous d'autres régimes que la séparation de biens, pourrait exercer seule et sans autorisation l'action en partage de successions mobilières, si elle s'était réservé par son contrat de mariage l'administration de ses biens propres (art. 223), et que ces successions dussent lui demeurer propres. En effet, en stipulant qu'elle conservera la libre administration de ses biens, la femme s'est placée à cet égard dans la même situation qu'une femme séparée de biens; les mêmes règles devront donc lui être appliquées en ce qui concerne sa capacité relative à ses biens propres (2).

La femme peut se réserver l'administration de ses biens : 1° Sous le régime de la communauté légale ou conventionnelle ; 2° sous le régime sans communauté.

1° La femme est-elle mariée sous le régime de la communauté légale, il n'y aura jamais lieu pour elle de procéder seule au partage des successions mobilières à elle échues, car elles tomberont toujours en communauté.

Mais, avec certaines clauses de communauté conventionnelle, des successions mobilières pourront rester propres à la femme, ainsi avec les clauses de la communauté réduite aux acquêts

---

(1) Toullier, IV, 391 ; Duranton, VII, 128 ; Troplong, *Contr. de mar.*, II, 1421 ; Marcadé, III, 286 ; Trib. de la Seine, 9 juillet 1872 (Sirey, 1872, 2, 208); M. Deloynes, *Cours de doct.*, 1879. — *Contra* : Demante, III, 146 bis, VI ; Demolombe, XV, 586 ; Paris, 12 mai 1859 (Sirey, 1859, 2, 561) : Cass., 30 déc. 1862 (Sirey, 1863, 1, 257). — (2) M. Deloynes, *Cours de doct.*, 1879.

et de réalisation. Dans ces cas, la femme qui s'est réservé l'administration de ses biens n'aurait besoin d'aucune autorisation pour procéder au partage de ces successions ; car en se réservant l'administration, elle est devenue capable, conformément à l'article 1449, d'aliéner son mobilier, tout comme la femme séparée de biens.

2° La femme est-elle mariée sous le régime sans communauté ; en se réservant le droit d'administrer une partie déterminée de ses biens, par exemple tous ses meubles, ou ses meubles présents, ou ses meubles futurs, elle a également acquis le droit d'aliéner la part de la fortune mobilière dont elle s'est réservé l'administration, par suite d'exercer seule l'action en partage des successions qui en font partie.

Nous supposons ici que la femme ne s'est pas réservé l'administration de la totalité de ses biens, parce que, si la dérogation était absolue, il n'y aurait plus lieu de distinguer ce régime de celui de la séparation de biens.

## SECTION IV

### RÉGIME DOTAL

**67.** — D'une manière générale, la dot est l'ensemble des biens que la femme apporte au mari pour l'aider à supporter les charges du mariage (art. 1540). Le régime dotal est celui sous lequel la dot est l'objet de dispositions spéciales tendant à en assurer la conservation et la restitution : ces garanties sont l'inaliénabilité et l'imprescriptibilité des immeubles dotaux. Tous les biens de la femme qui n'ont pas été constitués en dot, sont paraphernaux (art. 1574).

Pour savoir qui devra intenter l'action en partage des successions échues à la femme mariée sous le régime dotal, on devra donc distinguer si ces successions rentrent dans les biens dotaux ou dans les biens paraphernaux.

**68.** — Si elles doivent faire partie des biens paraphernaux, peu de mots nous suffiront pour indiquer la solution que nous adoptons.

La femme dotale est, quant à ses biens paraphernaux, dans une situation analogue à celle de la femme séparée de biens, contractuellement ou judiciairement. Elle peut donc aliéner son mobilier sans autorisation. Il est vrai que l'article 1576, dans son second alinéa, semble lui en refuser le droit en termes formels. Mais le rapprochement des articles 1449,1536 et 1538 prouve clairement que le législateur a toujours envisagé l'aliénation des meubles comme une conséquence de l'administration laissée à la femme; il est donc permis de conclure qu'il n'a eu en vue, dans le second alinéa de l'article 1576, que l'aliénation des immeubles, car si on donnait un autre sens à cette disposition de l'article 1576, on mettrait le législateur en flagrante contradiction avec lui-même (1).

Lorsqu'une succession échue à une femme dotale devra rentrer dans ses biens paraphernaux, l'action en partage sera donc intentée d'après les règles précédemment établies pour le cas de séparation de biens.

**69.** — Mais qui devra intenter l'action en partage, si la succession fait partie des biens dotaux? L'article 818 reste-t-il encore applicable sous ce régime? C'est là une question qui a été l'objet de controverses.

Le droit romain, d'où le régime dotal tire son origine, faisait, à cet égard, une distinction. Le mari voulait-il intenter l'action en partage d'une succession dotale : il ne pouvait le faire qu'avec le concours de sa femme. Au contraire, l'action était-elle formée par les co-propriétaires de la femme : le mari pouvait y répondre seul (2). Cette distinction se justifie aisément. Le mari ne pouvait provoquer le partage qu'avec le concours de sa femme, parce que le fonds dotal ne pouvait être aliéné qu'avec son consentement (3); le partage étant en droit romain attributif de propriété, équivalait à une aliéna-

---

(1) Aubry et Rau, V, p. 639 et n. 10; Marcadé, III, 286; M. Deloynes, *Cours de doct.*, 1879. — *Contra:* Rodière et Pont, III, 2003-2005; Laurent, XXIII, 586. — (2) L. 2, C., *De fundo dotali.* — (3) Paul, II. XXI B, § 2.

— 255 —

tion. Mais s'il pouvait y figurer seul comme défendeur, c'est que le partage devenait dans ce cas une aliénation nécessaire, et que le principe de l'inaliénabilité ne pouvait préjudicier au droit qu'avaient les cohéritiers de la femme de sortir de l'indivision (1).

Plus tard, Justinien décida que le fonds dotal ne pourrait pas être aliéné, même avec le consentement de la femme (2). Il eût fallu à ce moment pour être logique, refuser au mari le droit de provoquer le partage, même avec le consentement de la femme. Cette conséquence rigoureuse ne paraît cependant pas avoir jamais été déduite. L'ancienne distinction fut conservée, et elle passa ensuite dans nos anciennes provinces françaises de droit écrit, où le régime dotal était en usage (3).

**70.** — Doit-on maintenir encore cette distinction dans notre droit actuel ? Non, nous avons dit déjà que la capacité requise pour intenter l'action en partage était la même que celle pour y répondre.

Alors, de deux choses l'une : ou le mari a qualité pour procéder seul au partage des successions dotales, soit comme demandeur, soit comme défendeur; — ou il ne peut y procéder, soit comme demandeur, soit comme défendeur, qu'avec le concours de la femme. Dans le premier parti, on s'appuie sur l'article 1549 et on repousse l'article 818; dans le second on applique l'article 818 au régime dotal comme à tout autre régime matrimonial. Tels sont les deux systèmes qui se trouvent en présence.

**71.** — *Premier système.* — Le mari peut figurer seul dans le partage des biens dotaux.

L'article 818, dit-on, énonce des règles qui n'ont été écrites que pour le régime de la communauté. Les termes mêmes de cet article qui établit une antithèse entre les biens qui tombent en communauté et ceux qui n'y tombent pas, témoignent qu'il ne se réfère qu'à ce régime. Comment aurait-il pu

(1) Demangeat, *De la cond. du fonds dotal en dr. rom.*, p. 111 et s. — (2) Inst., pr., *Quibus alien. licet.* — (3) D'Espeisses, *Traité des contrats*, part. I, tit. XV, sect. III, n. 30, sexto.

entrer dans les vues du législateur d'appliquer cet article au régime dotal, puisqu'à l'époque où il fut rédigé, on ne savait pas encore si l'on adopterait ou non le régime dotal comme droit commun de la France ; et que le régime dotal ne fut introduit dans le titre du *Contrat de mariage* qu'après la promulgation de l'article 818.

L'article 818 devant rester spécial au régime de la communauté, il faut chercher les règles à suivre en matière de partage dans l'article 1549 qui est particulier au régime dotal. D'après cet article, « le mari seul a l'administration des biens » dotaux pendant le mariage ; il a seul le droit d'en poursui- » vre les débiteurs et détenteurs, d'en percevoir les fruits et » les intérêts, et de recevoir le remboursement des capitaux. » Le droit de poursuivre seul, sans le concours de sa femme, les détenteurs des biens dotaux, embrasse toutes les actions dont ils peuvent être l'objet, soit en demandant, soit en défendant. Une demande en partage d'une succession dotale n'étant, en réalité, qu'une demande contre les détenteurs de cette succession, se trouve conséquemment dans les attributions du mari, conformément à l'article 1549.

Enfin, on ajoute qu'en n'appliquant pas l'article 818 au régime dotal on se conforme à l'esprit général de la distinction qui a toujours été faite entre les pouvoirs du mari, d'une part, à l'égard des propres de la femme, sous les régimes coutumiers, d'autre part, à l'égard des biens dotaux, sous le régime dotal du droit romain et de nos anciens pays de droit écrit. Ainsi, d'après l'article 1428, le mari ne peut pas, sous le régime de la communauté, exercer les actions immobilières pétitoires de la femme, sans son concours. Au contraire, d'après l'article 1549, le mari peut, sous le régime dotal, exercer, sans le concours de sa femme, les actions immobilières pétitoires relatives à la dot. Il est d'une saine logique que la même différence existe relativement à l'action en partage (1).

_____

(1) Delvincourt, II, p. 140, n. 3; Troplong, *Contr. de mar.*, IV, 3108-3111; Aix, 9 janv. 1810, Sirey, 1811, 2, 468 ; Aix, 30 avril 1841, Dalloz, 1842, 2, 17.

**72.** — *2e système.* — Le mari ne peut figurer au partage qu'avec le concours de la femme. Nous nous rattachons à ce second système qui est du reste celui de la majorité des auteurs.

Il importe peu que le régime dotal n'ait été introduit dans le Code qu'après la promulgation de l'article 818 ; il importe peu également quelles aient été, au moment de la rédaction de l'article 818, les prévisions du législateur relatives au régime dotal.

L'article 818, en effet, dans la pensée de ses auteurs, était destiné à s'appliquer à tous les régimes qui pourraient être, à quelque époque que ce fût, réglés par la loi ou constitués par la convention des parties : la place qu'il occupe dans le Code et la généralité de ses termes le prouvent suffisamment.

Cet article 818 établit une distinction entre les biens qui tombent en communauté et ceux qui n'y tombent pas. Lorsqu'ils n'y tombent pas, le mari ne peut en provoquer le partage sans le concours de sa femme. Or, les biens dotaux de la femme mariée sous le régime dotal ne tombent pas dans une communauté de biens entre époux. Donc le mari ne peut, sans le concours de sa femme, en provoquer le partage.

Cette décision est conforme, non-seulement au texte de l'article 818, mais aussi au principe même sur lequel est basée la distinction qu'il pose. Pour procéder seul au partage d'une succession, il faut que le mari en soit propriétaire : or le mari n'est pas en droit français *dominus dotis*, il n'est pas propriétaire de la dot. Il ne peut dont pas provoquer seul le partage.

Mais, objecte-t-on, si le mari ne peut pas provoquer le partage en tant que propriétaire, ne le peut-il pas comme représentant de sa femme, conformément à l'article 1549 ?

L'article 1549, il est vrai, rend le mari, sous le régime dotal, administrateur des biens de sa femme et lui donne qualité pour poursuivre les *débiteurs* de la dot et pour actionner en désistement les *détenteurs* des immeubles dotaux. Mais, ainsi que le font si justement ressortir les considérants d'un arrêt de la cour de Bordeaux du 30 mai 1871, l'article 1549 ne confère pas parlà au mari le droit de demander seul le partage définitif d'une succession indivise entre la femme et ses cohéritiers : ceux-ci ne sont pas, dans le sens de la loi, les débiteurs de la dot et l'action dirigée contre eux a pour but non de revendiquer un immeuble déterminé, mais de faire attribuer à la femme, dans la masse commune, des biens qui, par le résultat du partage, revêtiront, à son profit, le caractère de dotalité. Les dispositions de l'article 1549 n'apportent donc aucune dérogation à la règle générale sur l'action en partage posée par l'article 818 ; l'article 1549 ne fait que réglementer le pouvoir du mari quant à l'administration des biens dotaux. Et en n'appliquant pas l'article 1549 à l'action en partage, nous ne nous mettons nullement en contradiction avec les principes exposés jusqu'ici, car nous avons dit déjà que le législateur avait toujours pris soin de distinguer l'action en partage de toutes autres actions, et de la soumettre même à des règles spéciales.

Le système que nous combattons conduirait à un bien singulier résultat, à savoir de donner, dans notre droit actuel, au mari non propriétaire de la dot, plus de pouvoirs qu'il n'en avait en droit romain où il était *dominus dotis*. Troplong cherche à justifier cette anomalie en faisant observer que la physionomie du partage est tout autre en droit français qu'en droit romain : à Rome, le partage était attributif de propriété ; dans notre droit, il est déclaratif de propriété; pourquoi alors ne pas ranger l'action en partage parmi les actions pétitoires que peut intenter seul le mari d'après l'article 1549? Nous répondons que cette proposition est trop absolue ; le partage, nous l'avons déjà dit, peut être de nos jours encore considéré à certains égards comme une aliénation.

Enfin nous pouvons ajouter que l'opinion à laquelle nous nous rangeons sauvegarde efficacement les intérêts de la femme dont le législateur s'est particulièrement préoccupé sous le régime dotal. Si le mari peut exercer seul les actions relatives à la dot, c'est qu'il n'y a à cela aucun danger : le mari en effet a, comme la femme, intérêt à la conservation de la dot, car pendant la durée du mariage, il en a la jouissance, et plus tard il doit la restituer; il est même responsable, envers sa femme, du défaut de poursuite (art 1562).

Au contraire, s'agit-il d'une action en partage : l'intérêt du mari peut être en opposition avec celui de la femme ; il peut se faire que le mari cherche à composer le lot de la femme de valeurs mobilières dont il puisse avoir la propriété, en raison de leur nature ; tandis que l'intérêt de la femme est plutôt d'avoir des immeubles, que son mari ne peut pas aliéner. L'intérêt qu'a la femme à figurer au partage est donc manifeste (1).

**73.** — Ainsi, il faut le concours du mari et de la femme pour faire un partage définitif ; mais le mari peut intenter seul un partage provisionnel, conformément à l'article 818, car le mari a la jouissance des biens dotaux (art. 1562).

**74.** — Mais le concours du mari et de la femme est-il suffisant pour intenter l'action en partage de successions dotales ? Ne faut-il pas en outre la permission de justice et l'observation des formes judiciaires. La jurisprudence admet généralement la négative ; mais les auteurs sont divisés sur ce point.

Nombre d'entre eux, se conformant en cela aux décisions de la jurisprudence, soutiennent la validité du partage amiable.

Ils s'appuient notamment sur ce que les articles 819 et 838 du titre des successions qui établissent limitativement, à l'égard de certaines personnes, la nécessité du partage en justice, ne mentionnent pas les femmes mariées.

Puis, disent-ils, si l'on imposait à la femme dotale les formalités judiciaires, ce ne pourrait être que comme conséquence implicite de l'inaliénabilité de la dot. Or, si l'on se réfère à l'article 883, on voit que le partage produit dans notre droit un effet purement déclaratif de propriété. Intenter une

<hr/>

(1) Toullier, XIV, 156, 157 et 215 ; Duranton, VII, 125 ; XV, 396 ; Rodière et Pont, III, 1761 ; Honoré Tessier, *Traité de la dot*, II, p. 142 ; Demante, III, 146 bis IV ; Aubry et Rau, V, p. 547 ; Marcadé, III, 286 ; Dalloz, *Rép.*, v° *Contr. de mar.*, 3327 ; Demolombe, XV, 582 et s. ; Laurent, XXIII, 476 ; Colmet de Santerre, VI, 221 bis IV, Paris, 14 mars 1845, Sirey, 1845, 2, 501 ; Cass., 21 janv. 1846, Sirey, 1846, 1, 263 ; Bordeaux, 30 mai 1871, Dalloz, 1874, 2, 15.

action en partage, ce n'est pas aliéner: on ne saurait donc appliquer à l'action en partage les règles de l'aliénation.

Enfin, il n'y a pas autant de dangers que l'on pourrait croire à permettre aux époux mariés sous le régime dotal de faire un partage à l'amiable, car le partage ne sera valable qu'autant qu'il aura été fait de bonne foi et sans fraude. Le droit de faire un partage amiable ne saurait en effet créer pour les époux un moyen de déguiser une aliénation sous les apparences d'un partage et d'échapper ainsi à l'inaliénabilité de la dot. Ainsi, le mari et la femme ne pourraient pas vendre amiablement à un cohéritier, sous prétexte de partage, des choses immobilières faisant partie de la succession échue à la femme dotale : ce serait là porter atteinte au principe de l'inaliénabilité de la dot (1).

**75.** — Nous pensons toutefois qu'on ne peut permettre à la femme de partager amiablement ses biens dotaux : le partage amiable porterait lui-même atteinte au principe de l'inaliénabilité de la dot. En effet, le partage, bien qu'attributif de propriété, n'en contient pas moins une véritable aliénation : chaque copartageant fait abandon aux autres du droit indivis qu'il avait sur les biens non compris dans son lot. La fiction de l'article 883 ne détruit pas cette idée, et n'a d'effet que dans les circonstances pour lesquelles elle a été établie. Son but a été de fixer le sort des actes qui auraient pu intervenir avec les tiers relativement aux biens compris dans le partage ; mais il n'est pas un obstacle à l'application des règles qui garantissent l'équité dans la composition des lots et le respect des droits des incapables. C'est ainsi que le Code refuse expressément aux tuteurs, et généralement à tous les représentants de personnes incapables, le droit de procéder à un partage amiable (art. 838). Serait-il rationnel que les

---

(1) Duranton, XV, 506 (avait exprimé l'opinion contraire : VII, 127); Marcadé, III, 289 (soutient plus tard l'opinion contraire : VI, art. 1549, III); Demolombe, XV, 606; Bordeaux, 11 fév. 1836, Sirey, 1836, 2, 323; Cass., 29 janv. 1838, Sirey, 1838, 1, 751; Caen, 9 mars 1839, Sirey, 1839, 2, 351; Bordeaux, 29 avr. 1856, Sirey, 1857, 2, 54; Cass., 31 janv. 1859, Sirey, 1860, 1, 351.

époux mariés sous le régime dotal fissent seuls exception à
cette règle générale ?

La preuve qu'une telle exception n'existe pas est fournie
par l'article 1558. Cet article n'autorise les époux à procéder à
la licitation d'un immeuble dotal indivis avec des tiers, et
reconnu impartageable, qu'avec la permission de justice et en
observant les formes judiciaires. Or, la licitation entre cohéritiers ou autres copropriétaires n'est qu'un mode de partage
et est censée, comme le partage proprement dit, n'opérer
qu'une détermination de parts (art. 883). On doit donc mettre
le partage et la licitation sur la même ligne, puisqu'ils produisent des effets identiques. Nous appliquerons donc au partage ce qui est décidé dans l'article 1558 pour la licitation.

En vain objecte-t-on que liciter un immeuble impartageable et partager un immeuble partageable sont choses bien
distinctes et que c'est méconnaître la volonté du législateur
que d'appliquer au second de ces actes les formes qu'il n'a
édictées que pour le premier. Nous répondons que c'est même
en raisonnant par *a fortiori* que nous croyons devoir étendre
au partage en nature les formes exigées par l'article 1558
pour le partage par licitation. La licitation en effet offre moins
de chances de lésion pour les copartageants que le partage en
nature ; elle présente en même temps plus de sûreté, en ce que
l'emploi du prix est obligatoire pour l'adjudicataire. Pourrait-
on comprendre que l'intervention de la justice ne fût obligatoire que dans celui des deux cas où elle est le moins nécessaire ?

Quant aux arguments tirés du silence des articles 819 et 838,
il est aisé d'en faire justice. Remarquons que ces articles font
partie du titre des successions : aussi leur silence ne prouve
rien ; au moment de leur rédaction, on ne pouvait songer à
interdire le partage amiable aux époux mariés sous le régime
dotal, car à cette époque on ne savait pas encore quelle importance on donnerait dans notre Code au régime dotal (1).

**76.** — Les époux mariés sous le régime dotal ne peuvent

---

(1) Rodière et Pont, III, 1857 ; Honoré Tessier, *Traité de la dot*, I, p. 412 ;
Duranton, VII, 127 ; Troplong, IV, 3112 et s. ; Marcadé, VI, art. 1569, III.

donc pas procéder à un partage amiable. Mais, alors même qu'on leur en reconnaîtrait le droit, on ne pourrait pas leur permettre de faire régler par la voie du compromis les différents que le partage pourrait faire naître. C'est ce que Troplong notamment n'hésite pas à admettre. On ne peut compromettre en effet que sur les droits dont on a la libre disposition (art. 1003 Pr.) ; et, comme le dit si exactement un ancien jurisconsulte portugais, cité par Troplong, Barbosa : *alienationis appellatione continetur compromissum, ita ut alienare prohibitus non potest compromittere.* Permettre le compromis, serait encore violer la prohibition de l'article 1004 du Code de procédure ; d'après cet article, on ne peut compromettre sur les contestations qui seraient sujettes à communication au ministère public ; or, si on se réfère à l'article 83 du même Code, on y lit que toutes les causes où il s'agit de la dot des femmes mariées doivent être communiquées au procureur de la République (1).

---

(1) Honoré Tessier, *Traité de la dot*, I, p. 372 ; Troplong, IV, 3115 ; Pau, 26 mars 1836, Sirey, 1836, 2, 431 ; Cass., 18 mai 1841, Sirey, 1841, 1, 545.

# CHAPITRE III

## Du sort de l'actif des successions échues aux époux pendant le mariage.

**77**. — Nous avons dû déjà effleurer cette matière dans le précédent chapitre en traitant de l'action en partage des successions échues aux époux pendant le mariage. C'est qu'en effet l'article 818, pour déterminer dans quelle limite chaque époux participe au droit d'intenter l'action en partage, se base précisément sur le sort de l'actif de la succession. Mais nos explications sur ce point ont été très brèves et strictement restreintes à l'exposé des principes qui devaient servir de point de départ à nos recherches. Nous avons à ce moment laissé de côté certaines questions qu'il ne nous importait pas dès lors de connaître, et qui trouveront place dans ce chapitre. Poursuivant notre méthode, nous examinerons successivement sous les différents régimes matrimoniaux le sort de l'actif des successions qui échoient aux époux.

### SECTION Iʳᵉ

#### COMMUNAUTÉ LÉGALE

**78**. — Nous distinguerons si la succession échue à l'un des époux mariés sous la communauté légale est purement mobilière, purement immobilière, ou à la fois mobilière et immobilière.

**79.** — *La succession est mobilière.* — La succession purement mobilière échue à l'un ou l'autre époux pendant le mariage tombe activement dans la communauté (art. 1401-1°). La communauté est une société de biens meubles entre les époux, qui comprend les meubles qu'ils possèdent en se mariant et ceux qu'ils acquièrent pendant la durée de l'association conjugale.

**80.** — Une succession mobilière échue à la femme tombe-t-elle également dans la communauté, si elle n'a été acceptée qu'avec autorisation de justice ?

Oui ; le fait qu'elle n'ait été acceptée qu'avec l'autorisation de justice n'est pas un obstacle à l'application de l'article 1401. Cet article ne distingue pas de qui émane l'autorisation : dès qu'une valeur mobilière est acquise à l'un des époux, elle tombe en communauté. Il est vrai que le droit de poursuite des créanciers varie selon qu'il y a eu autorisation du mari ou autorisation de justice, ainsi que nous le signalerons plus loin. Mais cela ne peut infirmer l'opinion que nous avons émise : si en effet la loi fait une distinction entre la femme autorisée de son mari, et la femme autorisée de justice, ce n'est qu'au point de vue des obligations résultant de l'acceptation de la succession et non par rapport au sort de l'actif qui la compose. On ne pouvait en effet permettre à la femme d'engager la communauté sans le consentement de son mari, tandis qu'il était sans inconvénient qu'elle en augmentât l'actif même avec l'autorisation de justice (1).

**81.** — M. Laurent estime que les raisons invoquées par les auteurs modernes à l'appui de cette opinion et que nous venons de rappeler, sont loin d'être déterminantes. D'après l'éminent auteur belge, la fortune devient commune sans doute, mais à une condition, c'est que les biens échus pendant le mariage à la femme soient acceptés par le mari ; la communauté se personnifie dans la personne du mari qui en est le représentant, le seigneur et maître ; la femme ne peut pas le contraindre à recevoir une succession dont il ne veut

---

(1) Troplong, II, 833 ; Colmet de Santerre, VI, 52 bis I ; Aubry et Rau, V, p. 376.

pas, car on ne devient pas propriétaire malgré soi. Et M. Laurent énumère les conséquences de ce qu'il appelle une *hérésie juridique* : le mari est tenu de recevoir le mobilier héréditaire, d'en dresser inventaire, de répondre aux actions des créanciers comme détenteur des valeurs qui sont leur gage ; et même, a-t-il omis de faire inventaire, il est responsable de sa négligence. La femme, étrangère à la gestion sociale ne peut pas imposer ces charges à son mari (1).

**82.** — Les objections apportées par M. Laurent ne sont pas de nature à modifier notre appréciation. Loin de contenir des hérésies juridiques, le système que nous avons adopté nous semble au contraire reposer sur les principes les plus incontestables du droit civil.

La loi a réglé la composition de la communauté entre époux. L'article 1401-1° fait tomber dans l'actif de la communauté les successions mobilières échues aux époux. Le seul point à connaître, c'est si l'époux appelé à la succession entend demeurer héritier; or, ici la femme a accepté. Elle s'est conformée aussi aux formalités exigées par la loi pour son acceptation. Rien ne peut donc mettre obstacle à l'application de l'article 1401. Les époux, qui ont adopté un régime, ne peuvent pas se soustraire aux effets légaux de ce régime et en modifier les règles après le mariage selon leur caprice ou leur intérêt : ce serait une atteinte portée à l'immutabilité des conventions matrimoniales (art. 1395). Les époux n'ont ni l'un ni l'autre le pouvoir de transformer en propres ce qui, d'après les règles de la communauté, doit être commun entre eux. Seul, l'époux héritier a un droit, c'est celui d'opter entre l'acceptation ou la répudiation de la succession à laquelle il est appelé : accepte-t-il, la succession mobilière tombe en communauté ; renonce-t-il, la succession ne fait partie ni de ses propres ni des biens communs.

Le mari ne peut donc pas, sous le prétexte qu'il est le chef de la communauté, modifier de quelque manière que ce soit, la composition de la communauté, telle qu'elle a été établie

---

(1) Laurent, XXI, 436.

par la loi. Aussi, de même que nous avons décidé que le mar
ne pouvait faire tomber dans la communauté une succession
échue à sa femme, sans la volonté de celle-ci, de même nous
décidons ici que le mari ne peut pas empêcher qu'elle y
tombe, si la femme le veut. Les deux questions se rattachent
intimement, et doivent être résolues par l'application des
mêmes principes. Cependant, M. Laurent, après avoir décidé
que la succession mobilière acceptée par la femme avec autorisation de justice ne tombe pas en communauté et reste
propre à la femme, admet immédiatement que le mari ne
peut l'accepter, si l'opinion de la femme est de la refuser.
Pourquoi, dans un cas, faire prévaloir la volonté du mari sur
celle de la femme, alors que la volonté de cette dernière doit
être seule consultée, et, dans l'autre cas, au contraire, refuser au mari ce même avantage ; pourquoi lui donner le droit
de régler la dévolution des biens à la communauté à l'encontre de la femme héritière, lorsqu'il s'agit d'écarter des
biens de la communauté, et non lorsqu'il s'agit de les y faire
entrer ? Pour éviter une semblable contradiction, M. Laurent
aurait dû alors admettre que le droit d'acceptation des successions échues à la femme devait appartenir au mari en cas de
refus de celle-ci, et nous avons vu au contraire avec quelle
vigueur il repousse une solution si contraire aux principes.

Pour ce qui est des charges et obligations, telles que de
recevoir le mobilier héréditaire, d'en dresser inventaire et de
répondre aux actions des créanciers, qui sont la conséquence
de l'acceptation de la succession, on ne peut pas dire que ce
soit la femme qui les impose au mari, c'est la loi. C'est la loi
qui veut que les successions mobilières échues à la femme
commune tombent dans la communauté, et c'est la loi qui
impose au mari, relativement à ces successions, certaines
obligations, parce qu'il est le chef de cette communauté dans
laquelle elles tombent ; seulement, la femme, comme tout
héritier, a droit de renoncer aux successions qui lui échoient,
et, dans notre espèce, sa répudiation a pour conséquence de
les écarter de la communauté. Le mari peut-il se plaindre
que la loi l'ait contraint à certaines obligations, même lourdes, alors que le régime de la communauté l'investit par

contre de pouvoirs si étendus et lui confère des avantages si
nombreux ? Au reste, le mari n'était-il pas libre de se marier
sous un régime qui ne permît pas de faire entrer, malgré sa
volonté, dans les biens communs, les meubles successoraux
échus à sa femme ? Quant à l'obligation de dresser inventaire, le mari est-il bien fondé à se plaindre qu'on la lui ait
imposée ? N'est-il pas vrai plutôt que c'est là une garantie introduite par la loi en sa faveur, puisque, par la confection
d'un inventaire, le mari empêche la confusion entre les meubles de la succession et ceux de la communauté, et restreint
le droit de poursuite des créanciers aux seuls meubles composant la succession ?

Enfin, M. Laurent fait observer que cette question, que les
auteurs modernes tranchent, dit-il, sans la discuter, était
très controversée dans l'ancien droit. Renusson, en effet, ex-
pose les différentes opinions des auteurs anciens sur ce
point (1). M. Laurent en conclut que l'on ne sait pas quelle
opinion les auteurs du Code ont entendu suivre, puisque le
texte est muet et que les travaux préparatoires ne portent aucune trace que ces difficultés aient été prévues. Alors, dit-il,
il faut s'en tenir aux principes. Laissant entièrement de côté
les discussions de l'ancien droit, c'est ce que nous faisons
également, mais dans un sens entièrement opposé à celui
que suit M. Laurent.

**83.** — *La succession est immobilière.* — Les successions
purement immobilières sont fort rares. On peut en trouver
principalement des exemples dans les cas de successions
anomales : ainsi, l'adoptant, ou ses descendants, recueillent,
dans la succession de l'adopté, les immeubles par lui donnés
à l'adopté (art. 351) ; ou, un ascendant a donné des immeubles à l'un de ses descendants et les reprend dans la succession de celui-ci, conformément à l'article 747 ; ou encore, les
frères et sœurs légitimes reprennent, dans la succession de
leur frère ou sœur naturel, les immeubles que lui avait
donnés leur père (art. 766). Une succession peut également se

---

(1) Renusson, *Traité de la communauté*, 1re p., ch. XII, 20-25.

composer uniquement d'immeubles, lorsque le *de cujus* avait fait un legs de tous les meubles.

Les biens des successions purement immobilières, échues à l'un des époux, restent propres à cet époux et n'entrent pas en communauté (art. 1402, 1404).

**84.** — *La succession est mobilière et immobilière.* — Lorsque la succession échue à l'un des époux est à la fois mobilière et immobilière, la dévolution des biens qui en dépendent se fait comme s'il y avait deux successions, l'une purement mobilière, l'autre purement immobilière, et on applique à l'une et à l'autre les règles énoncées ci-dessus ; il s'ensuit que tous les meubles échus en partage à l'époux héritier tombent en communauté, et que tous les immeubles lui restent propres.

**85.** — Mais, si l'époux ne reçoit dans son lot que des immeubles, la communauté ne se trouve-t-elle pas lésée, car si l'époux avait eu une part dans les meubles, ils seraient venus grossir son actif? Réciproquement, si l'époux n'a eu en partage que des meubles, est-il juste qu'ils tombent tous dans la communauté, et qu'aucun d'eux ne lui demeure à titre de propre ?

Ces considérations paraissaient avoir préoccupé certains auteurs anciens. Ainsi Le Brun, recherchant la nature de la soulte de partage, dit qu'elle est partie mobilière et partie immobilière, en proportion de ce que le conjoint aurait dû avoir de meubles et d'immeubles dans sa portion afférente : d'où il résulte que, pour cet auteur, la portion de meubles, échue au conjoint au lieu de sa portion dans les immeubles, est propre de communauté, et qu'il lui en sera dû récompense sur la masse (1). C'était également l'opinion de Valin (2).

Mais cette doctrine n'a pas eu de nombreux partisans, et déjà avant le Code, elle a été contredite par Pothier. Nous lisons dans son traité de la communauté que si, par le partage

(1) Le Brun, *Traité de la commun.*, liv. I, ch. V, sect. 1, dist. 1, n. 15 et 20. — (2) Valin, *Nouv. comm. sur la cout. de la Rochelle*, art. 48, § 2, 11.

d'une succession composée de meubles et d'immeubles, il est
échu beaucoup plus de meubles, à proportion, que d'immeubles dans le lot du conjoint, tout ce qui lui est échu de mobilier
tombe dans la communauté, sans qu'il en puisse avoir aucune
reprise. Il fait remarquer avec la plus grande exactitude que
les meubles et les immeubles de cette succession ne composent
qu'une même succession, dans laquelle le conjoint est censé
n'avoir jamais eu de droit qu'aux choses échues dans son lot,
par lequel il est rempli de toute sa portion héréditaire. Puisque le mobilier que l'époux héritier a eu dans son lot ne lui
tient lieu d'aucun droit immobilier, il n'y a pas de raison
pour l'exclure de la communauté (1).

C'est le système qui se trouve consacré par le Code. En
effet, l'article 883 pose ce principe que « chaque héritier est
» censé avoir succédé seul et immédiatement à tous les effets
» compris dans son lot, ou à lui échus par licitation, et
» n'avoir jamais eu la propriété des autres effets de la suc-
» cession. » En conséquence, le droit de l'héritier sur les biens
de la succession se trouve, si l'on peut ainsi dire, localisé
sur ceux qui composent son lot, et il est réputé n'avoir jamais
eu de droit sur ceux qui composent les lots de ses cohéritiers.
Si donc l'époux héritier n'a eu dans son lot que des meubles,
on ne peut pas dire qu'une partie de ces meubles lui ait été
donnée comme équivalent de sa part dans les immeubles,
puisque, par l'effet du partage, il est réputé tenir ces meubles immédiatement du défunt, et n'avoir jamais eu de droit
sur les immeubles. Réciproquement, c'est par l'application du
même principe que, si l'époux a reçu dans la succession une
portion d'immeubles supérieure à celle que lui assignait sa
part héréditaire, ce surplus n'est pas destiné à tenir lieu de
meubles et ne tombe pas dans la communauté.

Pour distinguer, parmi les biens qui composent une succession mobilière et immobilière échue à l'un des époux,
ceux qui doivent tomber en communauté et ceux qui doivent
rester propres à l'époux héritier, il faut donc se référer unique-

(1) Pothier, *Traité de la comm.*, 100.

ment à leur nature, sans rechercher dans quelle proportion les meubles et les immeubles se trouvent afférents à son droit héréditaire. C'est un système universellement admis sous l'empire du Code (1).

86. — Cette solution qui semble en apparence consacrer une injustice est, au contraire, à l'abri de toute critique. D'abord, il arrivera le plus souvent que l'époux héritier recevra, dans les meubles comme dans les immeubles, une part proportionnelle à son droit héréditaire, car l'article 832, qui règle la formation et la composition des lots, recommande de faire entrer dans chaque lot, s'il se peut, la même quantité de meubles, d'immeubles, de droits ou de créances de même nature et valeur. Puis, si la communauté court la chance d'éprouver un avantage, l'époux héritier, par une juste compensation, court une chance égale d'être favorisé par la composition des lots. D'ailleurs, de quel droit la communauté se plaindrait-elle qu'il ait été mis dans le lot de l'époux héritier une portion d'immeubles supérieure à celle que lui assignait sa part héréditaire, puisque ce n'est pas elle qui est héritière, et qu'elle recueille les meubles successoraux échus à la femme, non pas parce qu'ils sont successoraux, mais parce qu'ils sont des meubles? De son côté, l'époux dans le lot duquel il a été mis plus de meubles que ne le comportait son droit héréditaire, peut-il se plaindre de ce qu'ils tombent tous en communauté, alors que, en adoptant ce régime, il savait d'avance que tel serait le sort de tous ses meubles présents et futurs?

Mais il faut supposer, bien entendu, que le partage a été fait de bonne foi. Car, s'il y avait eu collusion entre l'époux commun et ses cohéritiers pour frustrer la communauté, ou s'il y avait eu un concert frauduleux pour avantager la communauté au détriment de l'époux, il pourrait y avoir lieu à récompense pour réparer les injustices. Mais c'est que dans ce cas il y aurait eu fraude : *fraus omnia corrumpit.*

---

(1)Toullier, XII, 119 et s. ; Troplong, I, 370, 371 ; Aubry et Rau. V, p. 379; Marcadé, V, p. 450; Rodière et Pont, I, 431; Rennes, 31 juillet 1811, Sirey, XIII, 2, p. 109.

**87.** — Il faut admettre en outre qu'un partage réel a eu lieu. Si l'acte ne devait pas faire cesser l'indivision entre les cohéritiers, par exemple si quelques-uns des cohéritiers vendaient leurs droits successifs à l'époux, il ne devrait pas être mis sur la même ligne que le partage. Les droits successifs acquis par l'époux cohéritier, alors même qu'il ne porteraient que sur des immeubles, sont alors réputés acquêts de communauté (art. 1401-3°, 1402. On trouve une application de cette règle dans un arrêt d'après lequel la vente faite au mari, par quelques-uns seulement de ses cohéritiers, de leurs droits dans une succession mobilière ouverte pendant le mariage, ne pouvant être assimilée à un partage, les droits ainsi acquis par le mari doivent être réputés acquêts de communauté, encore bien que, d'après le contrat de mariage, les successions mobilières qui échoient à chacun des époux doivent leur demeurer propres (1).

**88.** — Mais il faut se garder de confondre l'hypothèse d'un partage de succession où les lots comprennent des valeurs tant mobilières qu'immobilières dans une mesure inégale, avec le cas suivant. Dans le partage d'une succession mobilière et immobilière échue, sous le régime de la communauté, à l'un des époux, une somme d'argent prise en dehors de l'hérédité est attribuée à cet époux, à titre de soulte. Ici, l'article 883 ne peut plus s'appliquer, l'époux héritier ne peut pas être réputé tenir du défunt lui-même, en vertu de la rétroactivité du partage, les valeurs composant la soulte, puisqu'elles ne proviennent pas des biens successoraux. La soulte tient vraiment lieu à l'héritier de sa part dans les immeubles héréditaires ; cette somme constitue un propre, comme l'eussent été les immeubles eux-mêmes, et le montant doit, dès lors, en être prélevé au profit de l'époux, à la dissolution de la communauté. Il y a ici une subrogation réelle : le cohéritier prend, dans sa bourse particulière, une somme qu'il remet à l'époux commun, pour remplacer la part que celui-ci lui

(1) Paris, 3 déc. 1836, Dalloz, 1837, 2, 77.

abandonne dans les immeubles héréditaires; cette somme est subrogée à l'immeuble, *vice corporis habetur* (1).

**89.** — Il a été rendu un arrêt de cassation qui met parfaitement en relief la distinction que nous venons de poser. Une succession se composait de 41,380 francs en valeurs mobilières, et le surplus consistait en immeubles. Parmi les héritiers, se trouvait une femme mariée sous le régime de la communauté qui avait reçu 100,000 francs en argent. La Cour de cassation a décidé que la femme avait succédé directement aux 41,380 francs de valeurs mobilières. et que, par conséquent, la somme recueillie dans la succession devait tomber dans la communauté jusqu'à concurrence de cette somme. Au contraire, en ce qui concerne le surplus, elle a décidé qu'il conservait le caractère immobilier qu'il tenait de son origine et devait donner lieu, lors de la dissolution de la communauté, à un prélèvement en faveur de la femme, parce que la fiction de l'article 883 ne s'applique qu'aux valeurs héréditaires elles-mêmes, et non aux soultes qui peuvent être fournies à l'un des copartageants en dehors de l'hérédité pour compenser l'inégalité de son lot (2).

**90.** — Nous faisons observer ici, bien que dans cette partie de notre travail nous ne traitions que des successions à la fois mobilières et immobilières, que les mêmes principes s'appliquent aux successions purement immobilières. Lorsque les immeubles qui les composent se refusent à un partage par lots de valeur égale, la soulte payée à l'époux héritier pour compléter la portion d'immeubles à laquelle il a droit, ne tombe pas en communauté (3).

**91.** — Mais Duranton, après avoir admis que, d'après le principe de l'article 883, tous les meubles de la succession échu en partage à l'époux tombent dans la communauté, se demande s'il doit en être de même des créances mises à son lot, soit que l'époux n'ait reçu que des créances, soit qu'il en ait eu plus qu'il ne lui en revenait, proportion gardée, tan-

(1) Pothier, *Tr. de la comm.*, 100 ; Troplong, *Contr. de mari.*, I. 444.
(2) Cass., 11 déc. 1850, Dalloz, 1851, 1, 287.
(3) Douai, 9 mai 1849, Sirey, 1850, 2, 180.

dis que son cohéritier a eu plus d'immeubles qu'il ne lui en revenait proportionnellement. Ne doit-on pas plutôt regarder comme une soulte ou retour de lot la portion de créances qui excède la portion héréditaire de l'époux dans lesdites créances ? Duranton se range à cette seconde opinion.

Il se fonde sur l'article 1220, en vertu duquel les créances se divisent de plein droit entre les héritiers du créancier, pour limiter l'effet rétroactif du partage indiqué par l'article 883 au cas le partage ne porte que sur des immeubles et des meubles corporels. Dans ce cas, si l'époux héritier a reçu, dans le partage, plus de créances que ses cohéritiers, la communauté ne doit acquérir ces créances que jusqu'à concurrence de la part héréditaire à laquelle l'époux y avait droit, et l'excédant est traité comme le serait une soulte. Réciproquement, si l'époux a reçu plus d'immeubles, il doit récompenser la communauté pour la différence existant entre sa part de créances et la portion qu'il y aurait dû prendre eu égard à ses droits dans la succession ; c'est comme si l'époux eût acheté de son cohéritier la part que celui-ci avait dans l'immeuble, moyennant la sienne dans les créances (1).

Nous ne croyons pas que la distinction de Duranton, entre les immeubles et les meubles corporels, d'une part, et les meubles incorporels, d'autre part, puisse être justifiée. La règle que le partage est déclaratif de propriété, que chaque cohéritier est censé avoir succédé seul et immédiatement aux effets compris dans son lot, et n'avoir jamais eu la propriété des autres effets de la succession, s'applique aux créances comme aux autres biens de la succession ; l'article 883 ne fait aucune distinction. Il est vrai qu'aux termes de l'article 1220, les créances se divisent de plein droit entre les héritiers dès la mort du *de cujus ;* mais ce n'est pas là un partage de plein droit, ayant pour effet d'attribuer aux copartageants un droit définitif dans les créances, au prorata de leur droit héréditaire. Le seul effet de la division légale des créances est de régler, jusqu'au moment du partage, les rapports des héritiers avec les débiteurs de la succession et de permettre à

---

(1) Duranton, XIV, 119.

48

chacun des héritiers d'exiger, même avant le partage, le paiement de chaque créance, jusqu'à concurrence de sa part héréditaire dans chacune d'elles. Mais si plus tard le partage vient à modifier cette division légale des créances en les répartissant différemment dans les lots des héritiers, ou même en les attribuant toutes à l'un d'eux, il n'en est pas moins vrai qu'il est censé les tenir immédiatement du défunt. Seulement, chaque héritier devra respecter, quant aux créances ou portions de créances mises à son lot, les droits conférés à des tiers avant le partage, ainsi que le permet le principe de la division des créances (1).

## SECTION II

### COMMUNAUTÉ CONVENTIONNELLE

**92.** — I. **Communauté réduite aux acquêts.** — Tous les biens, meubles ou immeubles, qui adviennent par succession à l'un des époux restent propres à l'époux héritier. Le but de la clause de communauté réduite aux acquêts est en effet d'exclure de la communauté le mobilier respectif des époux, présent et futur (art. 1498).

**93.** — II. **Clause qui exclut de la communauté le mobilier en tout ou en partie.** — Cette clause ne modifie le sort des successions échues aux époux pendant le mariage, que si ces successions sont composées de meubles en totalité ou en partie et si la clause d'exclusion porte sur les meubles futurs. Si la clause d'exclusion porte à la fois sur les meubles présents et futurs, elle équivaut, au regard de l'époux qui l'a stipulée, à l'adoption du régime de la communauté réduite aux acquêts.

Si la clause exclut le mobilier à venir seulement, ou les meubles qui seront acquis par succession, l'époux garde à titre de propres tous les biens qui lui adviennent par succession, qu'ils soient meubles ou immeubles, comme sous le

---

(1) Rodière et Pont, I, 432; Marcadé, V, p. 451; Rej. req., 24 janv. 1837, Sirey, 1837, 1, 106.

régime de la communauté réduite aux acquêts. Cependant, nous avons vu que les choses *quæ primo usu consumuntur*, comprises dans une succession échue à la femme, ne demeurent point sa propriété et que la communauté en est quasi-usufruière.

. **94. — III. Clause d'ameublissement.** — Nous avons déjà fourni, relativement à cette clause, de longues explications qui nous ont permis de classer les diverses sortes d'ameublissements. Nous n'y reviendrons pas et nous voulons seulement rappeler ici quel est le sort de l'actif des successions échues aux époux mariés sous le régime de la communauté auquel est jointe une clause d'ameublissement.

Dans le cas d'ameublissement déterminé portant sur les immeubles à venir, tous les biens échus pendant le mariage, à titre de succession, à l'époux qui a stipulé l'ameublissement, tombent dans la communauté, qu'ils soient meubles ou immeubles. Dans le cas d'ameublissement indéterminé, au contraire, nous avons vu que la communauté n'acquérait qu'un droit de créance sur les immeubles ameublis.

**95. — IV. Clause de séparation des dettes.** — Les différentes clauses comprises dans la section du Code qui porte cette rubrique ne modifient en rien les règles propres au régime de la communauté légale, sur le sort de l'actif des successions échues aux époux pendant le mariage.

**96. — V. Faculté accordée à la femme de reprendre son apport franc et quitte.** — Même observation que pour les clauses précédentes.

**97. — VI. Préciput conventionnel.** — Même observation.

**98. — VII. Clauses par lesquelles on assigne à chacun des époux des parts inégales dans la communauté.** — Même observation.

**99. — VIII. Communauté à titre universel.** — La communauté à titre universel, lorsqu'elle porte sur les biens présents et à venir, ou sur les biens à venir seulement, a pour effet de faire tomber dans la communauté l'actif de toutes les successions échues aux époux pendant le mariage, qu'il soit mobilier ou immobilier.

## SECTION III

### CONVENTIONS EXCLUSIVES DE COMMUNAUTÉ

**100.** — Les conventions exclusives de la communauté, clause portant que les époux se marient sans communauté et séparation de biens, ont pour effet de laisser aux époux, à titre de propres, tous les biens qui leur échoient par succession pendant le mariage.

**101.** — Lorsque la séparation de biens est prononcée en justice, les effets du jugement remontent au jour de la demande (art. 1445). Par suite, les successions mobilières échues à la femme à partir de l'introduction de la demande lui restent propres.

## SECTION IV

### RÉGIME DOTAL

**102.** — Les successions échues au mari sous le régime dotal sont réglées absolument comme s'il n'était pas engagé dans les liens du mariage. Ce régime confère au mari des droits sur les biens de sa femme, mais il n'y a pas entre les époux de communauté de biens où, par réciprocité, le mari fasse des apports; tous ses biens sont paraphernaux.

**103.** — Les biens qui composent les successions échues à la femme deviennent soit dotaux, soit paraphernaux, selon les termes de la constitution de dot (art. 1542).

Ils sont dotaux, sans distinguer leur nature, lorsque la femme s'est constitué en dot la totalité de ses biens présents et à venir, ou la totalité de ses biens à venir, ou les biens qui viendraient à lui échoir par succession.

Ils sont paraphernaux, sans distinguer leur nature, lorsque la femme s'est constitué en dot la totalité de ses biens présents seulement. Il en est de même si la femme a déclaré constituer en dot tous ses biens; la constitution en termes généraux de tous les biens de la femme ne comprend pas les biens à venir (art. 1542-al. 2).

Lorsque la constitution de dot porte sur une quote-part des biens à venir, les biens que la femme recueille par succession deviennent dotaux dans la même proportion.

Des solutions analogues seraient données dans les différents autres modes de constitution de dot qui pourraient se présenter.

Que les biens des successions échues à la femme deviennent dotaux ou paraphernaux, le mari n'en acquiert pas plus dans un cas que dans l'autre la propriété; sauf cependant certaines exceptions énumérées par la loi. Mais il y a cette différence que, lorsque les biens sont dotaux, le mari acquiert sur eux un droit de jouissance.

**104.** — Sous le régime dotal comme sous le régime de la communauté, toutes les fois que l'on doit se référer à la nature mobilière ou immobilière des biens pour les classer en biens dotaux et biens paraphernaux, on ne doit pas s'inquiéter du point de savoir si la femme a bien reçu une part dans les meubles ou une part dans les immeubles, proportionnelle à son droit héréditaire. C'est ainsi qu'il a été jugé que, lorsque, dans le partage d'une succession, des valeurs mobilières sont attribuées à une femme mariée sous le régime dotal, pour compenser l'inégalité de sa part dans les immeubles, ces valeurs ne peuvent être considérées comme la représentation d'immeubles sur lesquelles la femme est censée n'avoir jamais eu aucun droit de propriété (art. 883); elles conservent leur nature propre, et dès lors, elles peuvent être touchées par le mari comme capitaux mobiliers, sans qu'il soit tenu d'en faire emploi (1).

Mais, comme dans la communauté, il en serait différemment si l'inégalité de la part dans les meubles était compensée par une soulte payée en deniers pris en dehors de la succession. Les mêmes principes s'appliquent ici.

---

(1) Caen, 9 mars 1839, Sirey, 39, 2, 351.

# CHAPITRE IV

## Du sort du passif des successions échues aux époux pendant le mariage.

**105**. — Nous avons exposé, dans le chapitre précédent, quel est, sous les divers régimes matrimoniaux, le sort de l'actif des successions échues aux époux pendant le mariage ; nous allons maintenant examiner quel est le sort du passif, en suivant également en revue les régimes matrimoniaux prévus par le Code.

### SECTION I<sup>re</sup>

#### COMMUNAUTÉ LÉGALE

**106**. — Les dettes des successions échues aux époux mariés sous le régime de la communauté font l'objet des articles 1409-1°, 1410 et suivants.

Avant d'aborder l'étude de cette matière qui comporte quelques développements, nous remarquons que toute la théorie que nous aurons à établir n'a trait qu'aux dettes des successions échues *pendant le mariage*.

En effet, les dettes des successions échues aux époux avant le mariage étant des dettes antérieures, par leur origine, au moment du mariage, ne comportent aucune règle spéciale, et sont régies d'après les principes applicables aux dettes présentes. Pour les mettre à la charge soit de la communauté soit de l'époux héritier, il faut considérer leur nature, sans

avoir égard à la proportion entre l'émolument actif recueilli
par la communauté, et celui recueilli par l'époux. Il y a corrélation entre l'actif et le passif antérieurs à la célébration
du mariage : là où va l'actif mobilier, là va le passif mobilier ;
là où reste l'actif immobilier, là reste le passif immobilier.
Les dettes mobilières restent personnelles à chaque époux.
de même que les biens immobiliers.

C'est ainsi que la cour de Douai a décidé que les dettes
mobilières des successions échues aux époux avant le
mariage tombent dans le passif de la communauté, encore
que l'actif de ces successions demeurerait propre aux époux,
parce que l'article 1412 ne concerne que les successions ouvertes durant la communauté (1).

**107**. — Cependant Duranton enseigne que, si les immeubles dépendant d'une succession échue à l'un des époux avant
le mariage sont encore entre les mains de l'époux héritier au
moment du mariage, les dettes de cette succession sont des
dettes relatives à ses propres immobiliers, lesquelles, à ce
titre, ne tombent à la charge de la communauté que sauf
récompense, conformément à l'article 1409-1° (2).

Nous croyons que c'est là mal interpréter l'article 1409. Des
dettes ne se trouvent pas relatives à des immeubles propres,
par cela seul qu'elles sont arrivées à l'époux en même temps
que ces immeubles, et qu'elles faisaient partie d'une même
succession. Quelle que soit la nature de ces dettes, elles sont
devenues, par l'acceptation de la succession, rétroactivement
personnelles à l'époux héritier à dater du jour de l'ouverture
de cette succession, parce que la saisine a pour effet de mettre
l'héritier aux lieu et place du défunt et de l'y substituer dans
ses droits et ses obligations. Les dettes des successions échues
aux époux avant le mariage, bien que ces successions ne
soient acceptées qu'après, sont par suite régies par les mêmes
règles que toutes autres dettes antérieures au mariage. Sans
doute, certaines dettes des successions peuvent être relatives
à des immeubles de ces successions, et, comme telles, donner

(1) Douai, 6 janv. 1846, Dalloz, 1846, 2, 217.
(2) Duranton, XIV, 234.

lieu à récompense en faveur de la communauté ; mais c'est là un sort qu'elles partagent avec toutes les autres dettes, et qui n'a rien d'exceptionnel pour elles.

Il n'y avait pas d'inconvénient à mettre à la charge de la communauté toutes les dettes mobilières antérieures au mariage, alors même qu'elles provenaient de successions. Elles étaient connues au moment du mariage, et c'était à chaque époux à se prémunir, par les clauses du contrat de mariage, contre les préjudices que la situation pécuniaire de son conjoint pouvait lui causer. Au contraire, nous verrons que les dettes des successions échues pendant le mariage ont nécessité des règles différentes, parce que ces dettes n'étaient pas prévues au moment du mariage et qu'elles auraient pu jeter la ruine dans la communauté, en mettant à sa charge des dettes considérables sans lui apporter aucun actif (1).

**108.** — L'étude du sort du passif des successions échues aux époux pendant le mariage exigera, de notre part, plusieurs distinctions. Les règles qui régissent ce passif varient en effet, selon que la succession est purement mobilière, purement immobilière, ou tout à la fois mobilière et immobilière ; selon qu'elle est échue à la femme, selon que celle-ci l'accepte avec autorisation de son mari ou avec autorisation de justice ; enfin, selon que le mari a fait, ou non, l'inventaire des meubles compris dans la succession.

Mais toutes les dettes de succession qui tombent dans la communauté n'y tombent pas de la même manière : les unes sont supportées définitivement par la communauté ; les autres ne sont supportées que provisoirement, si l'on peut dire ainsi, c'est-à-dire que la communauté n'est tenue que d'en faire l'avance et qu'elle a le droit d'exercer un recours contre l'époux héritier. La contribution de chaque époux aux dettes des successions est donc réglée sur d'autres bases que le droit de poursuite. Aussi, nous aurons à examiner successivement, en ce qui concerne les successions échues aux époux mariés sous le régime de la communauté légale, le

(1) Troplong, *Contr. de mar.*, II, 717 ; Marcadé, V, p. 508-509 ; Rodière et Pont, II, 743.

droit de poursuite des créanciers et la contribution entre époux.

**109**. — Nous devons envisager la question, d'abord relativement aux successions échues au mari, puis, relativement aux successions échues à la femme.

**110** — I. Successions échues au mari. — Que la nature de ces successions soit mobilière ou immobilière, les dettes qui en dépendent tombent toutes dans la communauté à l'égard des créanciers. En effet, toutes les dettes que le mari contracte pendant le mariage tombent à leur égard dans la communauté (art. 1409 — 2°). Les créanciers de ces successions peuvent donc poursuivre le recouvrement de leurs créances sur les biens composant l'hérédité, sur les biens personnels du mari, ou sur ceux de la communauté. (art. 1412, al. 2).

**111**. — II. Successions échues à la femme.— Il n'en est pas des successions échues à la femme comme de celles échues au mari ; il faut distinguer si ces successions sont mobilières, immobilières, ou à la fois mobilières et immobilières.

**112**. — 1° *Successions purement immobilières*. — Les créanciers d'une succession immobilière échue à la femme n'ont pas d'action sur les biens de la communauté, lors même que la femme a accepté avec l'autorisation du mari (art. 1412, al. 1, et 1413).

**113**. — Toullier émet une opinion contraire en se fondant sur l'article 1419 qui, selon lui, pose un principe absolu. « Les créanciers, dit cet article, peuvent poursuivre le paie- « ment des dettes que la femme a contractées avec le consen- « tement du mari, tant sur les biens de la communauté que « sur ceux du mari ou de la femme. » D'après lui, si l'article 1413 n'a pas ajouté que les créanciers de la succession pouvaient poursuivre leur paiement, même sur les biens de la communauté, on ne peut argumenter du silence de cet article qu'il ait entendu borner leur action aux biens personnels de la femme et à ceux de la succession. La règle *qui auctor est non se obligat*, dit-il, est faite pour les tuteurs et curateurs et non point pour les maris ; à ceux-ci, il faut appliquer une règle diamétralement opposée : *Maritus qui auctor est se obligat* (1).

Nous répondons que le principe posé par l'article 1419 est absolument certain et général ; seulement, l'article 1413 contient une exception qu'il est facile de justifier.

D'abord, pour bien comprendre la dérogation contenue dans l'article 1413, il faut préciser le sens de la règle de l'article 1419. Il est parfaitement exact de dire que la règle *qui auctor est non se obligat* ne s'applique pas au mari. Lorsque le curateur autorise le mineur émancipé à contracter, il ne s'oblige pas. Au contraire, lorsque le mari autorise sa femme à conclure telle ou telle opération, la communauté se trouve engagée, sauf récompense, s'il y a lieu. La raison de cette différence est facile à saisir. Tandis que l'intérêt du curateur se trouve entièrement étranger à celui du mineur qui contracte, la loi présume au contraire que l'intérêt du mari, ou au moins celui de la communauté, se rattache à l'affaire pour laquelle il a autorisé sa femme ; il était juste que, dans ce cas, le mari ne pût retirer un bénéfice de l'acte passé par la femme, sans participer en même temps aux obligations auxquelles elle s'engage.

Mais, lorsque l'affaire pour laquelle le mari a autorisé sa femme est de nature telle qu'elle ne doive pas l'enrichir aux dépens de la femme et qu'elle n'intéresse que le patrimoine personnel de la femme, alors on revient à la règle *qui auctor est non se obligat;* l'autorisation du mari n'a plus pour but que d'habiliter la femme pour l'accomplissement d'un acte qu'elle n'aurait pas pu faire seule. C'est ce qui a lieu pour l'acceptation des successions purement immobilières échues à la femme pendant le mariage (2).

**114.** — Mais il existe une différence entre le cas où une succession immobilière a été acceptée avec l'autorisation du mari et celui où elle a été acceptée avec l'autorisation de justice.

___

(1) Toullier, XII, 282 et 283.

(2) Duranton, XIV, 236 ; Rodière et Pont, II, 772 ; Marcadé, V, p. 511 et 512 ; Troplong, *Contr. de mar.*, II, p. 799-204 ; Aubry et Rau, V, p. 378 ; Laurent, XXI, 453.

**115.** — Lorsque la succession immobilière a été acceptée avec l'autorisation maritale, les créanciers ont le droit de poursuivre le recouvrement de leurs créances sur les biens héréditaires (art. 1412, al. 1) et sur la pleine propriété des propres de la femme (art. 1413).

Mais il ne faut pas croire que les créanciers héréditaires aient une action directe et distincte contre les immeubles de la succession, comme semble le dire l'article 1412, al. 1. Ils n'ont pas un droit réel sur les biens de la succession, mais une action personnelle contre l'héritier, et ils peuvent en poursuivre l'exécution sur tous ses biens. Leur action n'est pas directe sur les biens héréditaires, parce que ces biens se sont confondus avec ceux qui appartenaient déjà à l'héritier. Mais la loi leur fournit un moyen d'empêcher cette confusion et de conserver le gage qu'ils ont sur les biens héréditaires, c'est de demander la séparation des patrimoines (art. 878). Alors seulement on peut dire que leur action s'exerce d'une manière distincte sur les immeubles héréditaires (1). Il en serait de même si l'époux héritier, au lieu d'accepter purement et simplement, avait accepté sous bénéfice d'inventaire.

**116.** — Lorsque la succession immobilière a été acceptée avec autorisation de justice, les créanciers ne peuvent plus agir que sur la nue propriété des biens propres de la femme, et encore, en cas d'insuffisance seulement des biens de la succession art. 1413).

La raison de cette différence avec le cas précédent est que la justice ne peut autoriser la femme à s'obliger que sur les biens qui lui appartiennent, c'est-à-dire sur la nue propriété de ses propres. Quant aux immeubles successoraux, ils peuvent être poursuivis en toute propriété, puisqu'ils sont le gage des créanciers. Vainement le mari invoquerait-il le droit de jouissance qui appartient à la communauté; il ne peut acquérir cette jouissance sans acquitter les charges de l'acquisition, c'est-à-dire les dettes qui grèvent l'actif (2). Mais il nous semble que les créanciers ne pourront conserver leur

---

(1) Laurent, XXI, 443 et 451.
(2) Colmet de Santerre, VI, 52 bis II. *Contra :* Laurent, XXI, 454.

gage sur l'usufruit des biens de la succession qu'en ayant le soin de demander la séparation des patrimoines.

**117.** — L'article 1413 règle l'ordre dans lequel les créanciers de la femme devront exercer leurs poursuites sur les biens de la femme. Ils devront d'abord agir sur les biens héréditaires, et s'ils sont insuffisants, ils s'attaqueront aux biens personnels de la femme. C'est là une sorte de bénéfice de discussion accordé à la femme, contraire assurément à la rigueur des principes, mais dont le but est d'éviter, sans que les créanciers en éprouvent un grave préjudice, les inconvénients que pourrait amener pour la femme et pour la communauté la vente forcée de la nue propriété des propres de la femme (1). Nous retrouverons une disposition analogue dans l'article 1417.

**118.** — '2° *Successions purement mobilières.* — Lorsqu'une succession mobilière échoit à la femme, les droits des créanciers, varient selon qu'elle est acceptée avec l'autorisation du mari ou avec l'autorisation de justice.

Lorsqu'elle est acceptée avec l'autorisation du mari, les créanciers ont une situation particulièrement favorable. Ils ont d'abord une action sur les biens héréditaires qui sont leur premier gage. Puis, on applique l'article 1419, d'après lequel la femme qui s'oblige avec le consentement du mari oblige la communauté ; il n'y a pas lieu de déroger à ce principe comme en matière de succession immobilière, parce que les biens des successions mobilières tombent dans la communauté. Pouvant poursuivre la communauté, les créanciers peuvent poursuivre le mari, car les dettes de la communauté se confondent avec les dettes du mari. Enfin, comme la femme s'est engagée personnellement, les créanciers ont action sur ses biens personnels. Ainsi, dans ce cas, les créanciers peuvent poursuivre le recouvrement de ce qui leur est dû, sur les biens héréditaires, sur les biens de la communauté, sur ceux de la femme et sur ceux du mari (art. 1419).

---

(1) Colmet de Santerre, VI, 55 bis II ; Aubry et Rau, V, p. 379, n. 9; Laurent, **XXI, 454.**

Mais il en est différemment lorsque la succession est acceptée avec autorisation de justice. En principe, la communauté n'est pas tenue des dettes, car les dettes contractées avec l'autorisation de justice n'entrent pas en communauté. Quant aux biens personnels du mari, ils ne peuvent pas non plus devenir l'objet des poursuites des créanciers, car on ne peut plus alors opposer au mari son intervention personnelle.

Cependant la communauté a pu recueillir le mobilier héréditaire et retirer ainsi un profit de l'événement qui a rendu la femme débitrice. Il est juste qu'elle soit poursuivie jusqu'à concurrence de l'avantage qui en est résulté pour elle. Aussi les créanciers ont contre la communauté une action semblable à l'action *de in rem verso* des Romains.

Enfin, comme la femme est toujours personnellement obligée, les créanciers peuvent la poursuivre sur la nue propriété de ses propres.

**119.** — L'action *de in rem verso* qui peut être dirigée contre la communauté implique que le montant de l'actif de la succession a été constaté par un inventaire. Le mari poursuivi par les créanciers peut, s'il a fait inventaire, leur abandonner tout le mobilier de la succession et se mettre ainsi à l'abri contre toute autre poursuite.

Mais que se passera-t-il si le mari n'a pas fait inventaire ? On appliquera aux successions purement mobilières ce que l'article 1446 dit des successions à la fois mobilières et immobilières. Si le mari a laissé confondre le mobilier de la succession avec celui de la communauté faute d'avoir fait un inventaire préalable, il pourra être poursuivi sur les biens de la communauté et par suite sur ses biens personnels. Dans ce cas en effet, le mari a perdu la possibilité d'établir le montant du profit recueilli par la communauté, et les créanciers peuvent prétendre que ce profit est précisément égal à tout l'actif commun. D'ailleurs, en n'empêchant pas la confusion des biens, le mari n'a-t-il pas tacitement reconnu que l'actif de la succession était au moins égal à son passif (1) ?

---

(1) Colmet de Santerre, VI, 52 bis II.

**120.** — Une difficulté se présente à l'occasion des successions mobilières lorsque l'époux se trouvait créancier du défunt. Nous supposons que, par suite des clauses de son contrat de mariage, cette créance doive lui rester propre; sera-t-elle éteinte par confusion? On admet universellement qu'il n'y a pas confusion. La plupart des auteurs, reproduisant la décision de Pothier, se fondent sur ce que la communauté doit être considérée comme cessionnaire des droits successifs des époux et que par suite, c'est elle qui doit bonifier l'époux héritier de ce qui lui était dû par le défunt (1).

Mais cette prétendue cession de droits successifs n'est, comme le fait remarquer Toullier, qu'une fiction qu'on ne trouve point dans la loi. En outre, nous décidons avec M. Laurent que la mise en commmunauté ne constitue pas une aliénation au profit d'une personne juridique appelée communauté, et qu'elle n'est que la simple mise en commun des choses qui entrent dans la société formée par les époux (2). L'époux héritier ne cède donc pas ses droits successifs à la communauté; et si la confusion ne s'opère pas, on ne peut en trouver l'explication dans les principes de la cession.

La solution de la question nous semble se rattacher uniquement aux principes de la confusion. La confusion constitue moins une extinction de l'obligation qu'une impossibilité matérielle de l'exécuter; *potius eximit personam ab obligatione quam extinguit obligationem*; le créancier devenu débiteur ne peut pas en effet se poursuivre lui-même. Mais ici cette impossibilité d'agir n'existe pas, car l'époux héritier peut poursuivre la communauté, en ce sens qu'il a le droit d'exiger une récompense. C'est la communauté qui profite de la succession, elle doit faire raison à l'époux de la créance que celui-ci avait contre le défunt (3).

On résout d'après les mêmes principes le cas où l'époux

---

(1) Pothier, *De la communauté*, 262 et 263; Duranton, XIV, 243; Rodière et Pont, II, 753 et 754; Marcadé, V, p. 513; Troplong, *Contr. de mar.*, II, 790; Aubry et Rau, V, p. 377 et 378, n. 7.

(2) Laurent, XXI, 210.

(3) Toullier, VI, 2e p., 293; Laurent, XXI, 449.

héritier était débiteur envers le défunt d'une dette qui lui est restée propre. Dans ce cas, comme dans le précédent, il n'y a pas confusion. Les auteurs auxquels nous nous sommes référés examinent simultanément les deux questions.

**121.** — 3° *Successions à la fois mobilières et immobilières.* — Nous supposerons d'abord que la succession a été acceptée avec l'autorisation du mari. Dans ce cas, la communauté est tenue de toutes les dettes (art. 1416, al. 1). C'est l'application pure et simple de l'article 1419. Les créanciers ont les mêmes avantages que si la succession était purement mobilière.

Mais, puisque la loi a dérogé par l'article 1413 à l'article 1419 lorsqu'il n'y avait que des immeubles dans la succession, pourquoi revient-elle au principe de l'article 1419 lorsque des meubles se trouvent joints aux immeubles de la succession. Pourquoi la loi n'a-t-elle pas envisagé la succession mixte comme composée de deux successions l'une mobilière, l'autre immobilière, et n'a-t-elle pas appliqué à chacune d'elles les règles qui les concernent? On ne saurait en donner de motif juridique. La seule raison est que le législateur voulait faciliter l'action des créanciers et éviter les complications. Si en effet l'action des créanciers contre la communauté avait été réduite à la valeur pour laquelle celle-ci doit concourir aux dettes, d'après ce que nous dirons plus loin, les créanciers auraient dû commencer par établir quelle est cette portion contributoire, calcul long et difficile qui aurait nécessité leur intervention dans les affaires de famille. En même temps que le paiement de leurs créances aurait été retardé, ils auraient été obligés de fractionner leur action ; c'étaient là autant de sources de difficultés et de procès. Il était assurément plus simple et plus équitable à la fois de laisser, ainsi que l'a fait l'article 1416, les créanciers agir d'après le droit commun, puisque la loi réglait en même temps sur d'autres bases la contribution définitive entre les époux (1).

**122.** — Lorsque la succession a été acceptée par la femme avec autorisation de justice, il faut distinguer si le mari a fait, ou non, inventaire du mobilier de la succession.

---

(1) Rodière et Pont, II, 775; Aubry et Rau, V. p, 379; Laurent, XXI, 457.

Si le mari a négligé de faire inventaire, il en est absolument de même que s'il avait autorisé sa femme à accepter. La communauté est pareillement tenue et par suite aussi le mari sur ses biens personnels. La situation est la même dans les deux cas, parce que dans l'un et dans l'autre, le mobilier de la succession a été confondu avec le mobilier de la communauté (art. 1416, al. 2). Nous avons déjà eu occasion d'expliquer les motifs de cette disposition en parlant des successions mobilières.

Mais si le mari, se conformant au devoir que lui impose la loi, a eu le soin de constater par un inventaire la consistance et la valeur du mobilier, les créanciers ne peuvent poursuivre leur paiement que sur les biens tant mobiliers qu'immobiliers de la succession, et, en cas d'insuffisance, sur la nue propriété des autres biens personnels de la femme (art. 1417). Ici, le mari est à l'abri des poursuites des créanciers tant sur ses biens personnels que sur ceux de la communauté.

**123.** — La disposition de l'article 1417 est analogue à celle de l'article 1413. Elle déroge aux principes en ce qu'elle donne aux créanciers un droit de poursuite sur la pleine propriété des biens de la succession, alors que leur droit de gage n'empêche pas ces biens d'entrer dans le patrimoine de l'époux héritier et d'être frappés du droit de jouissance que possède la communauté sur tous les propres des époux. Mais cette disposition est formelle ; la loi veut que les créanciers ne soient pas privés d'une partie de leur gage, par suite de ce fait que l'un des héritiers est un époux commun en biens.

L'article 1417, comme l'article 1413, règle l'ordre que doivent observer les créanciers dans leurs poursuites: ils doivent poursuivre leur paiement sur les biens héréditaires d'abord, et seulement en cas d'insuffisance, sur la nue propriété des propres de la femme. Ce bénéfice de discussion ne peut s'expliquer qu'autant que les créanciers ont une action sur la pleine propriété des biens héréditaires ; autrement on ne voit pas pourquoi on aurait fait une différence entre la vente de la nue propriété des biens de la succession et celle de la nue propriété des propres de la femme. Au contraire, il y a intérêt pour le mari et pour la communauté à ce que la pleine propriété des biens de la succession soit vendue plutôt que la nue propriété des propres de la femme, car la vente de la nue propriété se fait toujours mal, et le mari a plus d'avantage à avoir la jouissance de biens appartenant à sa femme, que d'être usufruitier de biens appartenant à un tiers. C'est donc avec raison que nous nous sommes attachés aux termes mêmes de l'article 1617 (1).

### § II. — Contribution aux dettes entre les époux.

**124.** — Les dettes des époux antérieures au mariage sont réglées d'après ce principe : *là où va l'actif mobilier, là va le passif mobilier ; là où reste l'actif immobilier, là reste le passif immobilier.* On établit une corrélation rente telle nature de dettes et telle nature de biens. Les dettes mobilières tombent dans la communauté, comme les biens mobiliers ; les dettes immobilières restent personnelles à chaque époux, de même que les biens immobiliers.

Cette corrélation, rationnelle en apparence, peut consacrer souvent un résultat injuste. En effet, il peut arriver que la communauté ne reçoive que peu ou point de meubles et se trouve grevée d'un passif considérable ; réciproquement, qu'elle reçoive des valeurs mobilières très-importantes et qu'elle ne supporte aucune portion du passif de la succession.

Ce principe qui peut amener des applications si peu équitables se justifie cependant jusqu'à un certain point par cette considération que les éventualités qui peuvent se produire au cours de la société entre époux sont susceptibles de rétablir la balance. Celui qui, au commencement de la société, a apporté la situation la plus défavorable, peut se trouver, en fin de compte, avoir fourni des apports plus considérables que son conjoint. En outre, celui qui met dans la communauté plus de passif que d'actif, pourra peut-être par son industrie, par son talent, par sa position sociale, par des espérances de fortune, compenser cette inégalité.

**125.** — Les dettes provenant des successions échues aux

---

(1) Laurent, XXI, 458.

époux pendant le mariage sont réglées d'après un principe bien plus équitable : *là où va l'émolument actif, là va le passif, mobilier ou immobilier ; là où reste l'émolument actif, là reste le passif, mobilier ou immobilier.* On établit ici la corrélation entre les apports réels et les charges, sans distinguer leur nature mobilière ou immobilière. Si la communauté recueille tout l'actif de la succession, elle en paie toutes les dettes mobilières ou immobilières. Si elle ne reçoit rien de l'actif, elle ne supporte rien du passif, ni mobilier ni immobilier. Enfin, si elle reçoit une portion de l'actif, elle supporte une portion correspondante du passif, qu'il soit mobilier ou immobilier.

Les successions recueillies par les époux pendant la durée du mariage ne présentent point le même caractère aléatoire que les apports faits au moment de la formation de la communauté. La composition de ces successions est connue dès le moment où elles sont ouvertes et les désavantages qu'elles peuvent présenter ne sont pas susceptibles d'être compensés par des événements futurs. Aussi, on revient à l'application des principes généraux en matière de société, et on établit une juste proportion entre les charges et les bénéfices.

Telle est la règle générale de la contribution aux dettes entre les époux. Nous l'appliquerons successivement aux diverses natures de successions.

**126.** — *1° Successions purement mobilières.* — L'actif de ces successions tombe tout entier dans la communauté (art. 1401-1°); nous avons décidé qu'il en était ainsi alors même que la succession n'avait été acceptée qu'avec l'autorisation de justice. La communauté reçoit tout l'émolument; c'est elle qui doit supporter définitivement toutes les dettes. L'article 1411 le dit en termes formels : « Les dettes des successions purement mobilières qui sont échues aux époux pendant le mariage, sont pour le tout à la charge de la communauté. » Il n'est donc dû aucune récompense à la communauté qui a payé les dettes d'une succession mobilière; au contraire, c'est la communauté qui devrait récompense à l'époux héritier, si celui-ci avait payé sur ses biens une dette héréditaire.

Toutes les dettes des successions mobilières sont à la charge
de la communauté, sans qu'il ait de différence à faire entre
les dettes mobilières et les dettes immobilières. L'article
1409-1° semble, il est vrai, ne mettre à la charge de la communauté que les dettes mobilières dont se trouvent grevées les
successions échues durant le mariage. Mais l'article 1411,
spécial aux successions purement mobilières, vient le rectifier et le compléter; aucun doute ne peut subsister en présence des termes de cet article : « Les dettes ... *sont pour le
tout* à la charge de la communauté. » (1).

**127.** — 2° *Successions purement immobilières.* — L'actif des
successions purement immobilières reste propre à l'époux
héritier (art. 1404, al. 1); mais la communauté a sur ces biens
un droit de jouissance. Le capital actif appartient à l'époux, les
intérêts actifs à la communauté. Corrélativement, l'époux
héritier doit supporter le capital passif, la communauté les
intérêts passifs.

Le capital des dettes, disons-nous, doit être supporté par
l'époux héritier. Nous lisons en effet dans l'article 1412 : « Les
dettes d'une succession purement immobilière qui échoit à
l'un des époux pendant le mariage ne sont point à la charge
de la communauté. » En conséquence, si la communauté a
payé une dette-capital, elle a le droit d'exiger une récompense de l'époux héritier. Cela aura lieu principalement si
l'époux héritier est le mari; dans ce cas, les créanciers ont
une action sur les biens de la communauté. Au contraire,
lorsque la femme est héritière, il est rare que la communauté ait payé une dette de la succession, parce que les créanciers ne peuvent pas poursuivre le paiement sur les biens
de la communauté; mais en fait, il peut arriver que la communauté en ait effectué le paiement, pour éviter l'expropriation des biens de la femme ; alors il est dû récompense à la
communauté, conformément au principe de l'article 1437,
parce que l'époux a tiré un profit personnel des biens de la
communauté (2).

(1) Rodière et Pont, II, 748.
(2) Laurent, XXI, 455.

Les intérêts des dettes doivent être supportés par la communauté. La communauté se compose passivement « des arrérages et intérêts seulement des rentes ou dettes passives qui sont personnelles aux deux époux. » (art. 1409-3°). Si l'époux héritier a payé une dette-intérêt, la communauté lui doit récompense.

Les dettes des successions purement immobilières font donc l'objet d'une seule distinction : pour régler la contribution des époux et celle de la communauté, on recherche uniquement si les dettes ont le caractère de capital ou celui d'intérêt, mais il n'y a pas à considérer si elles sont de nature mobilière ou immobilière.

**128.** — 3° *Successions à la fois mobilières et immobilières.* — Lorsque la succession échue à l'un des époux pendant le mariage est en partie mobilière et en partie immobilière, l'actif mobilier tombe dans la communauté, l'actif immobilier reste propre à l'époux héritier. Il a comme deux successions distinctes, l'une mobilière, l'autre immobilière.

Mais, si le sort de l'actif est réglé comme s'il y avait deux successions distinctes, faut-il régler de même le sort du passif ? Faut-il attribuer les dettes mobilières à la communauté parce que c'est elle qui recueille l'actif mobilier, les dettes immobilières à l'époux héritier parce que c'est lui qui conserve l'actif immobilier ? Non, une telle manière de faire serait contraire au principe fondamental qui domine cette matière, celui de la corrélation parfaite entre l'émolument actif et l'émolument passif. Il n'y a pas lieu de tenir compte de la nature mobilière ou immobilière des dettes de la succession ; l'époux héritier et la communauté doivent supporter chacun une part des dettes proportionnelle à l'émolument qu'ils gagnent. C'est bien ce que dit l'article 1414 : « Lorsque la succession échue à l'un des époux est en partie mobilière et en partie immobilière, les dettes dont elle est grevée ne sont à la charge de la communauté que jusqu'à concurrence de la portion contributoire du mobilier dans les dettes, eu égard à la valeur de ce mobilier comparée à celle des immeubles. » (1).

_____

(1) Toullier, XII, 288 ; Duranton, XIV, 237 ; Rodière et Pont, II, 752 ; Aubry et Rau, V, p. 379 ; Laurent, XXI, 461.

Le Code reproduit ainsi la doctrine de la Coutume de Paris
et du plus grand nombre des Coutumes, d'après lesquelles la
communauté et l'époux héritier contribuaient aux différentes
espèces de dettes, soit mobilières, soit immobilières, à proportion de ce que l'un et l'autre avaient recueilli dans l'actif de
la succession (1). Au contraire, Renusson et Le Brun étaient
d'avis que la communauté devait supporter la totalité des
dettes mobilières, et le conjoint héritier la totalité des dettes
immobilières (2).

**129.** — La contribution aux dettes est réglée de la même
manière, que la succession soit échue à la femme ou
au mari, que la femme l'ait acceptée avec autorisation
du mari ou de justice. Les articles 1416 et 1417 font
des distinctions entre ces divers cas, mais ces distinctions ne concernent que les rapports de la communauté et des créanciers. La contribution aux dettes, en matière
de successions mobilières et immobilières à la fois, est uniquement régie par l'article 1414.

**130.** — Les dettes sont respectivement à la charge de la
communauté et de l'époux héritier, non pas seulement au
prorata de l'émolument recueilli en fait par la communauté,
mais proportionnellement à la valeur comparative des meubles et des immeubles. Il peut donc arriver que la communauté doive plus qu'elle ne reçoit, si le passif surpasse l'actif.
Il en est ainsi toutes les fois que la succession a été acceptée
purement et simplement, parce qu'alors l'héritier est tenu
*ultra vires*. Mais les époux ont un moyen bien simple de n'être
tenus des dettes de la succession que jusqu'à concurrence de
l'émolument qu'ils en retirent, c'est d'accepter sous bénéfice
d'inventaire (3).

**131.** — Le règlement de la contribution aux dettes présente
quelque difficulté lorsque le droit de la succession à des im-

---

(1) Pothier, *Traité de la commun.*, I, 261; nouv. Denisart, v° *Commun. de biens*, § 9, n. 19.
(2) Renusson, *Traité de la commun.*, part. I, ch. XII, n° 11; Le Brun, *Traité de la commun.*, liv. II, ch. III, sect. 2, dist. 1, n° 2.
(3) Toullier, XII, 292; Aubry et Rau, V, p. 379; Laurent, XXI, 462.

meubles n'est pas encore réalisé, ou même n'est pas encore certain, au moment où doit avoir lieu ce règlement. Alors les époux ou leurs représentants procèdent à un règlement provisoire et conditionnel, ou, si les parties sont maîtresses de leurs droits, à un règlement définitif à titre de forfait. C'est ce qui aurait lieu si le défunt possédait des immeubles dont il n'était pas propriétaire incommutable, soit qu'ils provinssent d'une donation encore sujette à révocation, soit qu'ils eussent été acquis à réméré ou par un contrat susceptible d'être rescindé. On agirait de même si le défunt avait des droits sur des immeubles possédés lors de sa mort par des tiers, et dont l'époux héritier lui-même n'avait pas encore acquis la possession à la dissolution de la communauté, tout en conservant l'espoir de l'acquérir (1).

**132.** — La contribution aux dettes peut amener, dans le cas de successions à la fois mobilières et immobilières, un conflit entre les époux relativement à la détermination exacte du chiffre pour lequel la communauté et l'époux héritier concourront respectivement au paiement des dettes. Le législateur a prévu la difficulté et il indique, dans l'article 1412, 2° alinéa, le procédé qui devra être employé pour connaître la valeur comparative des meubles et des immeubles. « Cette portion contributoire, dit l'article, se règle d'après l'inventaire auquel le mari doit faire procéder, soit de son chef, si la succession le concerne personnellement, soit comme dirigeant et autorisant les actions de sa femme, s'il s'agit d'une succession à elle échue. » Le mari doit faire inventaire, lors même qu'il s'agit d'une succession échue à la femme et acceptée avec l'autorisation de la justice. C'est une formalité qui lui est imposée, sans porter atteinte au droit qu'il a de rester étranger à une succession acceptée malgré lui. La loi lui en fait un devoir, parce qu'il est le chef de la communauté et qu'il est chargé à ce titre d'administrer non seulement les biens qui composent cette communauté, mais aussi la fortune personnelle de la femme. La femme est étrangère à la gestion de son propre patrimoine et elle a l'habitude de compter sur

_____

(1) Duranton, XIV, 242; Rodière et Pont, II, 752.

son mari pour tout ce qui concerne ses intérêts pécuniaires ; elle pourrait ignorer la nécessité de l'inventaire ou négliger de le faire confectionner, si son mari venait à l'en dissuader sous prétexte d'économie. Aussi est-il plus rationnel que le mari soit chargé de cette obligation. En outre, il a intérêt à s'y conformer ; s'il laisse les biens héréditaires se confondre avec ceux de la communauté, il est exposé aux poursuites des créanciers héréditaires. Nous verrons aussi comment peut être prouvé, à défaut d'inventaire, la consistance du mobilier. La confection de l'inventaire n'est pas seulement un devoir pour le mari, c'est encore une précaution.

**133.** — Pour que, dans l'espèce, l'utilité de l'inventaire soit complète, il faudrait qu'il contînt la description et l'estimation tant des immeubles que des meubles. Mais, comme cette prescription n'est pas écrite dans la loi et que les inventaires ne contiennent ordinairement que les meubles, on ne peut étendre au défaut d'estimation des immeubles les conséquences si graves qu'entraîne pour le mari le défaut d'inventaire du mobilier. C'est d'autant plus exact que les dispositions des articles 1415 et 1416 revêtent presque un caractère pénal et doivent être par suite interprétées *stricto sensu* (1).

**134.** — Lorsque la formalité de l'inventaire a été omise, la loi fournit à la femme le moyen d'y suppléer et la met à l'abri du préjudice que pourraient lui causer le dol ou la négligence de son mari. « A défaut d'inventaire, dit l'article 1415, et dans tous les cas où ce défaut préjudicie à la femme, elle ou ses héritiers peuvent, lors de la dissolution de la communauté, poursuivre les récompenses de droit, et même faire preuve, tant par titres et papiers domestiques que par témoins, et au besoin par la commune renommée, de la consistance et valeur du mobilier non inventorié. — Le mari n'est jamais recevable à faire cette preuve. » Aussi le défaut d'inventaire n'est jamais imputé à la femme ; c'est le mari qui en supporte toujours la responsabilité, s'il en résulte un préjudice pour la femme.

---

(1) Rodière et Pont, II, 757 ; Aubry et Rau, V, p. 380, n. 14; Laurent, XXI, **464.**

**135.** — Le défaut d'inventaire peut préjudicier à la femme, que la succession mobilière et immobilière lui soit échue ou soit échue au mari. Si elle est échue à la femme, elle a intérêt à établir la vraie valeur du mobilier, afin de combattre les prétentions du mari qui pourrait attribuer au mobilier une importance inférieure à la réalité et diminuer d'autant la part contributoire de la communauté dans les dettes. A l'inverse, si la succession est échue au mari, la femme a intérêt à ce que le mari n'élève pas, par ses allégations, la valeur du mobilier, dans le but de diminuer sa part contributoire dans les dettes et d'augmenter celle de la communauté.

**136.** — La preuve par commune renommée est un mode de preuve tout à fait exceptionnel et contraire au droit commun. Elle est en même temps dangereuse, par suite de cette tendance si ordinaire qui consiste à exagérer le chiffre des fortunes ; elle est aussi très incertaine, car le témoin vient non pas déclarer ce qu'il sait pertinemment et ce qu'il a vu lui-même, mais il vient répéter ce que la rumeur publique lui a appris. La preuve par commune renommée se fait sous forme d'enquête. Les notaires n'ont pas le droit de confectionner un inventaire par commune renommée, et les tribunaux ne peuvent pas les déléguer à cet effet. La preuve par commune renommée consiste en une audition de témoins, comme toute enquête, et se fait en justice (1).

**137.** — Cette preuve de la commune renommée a été introduite en faveur de la femme seule. Le mari qui a négligé de faire inventaire ne peut pas en faire usage. Mais il faut comprendre l'article 1415 en ce sens qu'il n'interdit au mari que ce mode de preuve, et non les preuves de droit commun. Pourquoi en effet les lui refuser ? Le mari n'a pas toujours agi par dol ou par négligence ; il s'est peut-être abstenu de faire inventaire, pour épargner des frais, parce qu'il possédait un autre titre qui pouvait y suppléer (2).

**138.** — Ce que nous avons dit du mari et de la femme doit-

---

(1) Dalloz, *Rép.*, v° *Enquête*, 107 ; Cass., 17 janv. 1838, Dalloz, 1838, 1, 66 ; Rodière et Pont, II, 759 ; Laurent, XXI, 465.

(2) Colmet de Santerre, VI, 57 bis II ; Laurent, XXI, 466.

il être étendu à leurs héritiers ? Quant aux héritiers de la femme, ce n'est pas douteux ; l'article 1415 le dit en termes formels. Quant aux héritiers du mari, ils ne sauraient avoir plus que leur auteur le droit d'user de la preuve de la commune renommée; ce droit exceptionnel n'a été introduit qu'en faveur de la femme et de ses héritiers ; les héritiers du mari demeurent sous l'empire du droit commun (1).

## SECTION II

### COMMUNAUTÉ CONVENTIONNELLE

**139.**— I. **Communauté réduite aux acquêts.** — Les créanciers ont droit, comme sous la communauté légale, de poursuivre les dettes des successions échues au mari, tant sur les biens de la succession et sur ceux du mari que sur ceux de la communauté elle-même, et cela que la succession soit mobilière ou immobilière. Les dettes du mari se confondent en effet toujours avec celles de la communauté. Mais, comme la succession reste propre en totalité au mari, c'est lui qui doit définitivement supporter toutes les dettes ; il doit récompense à la communauté si celle-ci a fait quelques déboursés.

Si la succession est échue à la femme, c'est elle qui doit aussi en supporter toutes les dettes, puisqu'elle garde à titre de propres tous les biens héréditaires. Seulement, le droit de poursuite des créanciers est réglé, quelle que soit la nature des biens de la succession, comme si une succession purement immobilière était échue à une femme mariée sous le régime de la communauté légale (2).

**140.** — La consistance du mobilier échu aux époux sous la communauté d'acquêts se prouve, comme sous la communauté légale, au moyen d'un inventaire. Le mari doit faire dresser un inventaire du mobilier échu à la femme; et s'il

(1) Troplong, *Contr. de mar.*, II, 817; Marcadé, V, p. 516. *Contra :* Rodière et Pont, II, 762.

(2) Bellot des Minières, *Rég. dot. et commun. d'acq.*, IV, 2901-2908.

omet d'accomplir cette formalité, la femme est admise à prouver contre lui la consistance du mobilier de toute manière, même par témoins et par la commune renommée. L'article 1414 énonce cette règle pour la communauté légale ; l'article 1504 la répète pour la communauté accompagnée d'une clause de réalisation. Pourquoi n'en serait-il pas de même lorsque les époux ont stipulé la communauté réduite aux acquêts ?

On objecte l'article 1499 d'après lequel tout mobilier réclamé par les époux doit être constaté par un inventaire, sinon il est réputé acquêt et compris dans la masse partageable. Nous répondons que l'article 1499 énonce en effet une règle, mais cela n'empêche pas que l'article 1504, quoique écrit pour les clauses de réalisation, ne puisse être étendu à la communauté d'acquêts. L'article 1504 vient compléter et expliquer l'article 1499, et introduire en faveur de la femme une exception facile à justifier : placée sous la dépendance de son mari, elle n'est pas libre d'agir et de suppléer à sa négligence ; le défaut d'inventaire ne peut lui être imputé, et il est juste de la protéger contre les conséquences d'une omission dont elle n'est pas responsable. Au contraire, le mari ne jouit pas du même droit et il reste sous l'application de l'article 1499 : obligé de dresser inventaire, il ne peut prouver la consistance du mobilier à lui échu que par un inventaire, ou état en bonne forme (1).

Mais le mode de preuve de l'article 1504, à défaut d'inventaire, ne peut être appliqué que dans les rapports de la femme avec son mari. Car, à l'égard des tiers, la femme ne peut suppléer par aucune preuve au défaut d'inventaire ou état en bonne forme des biens qui lui sont échus pendant le mariage (2).

---

(1) Delvincourt, III, *notes*, p. 76 et 77; Duranton, XV, 16; Marcadé, V, p. 677 et 678; Troplong, *Contr. de mar.*, III, 1884 et 1886; Rodière et Pont, II, 1267; Aubry et Rau, V, p. 451; Colmet de Santerre, VI, 162 bis IV; M. Deloynes, notes du *Traité de la société d'acquêts*, d'Honoré Tessier, p. 388; Cic. Cass., 8 déc. 1874, Sirey, 1875, 1, 209. — *Contra* : Laurent, XXIII, 181.

(2) Delvincourt, III, notes, p. 76 et 77; Troplong, *Contr. de mar.*, III, 1885; Marcadé, V, p. 678, n. 1; Bordeaux, 21 janv. et 9 avr. 1853, Sirey, 1853, 2, 243 et 423; Cass. rej., 19 juin 1855, Sirey, 1855, I, 506.

**141.** — II. **Clause qui exclut de la communauté le mobilier en tout ou en partie.**
— Rien n'est changé relativement au passif des successions
purement immobilières; les règles sont celles du régime de
la communauté légale.

Si la succession est purement mobilière et qu'elle se trouve,
d'après la clause de réalisation, exclue de la communauté
pour la totalité, le passif de cette succession est soumis aux
mêmes règles que si elle était immobilière. On peut lui appliquer tout ce que nous venons de dire des successions échues
aux époux mariés sous la communauté réduite aux acquêts.
Il en est de même lorsque la succession est mobilière et
immobilière, et que tous les meubles qui la composent sont
exclus de la communauté.

Si la succession est purement mobilière et qu'elle ne se
trouve pas exclue de la communauté pour la totalité, son
passif est soumis aux règles des successions mobilières et
immobilières, sous la communauté légale. La portion de
meubles exclue est en effet traitée comme le seraient des
immeubles. La même chose se produirait si, dans une succession à la fois mobilière et immobilière, une portion seulement des meubles était exclue de la communauté; cette
portion viendrait en quelque sorte s'adjoindre aux immeubles de la succession.

Le mobilier qui fait partie de ces successions doit être
constaté par un inventaire. A défaut d'inventaire, la femme
ou ses héritiers sont admis à faire preuve, soit par titres, soit
par témoins, soit même par commune renommée, de la valeur
de ce mobilier (art. 1504). Nous avons déjà eu occasion
d'expliquer cet article; nous n'insisterons pas davantage.

**142.** — III. **Clause d'ameublissement.** — La clause de réalisation avait
pour effet de mettre certains meubles au même rang que des
immeubles; la clause d'ameublissement, au contraire, met
certains immeubles dans la même situation que s'ils étaient
des meubles. De même que le sort du passif des successions
se règle, sous la communauté avec clause de réalisation,
comme si les meubles héréditaires réalisés étaient des immeubles, de même, mais en sens inverse, sous la communauté avec cause d'ameublissement, le sort du passif des succes-

sions se règle comme si les immeubles héréditaires ameublis étaient des meubles. Il n'y a donc pas là de difficulté nouvelle.

**143.**— IV. **Clause de séparation de dettes.** — La clause de séparation de dettes ne s'applique, quelque généraux que soient ses termes, qu'aux dettes dont les époux se trouvent grevés au jour de la célébration du mariage. Aussi les dettes des successions demeurent soumises aux mêmes règles et aux mêmes distinctions que sous la communauté légale. Rien n'est changé quant à l'actif ; il est juste que, par corrélation, les mêmes règles subsistent quant au passif.

Quant à la séparation des dettes résultant d'une clause d'apport et à la clause de franc et quitte, elles ne modifient en rien le sort du passif des successions échues aux époux pendant le mariage.

**144.**— V. **Faculté accordée à la femme de reprendre son apport franc et quitte.** — Cette clause n'a pour but de modifier la communauté légale qu'à l'égard des reprises des époux au moment de la dissolution de la communauté ; le sort du passif des successions échues pendant le mariage est le même que sous la communauté légale.

**145.** — VI. **Préciput conventionnel.** — Même observation.

**146.**— VII. **Clauses par lesquelles on assigne à chacun des époux des parts inégales dans la communauté.** — Même observation.

**147.** — VIII. **Communauté à titre universel.** — Lorsque la communauté à titre universel comprend tous les biens à venir, les successions échues aux époux pendant le mariage tombent activement pour le tout dans la communauté. Aussi, quelle que soit la nature des biens héréditaires, le passif de ces successions est réglé comme sous la communauté légale celui des successions purement mobilières.

## SECTION III

### CONVENTIONS EXCLUSIVES DE COMMUNAUTÉ.

**148.** — **Clause portant que les époux se marient sans communauté.** — Les successions échues à un époux marié sous le régime exclusif de

communauté lui demeurent propres activement et passivement. C'est l'époux héritier qui supporte définivement toutes
les dettes.

Quant au droit de poursuite des créanciers, il se règle également d'une façon bien simple. Si la succession est échue
au mari, il peut être seul poursuivi. Supposons maintenant
la succession échue à la femme. Le mari, sous ce régime,
n'est jamais tenu personnellement des dettes de sa femme.
L'autorisation même qu'il aurait donnée d'accepter la succession ne serait pas de nature à créer une obligation pour lui,
mais elle aurait pour conséquence de lever l'empêchement qui
s'oppose à ce que les créanciers enlèvent au mari par leurs
poursuites la jouissance des propres de la femme (1). Quant
aux biens de la succession, ils sont toujours le gage des
créanciers.

**149.** — Si le mari laisse confondre le mobilier des successions échues à sa femme avec le sien propre, faute d'avoir fait
dresser inventaire, les créanciers peuvent-ils poursuivre leur
paiement sur les meubles du mari, d'après l'article 1510 ?

Duranton et quelques autres auteurs pensent que le mari
peut être poursuivi pour le total de ces dettes, et qu'il n'y a
pas de distinction à faire entre ses biens et ceux de la femme
(2). C'était l'avis de Charondas dans l'ancien droit.

Le Brun accumulait les raisons pour prouver que l'inventaire n'était pas exigé. Il faisait remarquer qu'aucun texte
n'imposait au mari cette obligation et que du reste ici les
biens ne pouvaient pas se confondre dans la communauté,
puisqu'il y avait exclusion formelle de communauté. Cependant, il concluait en disant qu'il était plus sûr de faire un
inventaire, pour montrer sa bonne foi et éviter les contestations et les procès (3).

Cette opinion de Le Brun nous paraît tout à fait raisonnable.
L'inventaire est utile pour permettre au mari de s'opposer
aux prétentions des créanciers, s'ils voulaient poursuivre le

---

(1 Troplong, *Contr. de mar.*, III, 2272; Aubry et Rau, V, p. 517.
(2) Duranton, XV, 110 et 291.
(3) Le Brun, *Traité de la commun.*, l. II, ch. III, sect. IV, n° 16.

paiement de leurs créances sur tous les meubles qui seraient entre ses mains. Mais le défaut d'inventaire ne serait pas suffisant pour le faire condamner; et il serait autorisé à distraire des poursuites ceux des meubles sur lesquels il justifierait de son droit de propriété (art. 608, C. Pr.) (1).

**150. — Clause de séparation de biens.** — La séparation de biens entraîne une séparation de dettes absolue. Le mari, n'ayant ni la jouissance ni l'administration des biens de sa femme, n'est jamais tenu de contribuer au paiement des dettes des successions échues à celle-ci, et n'a plus à répondre aux poursuites des créanciers.

## SECTION IV

### RÉGIME DOTAL

**151.** — Les successions échues au mari, sous le régime dotal, sont réglées, nous l'avons déjà dit, comme s'il n'était pas engagé dans les liens du mariage.

**152.** — Les dettes des successions échues à la femme restent toutes à sa charge. Que l'actif héréditaire devienne en effet dotal ou paraphernal, la propriété en appartient toujours à la femme.

Les créanciers peuvent poursuivre les biens héréditaires et les paraphernaux de la femme.

Ils peuvent poursuivre les biens héréditaires en toute propriété, alors même que la succession n'a été acceptée qu'avec la simple autorisation de justice, et que l'actif qu'elle comprend doit faire partie des biens dotaux. Quel que soit en effet le régime sous lequel la femme est mariée, il ne saurait porter atteinte au droit de gage qui compète aux créanciers du défunt sur les biens héréditaires (2).

---

(1) Troplong, *Contr. de mar.*, III, 2269; Aubry et Rau, V, p. 517.
(2) Nîmes, 6 mai 1861, Sirey, 1861, 2, 369.

Mais les créanciers ne peuvent jamais poursuivre le paiement sur les biens dotaux. Il en est ainsi lors même que l'actif
de la succession doit devenir dotal et qu'elle a été acceptée
avec autorisation du mari, lors même que la succession
acceptée est mobilière et qu'il n'y a pas eu d'inventaire. La
règle de l'inaliénabilité de la dot (art. 1554) ne comporte pas
d'autres exceptions que celles des articles 1555, 1556, 1557
et 1558 ; elle met obstacle à l'action des créanciers (1).

---

(1) Cic. Cass., 3 janv. 1825, Sirey, 1825, 1, 160; Agen, 26 janv. 1833, Sirey,
1833, 2, 159; Req. rej., 28 févr. 1834, Sirey, 1834, 1, 208; Toulouse, 17 mars
1851, Sirey, 1851, 2, 411.

# POSITIONS

## DROIT ROMAIN

I. — La garantie des vices rédhibitoires porte sur les objets individuels compris dans une *universitas*, lorsque cette *universitas* constitue en même temps un *corpus certum*; il n'y a pas lieu à garantie si l'*universitas* est un *corpus incertum*.

II. — L'obligation du fidéjusseur contractée *in duriorem causam* est nulle pour le tout.

III. — Le *fidejussor indemnitatis* ne peut pas être poursuivi avant la discussion du débiteur principal.

IV. — Les sociétés ne constituent pas en principe des personnes juridiques.

## DROIT CIVIL FRANÇAIS

I. — Le mari qui renonce à une succession avantageuse ne doit aucune indemnité à la communauté.

II. — Le mari ne peut pas accepter les successions échues à sa femme pendant le mariage, en cas de refus de celle-ci.

III. Lorsque, sous le régime de la communauté légale, le mari est interdit, la femme ne peut procéder qu'en justice au partage d'une succession à elle échue.

IV. — Le mari ne peut figurer au partage des successions dotales qu'avec le concours de la femme.

V. — Les successions mobilières échues à la femme tombent dans la communauté, lors même qu'elles n'ont été acceptées qu'avec autorisation de justice.

VI. — Tous les meubles échus par succession à un époux marié sous le régime de la communauté tombent dans la communauté, sans qu'il y ait à distinguer entre les créances et les meubles corporels.

## PROCÉDURE CIVILE

Le partage des successions échues à une femme dotale ne peut être fait qu'en justice, lorsque les biens qui composent ces successions doivent faire partie de la dot.

## DROIT COMMERCIAL

L'article 490 du Code de commerce confère aux créanciers de la faillite une véritable hypothèque, sans qu'il y ait lieu de distinguer si la faillite se termine par l'union ou par un concordat.

## DROIT MARITIME

Le capitaine n'est pas personnellement obligé par le contrat d'affrètement.

## DROIT CRIMINEL

I. — La définition de la maison habitée donnée par l'article 390 du Code pénal ne doit pas être appliquée aux lieux habités indiqués par l'article 434.

II. — Le juge d'instruction peut siéger dans les affaires correctionnelles qu'il a lui-même instruites.

## DROIT ADMINISTRATIF

Le conseil de préfecture est compétent au cas de torts et dommages causés aux personnes, et qui proviennent de l'exécution des travaux publics.

## ÉCONOMIE POLITIQUE

La réglementation par la loi du taux de l'intérêt conventionnel n'est pas conforme aux lois de l'économie politique.

## DROIT DES GENS

La question de savoir si le défaut des publications prescrites par l'article 170 du Code civil doit ou non entraîner la nullité du mariage contracté par un français à l'étranger est abandonné à l'appréciation des tribunaux.

Vu par le Président de la Thèse,

M.-CH. LE COQ.

Vu par le Doyen de la Faculté,

A. COURAUD.

Vu et permis d'imprimer :

*Le Recteur*,

H. OUVRÉ.

---

N. B. — Les visas exigés par les règlements ne sont donnés qu'au point de vue de l'ordre public et des bonnes mœurs.

*(Délibération de la Faculté du 12 août 1879.)*

---

# TABLE DES MATIÈRES

## DROIT ROMAIN

### De l'Édilité.

# DROIT FRANÇAIS

## Des successions échues aux époux pendant le mariage

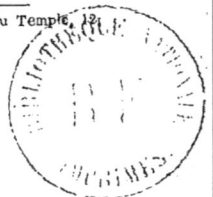

3970. — Bordeaux, Vᵉ Cadoret, impr. de l'Académie et des Facultés, rue du Temple, 12.

www.ingramcontent.com/pod-product-compliance
Lightning Source LLC
Chambersburg PA
CBHW060415200326
41518CB00009B/1364